U0113748

民国趣读

老·城·记

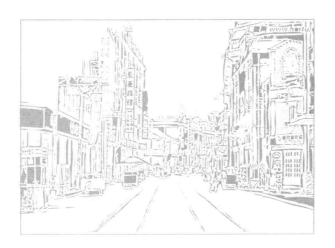

老上海

中国文史出版社

本书编辑组

主　　编： 韩淑芳

本书执行主编： 张春霞

本书编辑： 牛梦岳　高　贝　李军政　孙　裕

目录

第二辑　公馆名园，泛着旧时光的雍容华贵

第三辑　租界，老洋房里缔造的海上旧梦

第四辑　民国老上海的"摩登"印记

第五辑　老上海的老营生

第六辑　老上海十里洋场的市井交响曲

第七辑 老上海的乡俗俚语

第八辑　本帮菜，用味蕾拥抱老上海

第九辑　文坛旧事，民国老上海的文化风情

第十辑　戏曲演艺，那些惊艳了时光的名媛影星

第十一辑　老上海的人，老上海的事

第一辑

城市名片，彰显民国
老上海的魅力

❖　梁得所：繁华南京路

　　上海重要马路的定名，有一个通例，但凡南北横线取省名，东西纵线取城名。由黄浦滩朝西直上，最大的一条路，就根据现在的首都而名为南京路。

▷　20世纪30年代的南京路

　　上海之有南京路，好比中国之有上海一样明显。这条路名处处有人知道，一则"南京"两字很易记（日本土话竟称中国人做"南京样"），二则自从"五卅惨案"之后，南京路在历史地图上划上一条红线，三则——根本上说，南京路是商业繁华的中心点，正如苏梅女士作的《南京路进行曲》当中几句话：

　　飞楼百丈凌霄汉，车水马如龙，南京路繁盛谁同！

　　天街十丈平如砥，岂有软红飞。

　　美人如花不可数，衣香鬓影春风微。

这条路的商店，店面装饰很讲究，宽大的玻璃橱窗中，五光十色，什么都有。上海的旅客，不妨在灯火灿耀的夜间，浏览两旁橱窗，足以增加美术兴味和货物见识，获益一定不浅。

中外通商事业，使上海成为世界有数的都市。无论哪一国，与异邦最多接触的地方，必最发达，所可惜者，中国商埠之开辟，由不平等条约产生；尤其可惜的，我们经济落后，对外营业的权利，进出比对起来，总是吃亏的。通商愈发达，我们经济上损失愈大，与欧美日本成反比例。长此以往，倘若工业不极力发展，整个的国家就一天比一天贫穷，一年比一年困乏，这就是民生前途的隐忧。

《上海的鸟瞰》

❖ 梁得所：城隍庙乌龟池畔

法租界之东南，是上海城的地址。这个区域，大概以城隍庙为中心。在五国势力共管的上海中，南市是纯粹中国所有地。市政警政都由上海特别市政府办理。而且居民习尚，颇能保存本色古风，所以外国游客到上海必到那里观光，尤其必到城隍庙，看许多善男信女烧香问卜，或上庙旁的茶馆参加啜茗。余生也晚，反正以前还是四五岁的小孩，对于前清的景象不大了了，可是看城隍庙现在情形，使我幻想，此间二三十年来，无大变迁，除了男子头上没有辫之外，其他景象，也许依然如故。

城隍庙里有一度九曲桥，桥下一个泥池，里面养着千百乌龟，据说它们居留的年代，和池畔许多家族居留年代一般，非常长远。这话说来不大好听，似乎有点侮辱嫌疑，可是不客气的说一句，看城隍庙左近没有新气象，就知道大部分居民守旧，但凡守旧而进步迟慢的人，就像乌龟；虽然住在那里的不是人人如此，并且据我所知其中还有几个很有新思想的学者，但鸟瞰而看，这一区的状态比上海其他区域，至少落后二十年。南京路许多店面燃着新发明的 Neon Light（霓虹灯），城隍庙仍旧挂起红灯笼；新书新报在中区北区畅售，而城隍庙左近一列书摊，都是卖旧书——卖那只可当作古董珍藏而与切实人生无大关系的旧书。

再放宽点眼光，所谓中国古风，和世界趋势比起来，有如龟兔竞走（非古典的）。我们蠕行，别人飞跃；飞跃者愈跑愈快，蠕行者反有睡意。别处飞机也嫌慢，九曲桥上的先生，却还拱手弯肩而闲步，当国际科学大会演讲讨论，劳动政治会议场中正在雄辩的时候，城隍庙旁茶馆上的大国民，泡了一壶菊花龙井，嗑着瓜子，一唱三叹地说道："浮生若梦，世事如烟，吾辈游戏人间耳！"

《上海的鸟瞰》

❖ 梁得所："生之欣悦"之街

苏州河之北，以邮政总局为起点，直通到虹口公园，这条大路名为北四川路，也就是我现在所称为"生之欣悦"之街。

若问上海哪条路最繁盛，当然首推南京路。然而北四川路仿佛"楼不在高，有人则灵"。单以都市生活为观点，北四川路在上海应该首屈一指。这条路一带，影戏院不下十间，跳舞场十余所，食物馆——尤其是广东食物馆——大小不计其数。

这条路丰富而不单调，不但什么商店都有，就是礼拜堂也有五六处，数目为其他各路之冠。还有一个特点，几间有名的中小学校开在此地，每天许多男女学生往来，把这条路点缀得分外生色，足以消除市井气。

这条路是开心的。试举小例，即如有一间卖凉茶的店子，出一张布告说："百物腾贵，犹火之向上也；铜元跌落，如水之就下矣！凉茶加价，乃水涨而船高焉；诸君赐顾，岂因此而怪意哉！”又如一个下午，偶然看见石像店前一堆人围拢，原来那摆满裸体石像的玻璃窗贴了一张咸诗布告："矾石制成死美人，过路诸君莫当真；若将裸体思淫欲，贻害终身千万人！有心人谨白。"诸如此类，总之这条路不是板着面孔的。

▷ 北四川路街景

入夜后，经过跳舞场外，也许能够听闻里面的乐声，奏着最近流行的Broadway Melody（百老汇旋律）——

大路行人勿皱眉头，来到此地无忧愁。

长叹短叹太不时髦，这条路一向笑容好。

百万盏灯火闪闪照，百万颗心儿勃勃跳。

上海的夜生活，北四川路占重要位置。我在上海居留，不觉四年了，办事和寄寓的地方都在北四川路，对于都市生活，自然有相当了解。然而邦国多难之秋，生平恩仇未报，酣醉尚非其时，欢歌留有以待！孤灯之下，草完此文，想起此刻北四川路的夜生活中，许多青年正在表现他们无从发泄的生命力。我相信，本着生之欣悦的精神，我们都可以做时代的前进者。

《上海的鸟瞰》

❖ 梁得所：诗意黄浦滩

申江的潮流，四时不停地滔荡于黄浦滩边，大小轮船像马路上行人一般来往不绝，汽笛的声音，也就一高一低、忽远忽近的相呼应，加上江边海关布告时刻的钟鸣，一切复杂的声浪，把空气撼动了！

我们对于上海的感触，印象最深的应是黄浦滩。因为我们旅客无论来自太平洋、大西洋、长江、珠江，或渤海，大多数由黄浦滩的码头，踏上上海的土地。尤其不能忘记的，将到而未到时，渐近渐清楚地望见江滨的大建筑，相连峙立，仿佛并肩比高。这些洋房的面前，蜿蜒着一条宽敞的堤岸，车马驰逐其间。——一瞥之下，我们就确信上海是东方第一大的都会，而且在世界重要商埠当中，不出六名外。

▷ 外滩风光

都会，是现代人力创造的一种成绩品，在东方精神主义者心目中，对于物质文明，也许表示不满，这未尝没有理由。就拿上海的黄浦滩来讲，堤岸虽也有几丛树木，可是舟车喧闹，把鸟儿吓得不敢栖止，天然的地土，被人工修改，完全失了本来面目。只见货物上落，人事倥偬……人是感情的动物，在这个物质的环境中，感情仿佛有隐灭之忧。

其实不然，黄浦滩是一个很有诗意的地方：

车到黄浦滩的时候，东方的天上，已渐渐起了金黄色的曙光，无情的太阳不顾离人的眼泪，又要登上她的征程了。

上面一段，就是郭沫若在《歧路》文中，写他送妻子回日本去的光景。别离，别离，黄浦滩是多少离人临别依依的地方！无数离人的眼泪，滴落江中往海流。多少年老的慈母，送儿子至外洋去，今生不知有无再见期；多少青春情侣，此番断肠之后，不知千里之外，伊人是否境变情迁；多少朋友，握手告别，虽不至于呜咽，总觉一阵怅惘涌上心头，不由的轻叹聚散如浮萍！

同时，黄浦滩又是一个欢遇的地方。登岸的旅客，和江岸相接迎的人，虽在烈日之下，或在阴雨中，他们都一辈子的欢容满面。

黄浦滩的景象，足以代表上海，使我们知道她是一个现代化物质文明的都会，同时是情调深长的地方。

《上海的鸟瞰》

❖ **石评梅：**船行黄浦江

我好容易盼到是今天下午上船去——6月15号。我觉着异常的高兴，宛如我去西湖一样。下午乘着小船渡到黄浦江，因为颖州船在浦东停着。这船是明天清晨才开往青岛去，所以今天晚上还是住在船上；我们包了一个舱，比较的还减轻点痛苦。热气腾沸，煤炭铺满了甲板，令人有种说不出的感觉来。我和芗薇住了一间房舱，把行李收拾后，遂把那圆形的窗打开，让换换这清鲜空气。我们遂锁了门，到甲板上换空气；看小船都在那风浪中挣着进行，我们看见险极了！望黄浦江岸上的灯光辉煌，像缀了一列的夜光珠。江上帆船、海船都一列的排着，红灯绿灯在波光中闪烁着，映出一道光路，照在我的眼帘内。现时暮色苍茫，包围着黑暗之神临到。我觉着很怅惘，遂回到我那六尺长四尺宽的官舱内寻那漂泊的梦去。

《一瞥中的上海》

▷　20世纪40年代的黄浦江

❖　木也：“外白渡桥”的来历

像一个神话中的巨人，横跨了吴淞江两岸，扼守住它流入黄浦江的出口之冲，把那小小的外滩公园，仿佛只当作一个被保护者似的，安放在脚边，用了看不见的怪眼，庄严地监视着黄浦滩和它的一切。——这是近代的怪异，上海的珍奇之一，外国人称为 Garden Bridge（公园桥），中国人叫做“外白渡桥”的那钢造的大桥。

▷ 外白渡桥风景

　　"外白渡桥"这名称，应该是从"外摆渡桥"转变而来的。从上海开埠之初，多少年来，吴淞江南北两岸的来往，原来都只靠渡船。沿江从东到西，设有渡头若干，其最靠出口处者，叫做"外摆渡"，桥之所在，正是那附近。于是便跟着叫做"外摆渡桥"了。

《外白渡桥》

❖ 明中：弥勒道场龙华寺

　　龙华寺为上海地区历史最悠久、建筑最雄伟、规模最宏大的千年古刹，坐落在上海市区西南龙华镇。七层宝塔耸立寺前，俯瞰沪渎，遥望云间。弥勒殿、天王殿、大雄宝殿、三圣殿、方丈室、藏经楼前后相望，钟楼、鼓楼左右对峙，偏殿、厢房依序分列。

　　龙华寺第二进天王殿正中，又供有天冠弥勒法像一尊，头戴五佛冠，身披缨络，左手执莲花，花顶现镜台，右手半十，目微闭，端坐莲台，法相清瘦秀逸，庄严慈悲。佛经谓此乃弥勒菩萨高坐兜率天内院之法相真身，一般寺院未尝供奉，龙华寺因是弥勒菩萨道场，故于头进山门供奉弥勒化身外，特于天王殿内供奉天官弥勒法相真身，引导善男信女顶礼膜拜，并于弥勒菩萨圆寂之旧历三月初三，聚会僧众，举行佛事。

自龙华建寺，附近渐有居民，至五代时，已有龙华村。元代龙华街市初具规模，明代已成繁华市镇。据旧志记载，有"市廛千余间"，民居尚不在内。嘉靖年间，倭寇肆虐，顷刻丘墟。然因龙华东临黄浦江，有龙华港、蒲汇塘等河流纵横，四通八达，往来舟楫多泊龙华，不久又渐恢复。诗人每以"龙华晨渡""龙华午泊""龙华夜泊"为题，赋诗记述。据明嘉靖《上海县志》所绘《上海县境图》，龙华港颇为广阔，河上百步桥为南来北往必经之途。故三月初三弥勒菩萨圆寂之期，寺中大规模举行佛事之时，远近居民及往来客商多到寺焚香膜拜，顶礼皈依，于是逐渐形成庙会。起初或只设摊出卖香烛、饼馒，供香客使用。其后岁岁发展，不断扩大，至明末清初，三月龙华庙会之期，寺内寺外，香烛纸表、荤素食品、农具种籽、布匹杂货，或设摊出售，或张幕招徕，万众云集，万头攒动。百戏之徒亦乘机售艺，或演杂技，或耍猴戏，舞枪棒，卖膏药，无所不有，真所谓洋洋大观，热闹非凡。

《千年古刹龙华寺》

❖ **居正修**：热闹的十六铺

十六铺在小东门外，小东门原名宝带门。十六铺地名的由来，说法不一，有说是自于十六家有名铺子，有说是从大码头（现复兴东路）到宝带门外沿江分成十六个地段，称一铺到十六铺之故。这些都是不正确的。据查"铺"是地区的名称，清道光年间将城厢内外划分二十四铺，其中城东南为十五、十九铺，西南为二十铺，西北为八铺，城北为十二铺，东北为四铺，二十二铺等在城内，城东宝带门外为十六铺。本文所称十六铺，并非仅指小东门外沿江这一小小地段，它包括复兴东路以北，中华路以东和方浜东路、阳朔路这一带，在此范围内历来被称为十六铺。

十六铺商业繁盛兴旺，有数百年历史。它具有地理上的优越条件，租界未辟以前，十六铺以北还是一片农田，而城厢内外，居民密集，市廛栉比，为上海之精华。十六铺水陆方便，沿海南北沙船、长江及内地船只群集于此，当年铁路未通，陆运装载运量有限，货物集散依靠水运，由此决定了十六铺数百年来兴旺不衰。

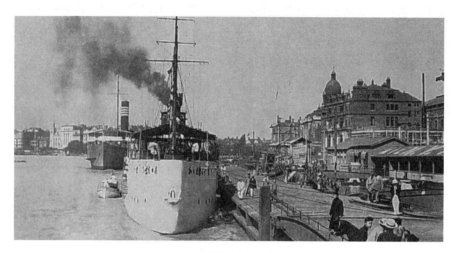

▷ 热闹的十六铺

热闹的十六铺，街道狭窄，北伐后，将两条小街陆家宅弄、集思街开辟成现在宽阔的东门路，周围开设了不少吃、穿、用名店和服务行业，穿的如三大祥布店、大昌祥绸缎局，吃的各帮菜馆都有，本帮德兴馆、宁波帮大吉楼、潮州帮发记，各有特色，方九霞、老庆云银楼与泰新旅馆、吴开旅馆等都是闻名上海的名店。清末民初，代步靠马车，最大的福泰马车行，直到汽车通行才改为汽车行。也有一些颇具特色的商店，王德大麻油店用一条牛在店里磨油，香味四溢，颇能吸引过路行人。有家叫乾坤和香烟行，是专营批发的，原来生意平常，后来设个门市部，售价比一般烟店低一点，生意兴隆，据说后来发了财。十六铺名店很多，野荸荠糖果脍炙人口。铁锚弄的一家羊肉铺，店虽小却十分有名，现在十六铺的一家羊肉店虽非当年老店，但上了年纪的人还会因此想起数十年前铁锚弄羊肉店。

《十六铺话旧》

❖ 张兆熊：文化荟萃的三德里

三德里位于宝山路、鸿兴路（今闸北区教育局处），建于1917年，有两层楼房20余幢，占地1500平方米，虽规模不大，却是一条文化荟萃的著名里街。1922年由郭沫若、成仿吾在A11号编辑、出版《创造季刊》《创造月刊》。同期，由潘汉年、叶灵凤主编《幻州月刊》继续出版。后由楼适夷与中国世界语学会在A15号开辟图书馆。不久，中国农学会在19号成立，会长吴觉农悉心研究中国茶叶的种植制作等，成为近代的中国茶圣。1926年1月1日，由郭沫若、恽代英、张闻天、沈泽民（沈雁冰弟弟）、杨贤江、沈雁冰等文化名人，成立中国济难会，从事营救济难同志，出版《济难》杂志，进行革命文化的宣传。中国共产党著名理论家、党的领导人之一瞿秋白及夫人居住三德里，同三德里对马路宝山里内居住的邓中夏，从1922年10月起，担任上海大学教务长、校务长，悉心进行马克思主义、社会科学的教育，培养了一大批革命知识分子。其间，陈独秀、恽代英、萧楚女、董亦湘等，经常前往三德里、宝山路相磋切，传播革命真理，尤其陈独秀任商务馆外编辑，常有著作问世。

《上海早期文化街》

❖ **贾观军：** 文庙游记

旧城厢的三庙一园，民初颇为邑人的重视，三庙即城隍庙、文圣孔庙、武圣关帝庙，一园即半淞园。关帝庙与文庙近在咫尺，城隍庙在文庙的东北，半淞园在文庙的西南。

文庙的正门系三座石牌门，门西墙上嵌有"文武百官在此下马"的碑石一方。东墙下端有镂空如篦箕状的半环门，可窥望庙内魁星阁前的池塘及石桥。过正门三座石牌坊，即见坊后的三座石桥，中桥较东西两桥高大，三桥筑于半圆形的池上，池名"泮池"。据先人贾叔香说，清代科举时的三鼎甲，状元走中桥，榜眼走东桥，探花走西桥。后来本邑庠生年满60岁可在此三桥上行走，所谓"重游泮水"。过泮池见一庑（狭长的房屋），左右各有木栅栏，状如衙门，庑内中间高处悬有清代的上海群贤榜，榜上有状元戴有祺，进士蔡元培、秦锡田等，举人朱树人、贾勋、杨逸、秦砚田、沈恩孚、姚子让、叶醴文、莫锡纶等，秀才王引善、贾丰芸、贾丰臻、曹翰亭、沈宝善等姓名。

庑的东隅有巨鼓一，西隅有巨钟一，祀孔时击鼓撞钟，鼓乐齐鸣。过钟鼓处向北有一巍然大殿，即大成殿，在殿的中央为孔子神龛。殿内有祀孔彝器甚多，舞器有节麾、干戚、籥、翟等，乐器有笙、箫、敔、琴、笛、埙等，祭器有筐、幂、簠、簋、牲盘、福胙盘等；祭品有笏及鼓衣，并有祀孔时的衣裳、衬衫、帽、靴等。另有长瑟二，古爵一百五十余，铏七，簠、簋各二十三。又有特钟、特磬各一，钟磬十六，以黄钟、大吕等区别之。据说干戚及衣裳等是民国四年（1915年）所制，其余则为咸丰间迁建孔庙时所特制者。

▷ 文庙

　　大成殿内也有钟、鼓各一，较小。殿前东西两面，各有长庑一，分立
孔子七十二贤之木主。殿后有崇圣祠，内有孟子神龛。殿东南有明伦堂，
甚宽敞。堂东隅有一砖石桥，过桥是一轩敞的房屋，即洒扫室，取名于
《朱子家训》中"黎明即起，洒扫庭除"之意。此室是供上海地方绅士祀孔
聚集的场所。室东有屋一大间，内设上海第一义务学堂，乃方滨路郁良心
药铺郁屏翰出资兴建，聘贾丰檗为校长。屋旁的空地上，置棚植紫藤与葡
萄，花香四溢，果实累累。洒扫室东南有魁星阁，上下两层，下层有木刻
魁星像，左手执砚，右手执笔，作愉快的跳跃状，凡邑人入第时，来此星
像前跪拜。阁中有梯，登上一层，能窥视城厢全貌。

《上海文庙——别具风味旧城厢》

❖ 贾观军：文庙里的祀孔仪式

民国元年至十五年（1912—1926年），文庙每年春秋两祭。在此期内，上海的县知事和绅士来此举行隆重的祀孔仪式。

在祀孔时要用全牛、全猪、全羊，一般在祀孔的隔天日间宰牛，夜间宰猪、羊。宰牛地点在庙前空地上，宰牛时观看者人山人海，热闹非凡。宰牛人先用红布一块遮住牛的双目，用绳索将牛的四蹄扎紧，宰牛者用铁锤猛击牛的头部三下，牛晕倒后用尖刀刺入牛的颈部，顿时鲜血直流，然后剖肚取出牛的内脏，最后剥去牛皮，至此宰牛告一段落。是日夜间在洒扫室花棚宰猪、羊，因庙门已关闭，观看者不多。

▷ 文庙大成殿

祀孔仪式黎明开始，祀孔时有委任官、助祭员和乐舞生等约30人。先在孔子神龛前供牛、猪、羊各一头，置于木制的牲架上，牲头面对神龛。乐舞生各执乐器在祭祀时演奏。委任官、助祭员在乐器声中依次序行进至神像前，行三跪九叩礼。殿内殿外，钟鼓齐鸣，各样乐器敲敲打打，叮叮哨哨。祭祀完毕，各自退出。这种清代遗留下来的仪式，上海延续到北伐战争时停止。

《上海文庙——别具风味旧城厢》

❖ 温举珍：古刹重光宝华寺

古宝华寺，坐落于今闸北区西北角，原大场镇东侧，走马塘北岸，1984年，由宝山县划归闸北区。该寺始建于南宋咸淳年间（1265—1274年），由僧净光法师所建，明永乐六年（1408年）僧文瑜重修，清咸丰十年（1860年）毁，同治年间（1862—1874年）又重建，至清末民初，古刹的殿宇已坍毁大半，仅残存西偏禅房数椽（俗称"七间头"）及寺基21亩余。

1921年，上海惠生慈善社施资重建宝华寺，置田近百亩，更名惠济宝华寺。山门、天王殿、大雄宝殿等得以重建，佛像重塑一新。寺内另设放生池、放生场，池宽十丈余，东西长达百米之遥，占地十亩，似马鞍状自后拥抱宝华寺，故俗称"元宝池"。池水清澈，微风也能吹起波澜。一亭翼然落于池面，为八面二层攒尖亭，上下俱有环廊护栏，有曲桥贯通南北，亭额位置现以石灰涂抹，疑为志书中所载"诉然亭"。寺内还建有惠济医院、养老院、惠生助产学校分校、昌明小学等。而紧靠池塘南的一幢坡顶双层小楼，却完全涉足水中，仅以数根础柱托出水面，故又称"水上楼"，临岸的门额楷书"鹤庐"二字，端庄、秀逸，款署秦曾潞。此乃养老院无疑。大雄宝殿面宽五间，为单檐歇山大屋顶，四周有围廊，面南台阶下二侧各有一座七层如来经幢。东偏房后围墙内有一丈宽的水沟通寺后放生池。山门左右的二洞"铁窗"颇具特色，俱以生铁铸造，塑成形象生动的云龙、双龙戏珠图案，其下还有三戟自水中升起，寓意"平生三级"，也许这即是"铁大场"称誉的点睛之笔吧！

寺前的走马塘又名乾溪，传说南宋建炎年间，爱国将领韩世忠于乾溪沿线设军布防，其妻梁红玉于此操练兵马，故名走马塘。寺前东侧溪上架一单孔石拱桥，名普济桥，俗名香花桥，故今已废弃的古寺前半部形成的村落名香花桥村。该桥始建于元至正年间（1341—1368年），此后，明清两代屡有修建，最后一次重建于清光绪二十四年（1898年）。1921年重建宝华寺时，又于寺前西侧溪上另造一阔平水泥桥，即惠济桥，以便香客汽车通行。从惠济宝华寺的整体构思看来，寺院里面设置了这么许多社会慈善教育机构，其功能已融入了都市佛教入世、济世的气息。其时，寺僧曾一度高达二三百人之众，规模堪称恢宏。暮鼓晨钟至此已悠悠然敲响七百余载。

《古刹重光宝华寺》

❖ 温举珍：宝华寺内的抗日钟声

宝华寺内一口巨钟直径达2米，据说，钟声的声波能传送达几十里外的宝山县城。甚至更有信徒传闻，巨钟失踪后，每当更深人静之时，还几乎能隐约听到钟声从大殿内传出。传说讲得再神乎其神，也只是传说而已。而1932年初，寺内钟声曾奏响过一段悲壮激烈的抗敌乐章，却是铁一般的事实。

1月28日晚上11时30分，日本侵略军突然向我闸北淞沪铁路沿线的天通庵站、宝兴路、宝山路口发起攻击，我十九路军将士奋起反击。同时，沪上各界民众纷纷举行罢工、游行、抵制日货。由爱国律师王屏南领导的上海市民义勇军揭竿而起，经与十九路军蔡廷锴军长联系，赶赴位于宝华寺内的十九路军一五六旅旅部兼战时训练基地，集训半个月。此后，又有复旦大学学生义勇军也在宝华寺内集训。义勇军训练非常艰苦，由于该地距离东南方向的前线仅四五里光景，白天不时有敌机来扫射投弹，而我方又没有防空武器，故只能在日出前、日落后抓紧进行训练。大雄宝殿的左右两廊，左为义勇军的食堂兼课堂，右为队员们的住宿地。虽然天寒地冻，衣单被薄，一日两餐唯青菜、米粥，然而，队员们怀着"一颗赤热的抗日救国之心，满腔的誓死御侮之志，任凭头上有敌机轰炸，地面火炮攻击，义勇军的全体同志身愈苦而志愈坚，始终情绪饱满"，团结一致，斗志昂扬。两支抗日义勇军先后在宝华寺集训半个月后，再从这里奔赴前线，走向战场。且在宝山县城的正面保卫战中，发挥了强劲的战斗力，牵制了日军对吴淞战场的进攻。学生义勇军则在太阳庙的战地宣传鼓动中，发挥了鼓舞斗志的作用。

《古刹重光宝华寺》

❖ 郑龙清、薛永理：钟楼建筑的典范——上海海关大楼

上海海关大楼是外滩地区建造最早的高层建筑，也是解放前外滩最高的建筑。在1891年以前，海关大楼的前身是一座庙宇式的房子，共有房屋三大进，每进都是五楼五底，和衙门房屋建筑基本一样。1891年改建为西洋式，很像一座教堂，屋顶上也有一只大钟。1923年海关出资建造新大楼，系委托英商公和洋行建筑公司设计施工，在原址翻造，于1925年12月15日奠基，1927年12月19日竣工，共花费了430多万两银子。整幢大楼占地面积5722平方米，建筑面积32680平方米，主楼11层，高79.2米。建筑造型采用新古典派的希腊式，大楼外墙、门面全部用花岗石垒砌，其余三面底层及2层为花岗石，3层以上用泰山面砖砌成。11层以上为钟楼组成部分，也有10层楼的高度。如此高大的钟楼建筑，在世界上是屈指可数的。

《解放前上海的高层建筑》

▷ 上海海关大楼

❖ **金长琨：**上海最大的犹太教堂——西摩路会堂

上海在1914至1939年间，有许多外国人不远万里漂海而来。他们中有很大一部人是外国籍犹太移民，其生活区遍布于虹口或南京路、外滩一带，也有些犹太人则居住在法租界霞飞路（今淮海中路）以西一带。上海的犹太人为了本民族相互之间沟通联络，自资兴建了犹太教堂。其中最大的犹太教堂，当推坐落在今天静安区陕西北路500号上海市教育局内的西摩路会堂了。这座犹太教堂的全称是亚海尔辣希而教堂，建于1920年。该教堂的建筑结构为三层楼西式洋房，具有希腊神殿式的建筑造型。

教堂大厅是圣殿，中央的高台用大理石筑成台沿，呈半椭圆状，在台的两侧筑有汉白玉扶手栏杆，台上供教徒进行宗教礼拜活动。圣殿后贴墙上端用汉白玉分隔成若干小间，这里是犹太教徒亡灵骨灰安葬地。圣殿上原置有圣经藏书柜，供奉着犹太教律法书《摩西五经》，惜已散失。大厅顶部呈穹隆状，塑有五根弧形横梁，支撑着大厅的天花板。其窗户都是五扇成组，寓意不忘"摩西五经"。

教堂二楼穹顶是用汉白玉大理石镶砌而成，按犹太教教规，这里是专供女教徒祈祷的场所。三楼为一恬静小筑，是昔日西摩路会堂犹太人社区神职人员的起居室。屋顶四周砌有水泥矮墙，是一空荡的平台。如今在屋顶添造了一层房屋，似与原有建筑风格不甚协调。

教堂南北两侧和后侧，植树栽花，郁郁葱葱。后侧墙隅搭建了花木架、紫藤棚，置有青石桌、石凳。这里是昔日上海犹太籍西侨在赎罪日前来斋戒的场地。

西摩路会堂沿街另有一幢大楼，它是会堂内设的犹太子弟学校。澳大利亚有位财政部长，小时候曾在教堂学校读过书。美国前总统卡特任职期间的财政部长也是犹太籍人，出生于上海一位犹太侨民家庭，曾到此旧地重游，感慨万分。以色列国总统哈伊姆·赫尔左克及其夫人一行，也曾参观了这所西摩路会堂旧址并合照留念。每年都要有二三十批外宾来瞻仰这里的建筑群，特别是对会堂及其保存下来的建筑无限敬佩，十分赞许。

《上海最大的犹太教堂——西摩路会堂》

❖ 冯梅椿、张兆熊：中国首条商办公路——沪太路

闸北在历史上曾创下许许多多国内第一。沪太路的辟建及长途汽车的通行就是其中之一。沪太路的"沪"指上海，"太"指江苏省太仓县。沪太

路是中国商办交通公用事业历史上的第一条公路，也是上海沟通邻省的第一条公路，而为筹筑这条路而设立的沪太长途汽车有限公司也是上海第一家长途汽车公司。

1920年12月，为振兴家乡经济，太仓旅沪人士洪伯言、项惠卿提议设立沪太长途汽车有限公司，沟通沪太之间的交通。翌年3月，今交通大学前身的南洋公学校长唐文治以创办人名义向交通部呈准立案。5月5日正式成立。唐文治为董事长，洪伯言、朱恺俦为代理董事长及经理。资本总额为银元42.5万元。1922年1月1日，上海至大场段筑成通车，3月23日全线通车。沪太路南起上海闸北大统路口，北迄太仓浏河镇，途经彭浦、大场、顾村、刘行、罗店、墅沟桥等乡镇，全长37.25公里，设车（招呼）站12个。此路开始建筑时颇为艰难，利用宝山县旧时乡道，购入沿途民田、民房，放宽筑为公路。初始营运时仅有实心硬橡皮轮胎大客车4辆，至1937年初有进口大客车37辆，员工160多人。抗日战争爆发后，沪太路及沪太长途汽车有限公司设施损坏严重，但公司经理朱恺俦仍组织车辆，运送抗日军队到前线，支援抗日战争。上海解放后，朱恺俦把沪太、锡沪长途汽车公司的全部资料、设备和车辆移交给国家。

《沪太路今昔》

❖ 姜伟：最时尚的百货商店——永安百货

对于"上海永安"，郭乐还有一个雄心，就是要把它办成百货商店的典范，将"外国商业艺术介绍于国人"，改革中国旧商界"良贾深藏若虚""漫天要价、就地还钱""货出门、不认账"等坏传统。为了设计商店布局，他仔细考察了各家商店，特别考察了以新著称、同为澳洲华侨所办的先施公司的布局。他认为先施公司在进门处设置一间面积很大的茶室，貌似创新，实为败笔，因为此举是受广东人好喝茶观念的指导，违背了为上海人服务的宗旨，也破坏了商场的统一性。他设计布局时，尽量适应顾客心理，突出商店特色。他在一楼安排出售各种日常生活必需品，以便顾客随手购买；在二楼陈设布匹、纺织品专柜，以一个相对清净的环境让妇女们精心挑选；在三楼出售各种珠宝、首饰、钟表、乐器等高档商品，照顾到顾客的钱财安全；四楼出售家具、皮箱等大件商品，公司送货上门，不会影响营业额。郭乐还别出心裁地在每根立柱的四周和壁橱、货架等处镶嵌大大小小的镜子，既可以让顾客随时照见容貌，便于购货，又可以使店内流光映彩，呈现出商场的深邃敞朗，富丽堂皇。这些设计确实工于心计，很快被后起的各家商场所效仿。

为了达到先声夺人的效果，开业前夕，郭乐在报纸上连登14天"开业预告"，大肆渲染商场布置和经营特色，并请了大批社会名流、达官贵人前来参观，制造出热烈的气氛。郭乐还选择了若干种热销商品，压低售价，大登广告，如火腿只卖一元大洋一只，引起了广大市民的极大兴趣。

▷ 永安百货公司

如此精心准备，自然开张大吉。永安商场开张之日，店里店外挤得水泄不通。以后20天里，商场日销额也都在万元以上，以致将郭乐原以为能卖一个季度的存货卖去大半。这个"失误"是商场发达的表现，自然不会使郭乐惊慌失措。他满心欢喜，电令"香港永安"发货支援，又派采购员紧急出动，四处奔波，采购货物。

《雄踞"百货大王"宝座三十年——记上海永安百货公司总经理郭乐》

❖ 郑龙清、薛永理：远东最高的大厦——国际饭店

20世纪二三十年代，西方国家竞向中国投资，外国在沪人员与日俱增。房地产商为了满足这些外国人和中国上层人士的需要，争先投资兴建以这

▷ 老上海最高的建筑——国际饭店

些人为服务对象的大型百货商店和大型饭店。国际饭店就是在这样的历史背景下，于1932年夏破土动工，1934年12月开始对外营业。此楼系大陆银行、金城银行、上海银行联合投资，由希腊工程师设计，本市陶馥记营造厂承包施工。整幢大楼有24层（其中2层在地下），总高度为83.8米，为当时远东最高的大厦，站在它的顶端几层，可以鸟瞰上海全城，如果天气好，还可遥望长江口的吴淞。

《解放前上海的高层建筑》

❖ 沈立行：风靡一时的"大世界"

1916年，黄楚九脱离"新世界"，在洋泾浜西新街一带，租地15000平方米，创建"大世界"。法租界为了繁荣市面，全力支持。从破土动工，到1917年8月就全部建成。

"大世界"的规模比"新世界"大得多，房屋高达4层，还建了一个高塔，以壮门面，其原样就如现在的"大世界"。这段时期，是黄楚九投机生涯的黄金时代。他在"大世界"内办了小报，介绍各种节目；并且创办"日夜银行"，一天24小时营业，骗取大量社会游资。直到1931年，银行挤兑倒闭，黄楚九急得一命呜呼，"大世界"才被法租界大亨黄金荣所攫取。从此改名为"荣记大世界"，直到1949年上海解放。

"大世界"创办之初，内设各种剧场，取名十分雅致。无聊文人归纳成为十景：飞阁流舟、层楼远眺、亭台秋爽、广夏延春、风廊消夏、花畦望月、霜天唳鹤、瀛海探奇、鹤亭听睢、雀屏耀采，等等。其实，"大世界"远非高雅的地方，文人笔墨，不过说说而已。

▷ 1935 年的"大世界"

　　笔者回忆幼年去游"大世界"时，人山人海，热闹异常。记得屋顶上有一种露天飞船，在空中环行，大致和现在儿童乐园的玩具相仿。还有一种硕大的铜茶壶，好像现在的保暖桶，四周用铁链子锁着不少搪瓷茶杯。只要放进一枚铜元，就从龙头自动出茶一杯，夏天则也有酸梅汤。可惜杯子永远不洗，很不卫生。30年代初期，"大世界"里还放满了"轮盘"赌具，赢者一配三十六，以此欺诈游客钱财。提起此事，就想到英法租界当时亘古未更的怪现象，即法界开赌禁烟，英界开烟禁赌。现在的延安东路，当年叫爱多亚路，路南为法租界，路北为英租界，马路中间为三不管的地方。于是，"大世界"内的"轮盘赌台"旁就整天响着叮叮哨哨的银元声。不仅如此，大大小小的赌场一直向东延伸到现在的"宝裕里"一带，家家窗上都钉着铁丝网，屋内则是人声和银元声。反之，对面东新桥英租界，遍地都是出售鸦片烟具的摊贩。无论赌徒还是烟鬼，只要逃到马路中间就没事了，真是千古奇闻。

《旧上海的"世界"热》

❖ **王春生：**远东第一乐府——百乐门舞厅

位于静安寺西侧、愚园路口的红都影剧场，在电视《蓝色档案》、电视连续剧《上海滩》、小说《战斗在敌人心脏里》等文艺作品中，多次被描写为"上海滩第一流舞厅"，是旧上海达官贵人、富贾豪商和少爷小姐们的交际场所，也是中共地下党员开展革命斗争的联络点。

▷ 百乐门舞厅

红都影剧场的前名为百乐门舞厅。30年代初期，浙江南浔人顾联承在上海从事房地产生意，事业发达。当时，他看到上海西区房屋稀少，店铺不多，在静安寺古庙周围有一片属于庙产还未开发的土地，他就向庙里租下现万航渡路、愚园路口的一块地皮，投资70万两白银，于1932年下半年建成百乐门大饭店。这是一座集商场、娱乐、饮食、住宿于一体的综合大楼，靠愚园路大楼的二楼和三楼开设旅馆，由顾联承的两个儿子经营，底层店面出租给他人开设银行、理发厅等；位于万航渡路的房屋除设置厨房、点心间、炉子间外，其余均出租给他人开商场。百乐门大饭店的主体为舞厅与餐厅，由于顾联承对舞厅的经营一窍不通，因此便盘给一个名叫劳伦斯的法国人承包经营。

百乐门舞厅设在愚园路转角处，顶部高耸着圆柱形的建筑物，上有霓虹灯广告，入夜时分，在很远的地方就可看到闪耀着五颜六色的舞厅招牌。舞厅以拥有二层弹簧舞池和三层玻璃舞池而独步春申，内部设施全是欧美风格，冷暖设备俱全。大门口有"小保尔"拉门迎送宾客，进门有衣帽间服务员为宾客寄存衣物。舞厅雇请外国乐队和中外红歌手伴奏演唱，并有中外舞女为宾客伴舞。凡进入百乐门舞厅娱乐的，大多是阔老阔少，他们纵情欢乐，挥金如土，曾有多少人在这所销金窟中沉沦不拔。舞厅的法国老板还在往来上海的外国游轮上做广告，招徕生意，外国游轮一靠上海码头，就有专人迎候，并用专车送往百乐门去享受，所以外国游客称赞百乐门舞厅是远东第一乐府。

《百乐门舞厅见闻》

❖ **沈立行：第一个游乐场——"楼外楼"**

早在1912年，上海就有了第一个游乐场"楼外楼"。但仅只是以浙江路"新新舞台"的五层楼辟为屋顶花园，配以各种杂耍、滩簧和大鼓，实际上是个玻璃棚的大茶馆而已。那时已有电梯，所以票价分为两种：盘梯登高的，大洋1角；电梯直上的，就得加倍，大洋2角。"楼外楼"已经在入门处装有从荷兰进口的凹凸哈哈镜，别出心裁，游客如云。于是，上自王孙公子，下至贩夫走卒，趋之若鹜，生意鼎盛。

《旧上海的"世界"热》

第二辑

公馆名园，泛着旧时光
的雍容华贵

❖ 施金声：东南园林之冠——豫园

　　毗邻上海老城隍庙的古典园林——豫园，向来是国内外游客向往和必游的名胜古迹。豫园建于明朝万历年间，是潘允端的私人花园，占地70多亩，历经十余年的精心经营，方臻于完善。该园饱经400多年沧桑，特别是惨遭鸦片战争后三次洗劫，致园地缩小，面目全非，1853年小刀会起义时，曾在园内点春堂设北城指挥部，领导抗清反帝武装斗争，坚持达17个月之久，为上海人民反帝反封建谱写了可歌可泣、英勇壮丽的诗篇。

▷ 豫园玉玲珑

　　豫园占地不广，而景观紧凑，是融合明代皇宫园林和江南园林的古典风格。从进门的三穗堂、仰山堂转到峰回路转的大假山，登山顶望江亭，可把园内大半的山水楼台收入眼底。经过鱼乐榭、亦舫、万花楼一带，又另有一番风光,再到点春堂附近的大小高低建筑群,配以池塘假山,别有洞天。出点春门到会景楼、玉华堂前,视野开阔。西有小桥流水和九狮轩、得月楼,南有"玉玲珑"耸立堂前。最南是内园,布局更加精细曲折,厅堂亭阁,龙墙砖刻,山水上下,又是一处幽雅的天地。

游览园林,在不同的季节、气候、时间,从不同的方位,犹如欣赏了千百幅不同的立体风景画,文物古迹又给人增长历史知识,引发了思古之幽情,从一片秦砖汉瓦,可以想见阿房宫、未央宫的建筑规模和艺术水平,走马看花,将是一目十行,过眼云烟,犹如进宝山而空手回,岂不可惜,所以品茶不宜牛饮,橄榄美在回味,要仔细咀嚼,才有真味。就如"玉玲珑",是豫园里年代最古、品位最高的镇园三宝之一,传说是隋唐时的旧物,北宋徽宗时,北方异族势力已经逐渐入侵,但徽宗不顾国家人民的安危,一味追求享受,在汴梁大兴土木建造"艮岳",向全国搜求奇花异石,"玉玲珑"也编入"花石纲"作为进贡之物,征用民夫运送,只因途中流散,才保存下来,几经转手,到明代才为潘氏所得,移到豫园。由于钟灵毓秀,丽质天生,造型玲珑剔透,所以称为"玉玲珑",整块太湖石连座高将二丈,没有人工斧凿痕迹,从石顶上倒一盆水,水可从每个孔穴中流出,石底点一炷香,烟从各个孔穴中袅袅升腾,按照瘦、透、皱、漏的艺术造型评价,确是上品,千年来能够完整地保存至今,确是值得细细玩赏。

《东南园林之冠——豫园》

❖ 鲁叟:秋霞圃

在嘉定镇清河路与博乐路交接处,向东望,相距几十步的地方,粉墙围绕,墙内树木扶疏,似乎是寻常民宅,看上去并不怎样起眼。但是远远近近，慕名而来此一游者络绎不绝。

这是名园"秋霞圃"。其北部扩建竣工后，我怀着浓厚游兴，前去领略园中旧有的和新增的美景。

从西口入，有通幽曲径先北后东，经数重门，通向该园本部。中有小池。池西北，山丘隆起，上建小亭，下凿隧洞。池南，垒石为"山"，石负土而出，争呈奇状；滨池的崖下，筑狭仄石径；径断处，通以小桥，桥边崖壁上刻着明代书法家娄子柔所题写的"涉趣桥"三字。池的四周，或远或近，在花木丛中，错落有致地坐落着建于民国年间的"四面厅""池上草堂""丛桂轩""延绿轩""舟而不游轩"等颇见人工美的建筑。园的东部，邑庙大殿已作了较大整修，虽非画栋雕梁，也颇宏丽。殿后，原有"扶疏堂""籁隐山房""数雨斋""闲研斋"等，曾被启良中学用作校舍，今已拆除。自南而北，建堂屋数进，隔以小庭，庭中栽种花草。循此缓步行进，有"庭院深深深几许"的感觉。再向北行，有东向的小屋数楹。更北，为碑廊。廊尽处，就是该园新近扩建的北部了。

扩建的北部，原有清镜塘，后被启良中学填平，辟为操场。此次扩建，这里挖成曲池，中留片地，略似岛屿，池面狭处，架上小桥。池东侧，地势平坦，一带移植于此的修竹正在迎风送翠。池西，则上冈起伏，冈上建小亭、小阁各一；新栽的树木，高才丈余，正在长枝添叶。走近池畔，只见池水清澈。水上，浮着二三小小游艇，游人在艇内缓缓荡桨，容与中流，悠然自得，给此处平添不少画意。

现今的秋霞圃，就这样由各具特色而又和谐地统一起来的三个部分所组成，成为嘉定县游览胜地之一。这座历史悠久的名园像人生的历程一样，经历沧桑，走过坎坷不平的漫长道路。

《名园漫步话沧桑——秋霞圃记》

❖ 洪大勋：周公馆里的座谈会

中共代表团上海办事处所在地原来是新华日报社的宿舍。国民党为了限制中共代表团的活动，规定除了重庆、南京两个谈判地点外，其他地方不得设立中共办事处。因此这所107号房屋，对外称为"周公馆"，户口册上注明户长是黄天霞。周公馆为了方便国际友人和新闻记者前来采访，在大门外刻有"General Chow-EnLai Residence"的英文标志，即"周恩来将军寓所"，是一座法国式假三层楼房，前有小花园。

周恩来经常在周公馆举行中外记者招待会及各界人士座谈会。他曾在107号多次亲自接待国内外记者，参加人数最多时达100余人。他在讲话时先分析国内形势和和平前途，然后答复记者提出的问题，尤其对美联社记者讲得很多，详尽地阐述了国共和谈的经过和中共对和谈的态度，许多记者听了莫不点头赞同。

有一次，在一楼会客厅里举行文艺、戏剧、电影界人士座谈会，到会者100人以上，其中名演员有白杨、丹尼和周信芳，导演有于伶、吕复、黄佐临等。还有一次，举行各民主党派负责人座谈会，郭沫若、许广平、马叙伦、马寅初、沈钧儒、黄炎培、张君劢等都应邀参加。

《监视周公馆纪实》

❖ 赵炎华、施海生：海瑞祠堂

枫泾镇黄良甫河畔，有一座四乡闻名的海瑞祠堂。根据祠堂前的石碑记载，海瑞祠堂建于明末清初年间，至今已有400年历史。黄良甫桥连着海瑞祠堂。最早的黄良甫桥在康熙四十六年（1707年）夏家村地方建造，是座三孔拱桥，后坍了。清光绪十八年（1892年）募资重造，新造的黄良甫桥为方便去祠堂的人，向东移过100多米，造在海瑞祠堂旁，桥是框架平桥，桥埭连着前殿。桥造好之后，这里一下子就热闹起来。海瑞祠堂前的一排长廊，临水而筑，有美人靠，供行人休息。

海瑞祠堂由前殿、后殿和一个天井组成。海瑞坐像供奉在后殿，四周的墙上有彩色绘画。祠堂里还有一匹用木头雕刻的马，全身白色，和真马大小一样。在祠堂的旁边还有一根旗杆，高达5米，逢海瑞老爷出堂和每月初一、十五在旗杆上升起九盏灯，称为"九莲升天"。

每年农历八月十八日是海瑞的生日，也是海瑞祠堂老爷出堂的日子，逢单为小年，搭敝棚唱书；逢双为大年，活动就丰富多彩，五道七生，五道族有15支队伍，开路是5把钢叉，七生族共12支队伍，开路是7把钢叉。8月17日这天晚上，先将塑像从后殿移到前殿。有主持司仪喊口令，敲大鼓，抬着坐像到了前殿，穿好新衣服等候天明。18日海瑞出堂活动正式开始，早上要从俞汇到枫泾河沿浪，整个仪仗队由硬牌、幡旗、大锣、提香钩肉一干人等组成队伍，长达近百米。巡游范围是13村半，新春、俞汇、枫泾半镇等。

最精彩的是摇梢船表演，就在黄良甫河上举行。船分两种，一是赤膊船，一船四橹，船头两支大橹，船艄一大一小，小的叫矮橹。二是牡丹船，是只五吨木船，富丽堂皇，由前棚和后棚组成，并用各色珍珠、绸缎进行装饰，五颜六色；该船有三条橹一根桨，大橹有5个人摇，小橹有3个人摇，船头的掌桨是把正方向。摇梢船是一种民间竞技比赛活动，比力量、比速度，搓橹绳的人摇时忘记一切，前仰后蹲，人的屁股碰到河水，十分好看。

《枫泾古迹揽胜》

❖ **陈无我：**双清别墅与桃李园

沪北唐家弄徐氏双清别墅，系徐君隶三手创。楼台精雅，花木清幽，沪上各园推其开辟最早，骚人墨客莫不结伴来游。前辈如天南遁叟王紫铨、高昌寒食生何桂笙诸先生，咸于此结文社、联诗会，煮茗论心，焚香读画。四方名士，相率来归，文采风流，一时称盛。嗣因王、何两先生先后赴修文之召，提唱乏人，园林减色。加以园侧市面日兴，居民日众，徐君深恐俗尘三斛，扑及名园，因复在新闸西南四五里之曹家渡地方，另辟新园，名曰桃李园。地广数十亩，堆山叠石，凿地成池，别具丘壑，游人亦众。今则双清别墅早已移至康瑙脱路，桃李园渐就荒废，鲜有知之者矣。

《上海名园之追忆》

❖ **陆劲风：**曲水园之九峰一揽

九峰一揽，即环碧楼旧址，从虬龙洞上登假山，有一亭耸然高峙，即九峰一览景也。当民国年间，城内富商张景周长子张绍联，为纪念其父创业艰辛，在环碧楼废墟上斥资建一亭，拟名景周亭，遭当地士绅反对，认为张景周在外经商致富，对家乡事业实无贡献，在公园中建亭纪念，恐遭物议。时绍联母因跌伤足，旋即痊愈，意为神佑，仍愿捐资建亭，亭名由地方决定。落成后未正式定名，但知情者遂有景周亭之称。

《闲话曲水园——二十四景今昔》

❖ 陈无我：愚园内之寿仙班

▷　早期的上海愚园

▷　愚园市内茶室

愚园最初演髦儿戏，名寿仙班，在正厅演唱。地方宽敞，四面绿荫，风来习习，凉爽宜人，故虽盛夏，入座观剧者浑忘其门外暑喝蒸人也。犹忆一日在彼观剧，谢媛媛演《絮阁》一出，百媚千娇，不减杨妃丰度，以美人扮美人，尤令人魂飞神往。其余若谢桂林之《滚灯》，浑脱浏漓，诙谐百出。周处、徐处之《空城计》，并皆佳妙，各擅胜场。谢菊香之《吊金龟》、谢蕙香之《彩楼配》，工稳认真，情文俱到。至今追忆，历历在目，"绿藤荫下铺歌席，红藕花中泊妓船"，香山佳咏，不啻为当时写照也。

《上海名园之追忆》

❖ 陈无我：愚园琵琶会

己亥九月，殷君纪平偕其同志倡设琵琶会于愚园，选期重九日起，凡三日。先期承园主人折柬相邀，乃以簪菊之良辰，命俦啸侣，驱车而往。是日也，天气融和，晴光骀荡，车行阡陌间，爽垲迎人，已尘襟尽涤矣。比至园，则香车宝马，络绎如织。登正厅之楼，已闻嘈嘈切切，如大声发于水上，盖程君春塘正弹《海青拿鹤》一套也。既毕，李君芳园操《霓裳曲》继之。又继者为倪君清泉之《郁轮袍》，姚君兰亭之《清平调》，殷君纪平之《灯月交辉》，王君梓华之《满十回》。迭奏而后，程君复弹满《将军令》一套，李君等以次复弹《夕阳箫鼓》《阳春十景》《汉十回》《划龙船》诸调。雅乐元音，一洗筝琶俗耳，或琮琮铮铮，黄钟大吕之音；或切切凄凄，落叶哀蝉之响。落落大方，丝丝入扣，逸响既终，余音犹袅，盖真能移我情也。噫！以天涯沦落之人，鼓海上成连之曲，诸君固雅人深致，余亦何幸而与于斯会也。韵事芳辰，人生有几，迄今追忆，不胜人往风微之叹云。

《上海名园之追忆》

❖ 张翼鸿：愚园的消失

愚园在静安寺东北半里左右，位于南京路以北、常德路以西、愚园路以南地段内，和张园同为沪西佳处。张园以空旷胜，愚园以缜密胜；张园为西方式的，愚园则为我国传统的东方式。

愚园建于光绪十六年（1890年），主人为四明巨商，所筑假山大都取于松江啸园。园内有杏花村、云起楼、倚翠轩、花神阁等。那花神阁且有辜鸿铭所书英文诗，刻石其间。画家吴有如把它作为画材，收罗在《吴有如墨宝》中，有好多幅。当时上海尚没有动物园，愚园开风气之先，已蓄着虎、豹、猩猩、孔雀、仙鹤等供人观赏。又备着茶点、酒肴，供人饮啖。所以春秋佳日，游屐甚众。四方人士来到上海，游愚园为一重要节目。后屡次易主，民国五六年间改建市廛，现在只有愚园路的名称，没有真正的愚园了。

南社自1909年10月苏州虎丘建社起，至1936年2月在上海福州路同兴楼聚餐止，共集会31次，其中在愚园集会先后达14次，参加者达401人次，足证愚园为南社主要活动基地之一。兹录南社诗人李夷峥所作《南社雅集愚园，以事未赴，率成小诗和芷畦韵》，诗曰："园林入画竹修修，落尽残红客倚楼。醉墨留题诗有草，芳樽劝饮酒无愁。座宜旧雨兼新雨，记续前游又后游。独立苍茫纷百感，暮云无际夕阳收。"真可谓人杰地灵，相得益彰者矣。

《静安名园》

❖ 张翼鸿：名人的活动基地——张园

张园在上海静安寺路（现称南京西路）泰兴路口，南抵威海卫路，现址威海路599弄，介于石门一路与茂名北路之间。从市中心向西去，张园要比愚园近得多。愚园进园要购门票，张园任人出入，没有门禁，所以张园的游客要比愚园多。园本为西人格隆氏的别墅，占地仅20余亩，清光绪十年（1884年）园地被无锡张叔和（字鸿禄）购得，因此都叫它做张园。园门柴扉题着"烟波小筑"，园外古树上标"味莼园"三字，取张翰"秋风起思莼鲈"的意思。这三字是仓山旧主袁翔甫所写的。后来该园由20余亩展拓为70余亩。有广厦一所，宏敞可容千人，名叫"安恺第"，游客在这儿喝茶进餐，各取所需。安恺第是西式布置，很受一般趋新厌故者的欢迎，凡各种会议、演说、跳舞、宴客都在此举行。辛亥革命既成，孙中山回国到沪，曾在此发表演说。宋教仁被刺，南社社友即在张园开会追悼。

园中平时不售门票，早晨清旷得很，那位改革戏剧的欧阳予倩，也是南社社友，他在黎明常来该园练嗓子，做哭笑呼啸等动作。逢到节日表演，张园门票改售一角。某次举行放大气球，门票竟售至每张一元。有时为查禁鸦片，搜得的烟土就在园内当众焚毁。有时在园内放焰火。所以说到张园，几乎是妇孺皆知的。逢到炎热的暑天，园中余屋借给富人避暑，每间赁费高达百金，在当时认为是很贵的了。约历30年，园已废去，成为居民区。

在辛亥革命以前，孙中山领导的民主革命运动，曾多次以张园为活动基地。1902年，由蔡元培、蒋自由、黄宗仰等组织中国教育会和爱国学社，每周假张园进行讲演活动，倡言革命。1903年的拒俄运动及《苏报》案中，张园都成为过集会场所。

《静安名园》

❖ 张翼鸿：霍元甲在张园比武

张园比武，是张园活动中又一重大事件。1909年在上海四川路电影院，有个西洋大力士奥皮音每晚登场表演举重，吹嘘他天下无敌，讥笑中国人是"东亚病夫"，不堪一击。传言登报后，舆论大哗，于是年2月特邀霍元甲来沪与奥皮音比武，霍来沪后与奥皮音商定比武方式与条款，约期在张园决斗。是日园内万头攒动，群望一睹输赢，不期逾时已久，不见奥皮音来，访其寓所，已逃之夭夭。为免观众失望，特邀镖局名手刘振声表演，在北方镖局素负盛名的霍元甲亦亲自登台表演，全场呼声雷动。

《静安名园》

❖ 陈孝允：最早放映电影的地方——徐园

1896年8月11日，西方商人在上海闸北徐园内的又一村放映了"西洋影戏"（电影）。据载，当时共放映《马房失火》等十四部短片，这是上海也是中国第一次放映电影。

徐园，又名双清别墅。原址在闸北西唐家弄（即今天潼路814弄35支弄），占地约1500平方米。徐园系于光绪九年（1883年），由商董徐鸿逵创建。园内筑有十二楼、又一村和孔雀亭。堂、榭、阁、斋俱全，结构精细。

园中置十二景：草堂寿宴、仙馆评梅、曲榭参鱼、寄楼听雨、画桥垂钓、笠亭闲话、长廊寻句、盘谷唱琴、萧斋读画、桐阴对弈、平台眺远、柳阁闻蝉。颇具民族园林胜趣，为泉石爱好者称道。晚间张灯结彩，增设曲会、书会等雅集。逢元宵夜，各色烟火花炮于鸿印轩燃放，呈现银花火树奇景。此外还有兰花、菊花、梅花等盛会。当时曾被誉为沪北十景之一。

1899年上海公共租界扩大，徐园被划入公共租界，由于马路需要拓宽、徐园被拆。徐氏后辈又择址康脑脱路（今康定路），圈地十八亩，按原样重建徐园，于宣统元年（1909年）建成。1947年，徐园在一场大火中焚毁。

《上海早期文化娱乐三最》

❖ 沈藩：闻名沪上的梨园公所

在现今南市区方浜中路榛苓街转角，有一座坐北朝南四合院式的古建筑，老上海可能都会知道，这里就是80多年前闻名沪上的上海伶界艺人创立的梨园公所。

梨园公所初建时为祖师殿供奉伶人祖师爷老郎神塑像，前厅、大厅、东西厢房五间，呈口字形建筑，二楼上为伶界首领的办公室、议事房，伶人集会、活动在大厅进行，逢年过节祀奉祖师，香火颇盛。至民国元年（1912年），又增建五楼五底及偏室六幢。公所并购置义地、山庄数处，为收埋故世艺人之用。公所还办有榛苓学堂，专收伶人子弟免费入学习艺，为保护伶人子弟被人歧视不能入学的权利。榛苓学堂后改名榛苓小学，其名称是由清末著名爱国艺人汪笑侬所起。榛是桦木科落叶灌木，榛树上生长的球形坚果称作"榛苓"，取此名称是希冀老一辈伶人要不断辛勤培养新一代伶人作出努力。梅兰芳、程砚秋、周信芳等著名艺术家都在此留下过足迹。不少学员后来成为蜚声艺坛的著名演员。上海解放后建立校董会，京昆艺术大师周信芳、俞振飞还相继担任过董事长和校长。

梨园公所还为推行改良京剧作出贡献。光绪末年，夏月珊、夏月润、潘月樵、孙菊仙、毛韵珂等接受西洋戏剧影响，率先编演《新茶花女》《黑奴吁天录》《黑籍冤魂》《潘烈士投海》《明末遗恨》等改良京剧，力图唤起民族意识，抨击黑暗统治，讽刺社会恶习，取材颇有进步意义。当时，上海开明士绅李平书、沈缦云等特邀夏氏兄弟、潘月樵等到日本东京参观近代戏院舞台设置，回国后在十六铺太平码头附近建造一所新式戏院，取名为新舞台，专演新编京剧，盛况空前。新舞台改旧式主柱方形舞台为半月形框式转台，观众座位有坡度，应用新式灯光、布景，在舞台美术上独树一帜，令人耳目一新。

梨园公所尚有值得一提的事，那就是在辛亥革命时，京剧艺人也参加了革命斗争。由潘月樵等为首组织伶界敢死队，从九亩地出发，攻打江南制造局，以京剧演员特有的武功翻墙攻入，引弹爆炸打乱了清军的阵脚，为上海光复立下了战功。后来孙中山先生曾亲自到梨园公所与京剧艺人亲切座谈和摄影留念，当场挥毫书写"现身说法"匾额表彰其功勋。

《闻名沪上的梨园公所》

第三辑

租界，老洋房里缔造的海上旧梦

❖ 罗骥：越界筑路

越界筑路最早是驻沪外国军队为了便利行军，协助清廷镇压太平天国起义军，后来则是扩张势力范围、扩张租界耍的一种花招。这是英租界当局首创的。至1899年，英租界通过越界筑路，将西界扩张至静安寺镇五圣庙，北至小沙渡、苏州河。据统计，截至1927年英租界包括改称公共租界后，共越界筑路39条之多，北连宝山县境，西至青浦县境，西南至松江县境。

《雷米和法租界的开辟扩张》

❖ 薛耕莘："国中之国"的法租界

法租界和公共租界一样，是帝国主义凭借不平等条约，在上海设立的"国中之国"，由法国驻沪总领事独揽行政大权，不受中国政府管辖。它的统治机构分两大部分，一是公董局，管理一般行政事项；二是巡捕房，负责治安保卫工作。所有重要职务，都由法国人充任，并雇用一部分其他国籍和中国人员经办具体事务。

公董局设总办一人，下设秘书、捐务、工务、教育、卫生、植树、火警等处，并有直属的靶子场和无线电台。

▷ 公共租界的总巡捕房

▷ 法租界公董局

　　巡捕房机构庞大，设总监一人，除秘书处（又称总务处）外，分制服、便衣两部，各设副总监一人负责。制服部分管理穿着巡捕服装的警务人员，在副总监之下有监督警官一人，下设交通处、警备队（又称防暴队）、装甲车队（又称汽车修配间）及制服缝制间，并管辖贝当、福煦、卢湾、嵩山、麦兰、小东门六个捕房。便衣部分管理穿着便衣的警务人员，除直属的鉴别科

（手印间）外，分设刑事、政治两处，各有处长一人负责。刑事处下有采访、外勤、正俗、文书等股（采访股又称"行政股"，正俗股又称"花捐班"），还有一个"强盗班"，负责强盗案的侦缉处理。政治处下有社会、外事、查缉、文书等股和译报室，后来又设置"马龙特务班"和物价管理处。

根据不平等条约关于领事裁判权的规定，租界司法权由外国领事法庭行使，中国法院无权过问。后来成立会审公廨，由中国官员会同外国领事审理民刑案件。1931年，国民党政府与法国政府签订协定，在上海法租界设立中国法院，但刑事案件的检察权仍由捕房行使。这时，法租界当局设立了司法室和捕房律师，由副领事一人领导，代表巡捕房在法租界中国法院行使检察官职务，同时在巡捕房设立司法顾问处，作为巡捕房有关法律问题的咨询机构，并负责训练外籍警员熟悉运用中国法律的有关知识，一般不对外。在法租界中国法院则配置司法警察，由巡捕房政治处领导。

《我与旧上海法租界》

❖ 薛耕莘：法租界的密探

旧法租界巡捕房的政治处，是帝国主义在租界内统治中国人民的神经中枢，也是他们同我国国内反动派和官僚、政客、军阀、豪绅，以及地痞流氓等反动势力相勾结，刺探政治、军事、经济情报，干涉我国内政，镇压人民革命运动的执行机构。它是适应我国政治动荡的形势，于1929年由帝国主义分子萨而礼（Roland Sarly）建议，在法捕房原有刑事科的一个附属小组（政治组）的基础上，扩充改组成立的。

萨而礼是法国巴黎人，母亲是北非摩洛哥的黑人。中学毕业后，参加法国的非洲殖民军，第一次世界大战中，参加坚守凡尔登战役，后备陆军少尉出身，殖民观念极其严重。他初任法租界捕房政治组组长时，正值我国第一次国内革命战争爆发，国共合作，胜利北伐。当时中国共产党的驻沪办事处设在法租界华龙路80号，法租界当局表面上对国共双方保持中立，采取"不干涉主义"，实际上，通过政治组的活动，搜集情报，密切注视着事态的发展。

那时政治组有6个便衣密探，程子卿任探长，杜关贤任翻译。程是镇江人，上过3年私塾，有高小文化程度，原是米店学徒。1905年入法捕房工作，直至1943年8月，先后有38年之久。此人与国民党元老居正、叶楚伧及国民党中央通讯社社长冯有真等关系密切，因此，消息灵通，经常搜集国内政治情报，向法租界当局提供。1921年7月下旬，中国共产党在法租界望志路萨坡赛路口一幢房屋内召开成立大会时，那个身穿蓝袍黑褂，前往干涉，传达法租界当局命令不准开会的人，就是程子卿。1927年蒋介石发动"四一二"反革命政变前两个月，程子卿就将刺探到的国民党内部左派与右派的争论和国共之间的关系，密报给法租界当局，并预测中国政局将有重大变化，受到法国政府外交部的重视。后来的事变证实了情报的准确，萨而礼被越级提升为督察长，并被任命为新成立的政治处处长，军阶也由后备陆军少尉晋为中尉；程子卿因密报有功，破格提升为华督察长（华人外勤工作中的最高级别），并获得金质奖章（获此奖章者月薪外加20元）。此后，程不断向法租界当局提供南京国民党政府的政治、经济、军事和内部派系斗争等情报，法租界当局和当时法国驻华公使魏尔登（Wilden）大为赞赏，擢升为超级督察长，萨而礼也再次晋升为警务副总监。

《我与旧上海法租界》

❖ **薛耕莘：法租界内的罢工案**

发生在机务部的那次罢工的经过是这样的：1930年，法商电车公司机务部修理电车的工人1000多人，要求适当增加工资，资方坚决不同意，工人们迫不得已，在徐阿梅领导下罢工。资方曾多次企图收买徐阿梅，徐不愿出卖工人同志，严词拒绝。罢工坚持了一个多月，社会舆论对资方顽固拒绝工人合理要求极为不满，《申报》《新闻报》曾为此发表社论，谴责资方。法国政府深恐事态扩大，命令上海法租界当局限期解决。当时法捕房总监费沃利上尉（Capitain Fiori）找到杜月笙，要他设法解决，并提出，如果杜月笙不能帮助解决这次罢工，法租界当局将下令禁止法租界内一切烟赌，俟工潮平息后再考虑开禁问题（当时法租界内烟馆、赌场是杜月笙等流氓势力经济收入的主要来源）。

在此情况下，杜月笙托人找到徐阿梅，愿意收徐为门徒，并每月津贴200元，徐表示除讨论工人所提条件外，不愿接受其他，态度非常坚决。杜月笙见软的不行，就来硬的，指使门徒臂上戴着印有法国国旗的袖章，在马路上巡查，见有罢工工人，即威胁复工。这时法商总会对费沃利以禁止和重开烟赌为条件，利用中国流氓势力处理工潮，认为"有伤国体"，向法国政府提出控告，法国政府慑于国内外舆论压力，下令将费沃利革职，调回本国。但工潮不息，烟赌生意受到威胁，于是杜月笙用重金收买法捕房政治处查缉班法籍探目马慕雅（Marmorat）及华籍探目范广珍、赵子柏等，共同策划，事先模仿共产党传单式样，印就带煽动性的传单数百张，在一天夜里，由马慕雅率领程子卿、朱良弼、范广珍等30余人至徐阿梅家中搜查，硬把传单塞在徐的卧室中，将徐押解至法租界法院，按照国民党政府当时颁布的《危害民国紧急治罪法》提起公诉，法租界当局一向只承认国民党政府公布的《刑法》，不承认国民党政府为处理政治犯而制订的特种刑事法令，这次破例引用《危害民国紧急治罪法》。当时承办此案的捕房律师是费席珍（杜的门生，每月由杜津贴500元），结果把这次罢工说成是共产党煽动的政治事件，判处徐阿梅徒刑10年。此后，张福宝、石全福等拜杜月笙为师，领导工会。这场轰轰烈烈的罢工斗争，就在法捕房和杜月笙勾结下，软硬兼施，被镇压下去。

《我与旧上海法租界》

❖ 王智琦、俞海华：会审公廨

▷ 会审公廨旧址

　　会审公廨是中国政府设在租界的司法机构，上海人称它为"会审公堂"，主要审理发生在租界内的民事、刑事案件。如果案件涉及洋人，均须由有关外国领事会同审理，所以称作"会审公廨"。会审公廨初办时，由上海道台委用一名知府充任谳员。后来外国陪审官仗势欺人，扩大管辖范围，并擅自做主任意定刑。同时，英国领事馆还以"领事裁判权"为依据，规定在华的外国侨民不受中国法律管辖，会审公廨成为包庇洋人、残害中国百姓的所谓司法机构。

《西式衙门——会审公廨》

❖ 何世桢：公共租界内的临时法院

1926年，孙传芳任江苏督军时，以丁文江为淞沪督办，曾由丁与上海公共租界当局协商收回治外法权，议定后，即由当时的江苏省政府出面同各国驻沪领事团签订了一个临时法院协定。根据这个协定，中国人在名义上获得了司法自主权，原由租界当局一手包办的会审公廨取消，代之以由中国政府（实际是孙传芳的江苏省政府）委任和管理并行使中国法律的上海公共租界临时法院。不到一年，国民革命军到达上海，国民党政府沿袭了这个制度，也由江苏省政府出面，同公共租界当局签订了内容相同的临时法院协定，规定以三年为期，至1930年3月满期，届期另行商议。

根据这个协定，临时法院只有签发各种司法命令之权，其执行权仍操在帝国主义直接控制的工部局手里。对刑事案件，侦查和起诉权也操在工部局手里。所谓司法自主，实际上是一句空话，中国法院要有所决定和作为，不取得工部局的支持是办不到的。法院内部的人事权虽说归江苏省政府自主，但书记官长却必须用外国人。这个职位，相当于一般机关的主任秘书或秘书长，具有机关行政的统率、指挥之权，虽说应听命于院长，但实际上凭借领事团和工部局的背景，院长有时也不能不按照他的意见行事。更有一件气人的事，就是会审公廨虽然取消了，但各国驻沪领事还保留了会审和观审两项权利。根据协定，凡原告是外国人，或是所审理的案件对租界治安有重大影响者，有关领事都要参加会审。至于观审则并无限制，只要领事老爷高兴，随时都可参加。名义上，观审者对审理案件无发言权，但他们对重大案件，总是要以自己的影响来左右法院，从来不甘于作壁上观。所以，这个临时法院实质上不过是会审公廨的继续，是一个穿了一件中国法院外衣的外国公堂而已。

《记上海公共租界临时法院》

❖ 杜绍文："大租界中的小租界"

旧中国的上海市是一个半殖民地半封建的社会，公共租界和法租界，形成了一个畸形的"国中之国"。苏州河以北的公共租界，特别是虹口地区，又变成了事实上的日本租界，其中一个小区域俗称东洋街的，更突出地表现为"大租界中的小租界"。

具有"大租界中的小租界"特征的，是东洋街这个地段，亦即从今之海伦路471号至531号止，全长约300步。当年，在这个地段，两旁都是典型的东洋式二层半小洋房，屋内设施全然是日本式的，铺着榻榻米，居住者均属日籍。连接着狄思威路及邢家桥北路处（亦即东洋街的起讫处），各树立一座木栅门，只开一小门供行人通过。中国人如步入该处，必遭日本小孩（俗称东洋萝卜头）的辱骂，甚至用砖头瓦片投掷袭击。堂堂中国人，竟不能行走于中国的土地上。弱国之民，竟连他国的孩提之辈也看不起。从东洋街西行至横浜桥，常可见到当时东洋小学生和日本海军陆战队三五成群列队而过，耀武扬威，旁若无人。好像这里就是他们的殖民地，中国人就是他们的臣民。这种反客为主，侵略欺凌的暴行，实在令人发指眦裂，刻骨难忘！

东洋街南边有一片空地，是日本一个公司的仓库；仓库后面则为洋泾港船民所丢弃的童尸场，简直是一处荒郊野外，今天已建成为海伦儿童公园。

日本军国主义者以中国为侵略目标，其所豢养的日本浪人，特别是那些"高丽棒子"，尤其狐假虎威，对中国人更是无恶不作。因此，形成所谓虹口日本租界，特别是北四川路一带，善良的中国人不敢居住，以免招致飞来横祸。

《虹口"东洋街"之忆——大租界中的小租界》

❖ 曹彬：租界电话的主权之争

在英商华洋德律风公司标卖期间，当时的国民政府和上海市民为收回电话经营主权，同租界当局、英美商人展开了激烈的竞争。

当标卖消息传出，舆论大哗。上海市民联合会在1930年6月7日的《申报》上发布紧急通告，反对标卖华洋公司，建议收回华洋公司，由中国政府自行办理。华洋德律风公司的华人股东也在同日的《申报》上发表公告，认为特区（即公共租界和法租界）的电话事业是我国的主权利益，应由国民政府交通部收回，不能出卖，并号召全体华人股东抵制华洋公司27日召开的全体股东会议。29日，《申报》又发表文章，强烈反对标卖华洋公司。"我国各团体及市民等闻之，均极愤激。""唯是日到会华股东仅寥寥数人，且西人亦有一部分人反对此议，可见人心之一斑。"上海华洋德律风公司华人用户联合会发表宣言，提出三点声明：（一）全市民团体一致援助。（二）电请外交、交通两部提出严重抗议，并声明国际电报电话公司在中国领土内无权经营电话事业。（三）致电驻华美国公使抗议，电请我国驻美公使向美国政府提出抗议，并号召全体用户："绝对准备不用违法之电话，而不与国际电报电话公司合作。"同时各社会团体如市商会、市民联合会、纳税华人会、用户联合会等联络一致，集合各团体的力量准备作第二步的抗争。在舆论的强大压力下，国民政府外交部也以外交方式向各国驻沪领团提出了抗议："使其督促工部局，勿予正式批准，以资挽回。"

由于当时的历史原因和客观条件，虽经国民政府及市民各团体的一再反对，但华洋德律风公司在各国驻沪领团的支持下，一意孤行，经工部局董事会批准将该公司全部资产出售给美国国际电报电话公司，并于1930年8月1日办理了交割手续。

《上海租界的电话》

❖ 赵懋谦：接收租界电台的两出丑剧

1941年，南京汪精卫伪政权在日帝的卵翼下扮演了一幕所谓接收租界电台的丑剧。当时法国人与汉奸褚民谊暗中勾结，表面上打着接收的幌子，换上一面南京伪政府的招牌，除委派汪的内戚方某为挂名台长，徐某为台长秘书，月支干薪，毫不问事外，该电台内部工作人员一仍其旧，仅对朗格兰改称为电台技术顾问，名曰顾问，实仍独揽大权，操纵一切。这一情况直至1945年日本投降时始告结束。

另一出丑剧是在1945年日军投降时，朗格兰因曾参加汪伪组织，至此日暮途穷，自知电台命在旦夕，绝难幸存，于是竟将电台的电信器材大量盗卖，企图蒙混接收，再一次浑水摸鱼，饱其私囊。被发觉后，朗格兰以投奸和盗窃诸罪银铛入狱。而这个历时数十年之久的电台亦随着时代的变迁而告终。

《旧上海法租界无线电台见闻录》

❖ 朱剑城：租界房地产业的兴起

1843年上海开辟为商埠，建立了租界。西方资本主义势力不断侵入，上海以很快的速度形成为全国的贸易中心港口，随着人口的增加、工商业的发展，房地产逐渐商品化，这个房地产商品化的过程，除了一般的经济规律外，太平天国的革命战争，起了很大的催化作用。

1853年起，小刀会起义军占领上海县城达17个月，在这些日子里，大量城厢居民为躲避战争进入租界，冲破了原来租界"华洋不得杂居"的规定，当时英租界人口从500多人增加到2万人以上。这给外国冒险家们创造了意想不到的赚钱机会。本来初来乍到的外国商人，对上海的通商贸易，不过是贩卖鸦片和一些洋布之类，现在大批华人进入租界，把原有多余的简陋房屋出租，可以收取高得出奇的房租，一般三五个月的租金，足够新建同样的一所简屋。而且这类简屋都是木板结构，成本低，建造速度快。从1853年9月到1854年7月，不到一年时间，广东路到福州路一带，就建造了800多幢木板简屋，纯以出租盈利为目的。这是上海商品房屋的嚆矢。

由于城市的货币地租是通过房屋租金来实现的，所以随着房租的增长，地价也不断上升。几家老牌贩卖鸦片的洋行，无不对投资房地产发生极大的兴趣。如最早最有名的洋行老沙逊、怡和、仁记等，都最大限度地把资金投入到房地产方面。其中老沙逊洋行一家，就在江西路的福州路和广东路一带的空地上建造了大量简屋出租牟利。

后来，太平天国运动不断发展，1860年至1862年，李秀成三次进军上海。江、浙一带的地主、豪富及官僚纷纷涌向上海租界，租界人口曾经剧增到30万，一度达到50万。这对租界来说，是获取暴利的大好时机，不论是投机房地产的商人，或是着眼于地税和房捐收入的租界当局，都把建房出租或出卖视为最好的财源。

房地产业在租界内，具有十分优越的地位。不论是公共租界的工部局或是法租界的公董局，由于从事房地产业的是最大的纳税人，董事会成员几乎都是拥有大量房地产的外国商人。这两者是相互依存的，外国房地产商依仗租界特权来扩大业务，占有大量房地产，租界当局则利用地税和房捐，作为主要的财政收入，每一次租界地域的扩展，都为房地产商扩大业务创造了最好的条件，而房地产业务的扩大，又为当局提供了大量的税收。据公共租界工帮局的统计资料，房捐和地税两项合起来，每年都占财政总收入的半数以上。

《旧上海房地产业的兴起》

❖ 薛耕莘："强盗班"

刑事处为非作恶，最突出的是所谓"强盗班"。这个班的任务本来是负责侦查和缉捕重要强盗犯的，可是中外巡捕、探员利用职权，非刑逼供，栽赃陷害，敲诈勒索，比强盗还厉害，社会上提起"强盗班"，无不谈虎色变。他们惯用的手法是在星期六晚上突击检查大旅馆，因为这时许多出身富贵人家的花花公子和暴发的资产阶级分子，往往在大旅馆开房间聚赌宿娼，他们就将破获盗案中登记有前科的手枪，抛赃陷害，加以拘捕（捕房破获盗案，没收手枪，都将号码登记，作为前科罪证，有档案可查），并利用第二天星期日法院不办公、不收解人犯的时间，讲斤论价，敲诈巨款。那时搞得最凶恶的是外号"江北大亨"的金九林（拉黄包车出身，本是便衣探长，对外自称督察长）和徐乘龙（翻译出身，擢升探长），后因敲诈吗啡犯被控，被警务副总监饶伯泽（Jobez）开革。

《我与旧上海法租界》

❖ 薛耕莘："安南巡捕"

法租界巡捕房除由法国人担任主要职务，并雇用大批华人和一部分白俄外，还雇用了五六百个越南人（相当于一个营），俗称"安南巡捕"。这些人身材比较矮小，不能担任交通指挥，主要是携带步枪，在马路上巡查，同时负有对违章黄包车、三轮车"撬照会"的任务。当时法租界当局规定，每个值勤的安南巡捕每月至少要撬照会30张，黄包车被撬照会，每张罚款5角，三轮车每张1元。因此，这些安南巡捕完不成任务时，在马路上看见空车，不论违章与否，即强行扣留，撬去照会，车工不服，与之理论，往往遭到毒打，甚至关进捕房。这种狐假虎威、蛮不讲理的情况，在旧上海租界街头经常出现，充分反映了帝国主义殖民统治的罪恶。

《我与旧上海法租界》

❖ 薛理勇：租界内的室内菜场

旧上海租界内的菜市场大多由工部局或公董局承建，然后转租给商人经营，工部局或公董局向承包人征收税收和承包费用，经营人再将摊位分块租给商贩经营，向他们收取租金。室内菜场便于城市管理，同时方便市民在营业时间购物，是一个近代化的城市管理办法。于是从20世纪初开始，工部局就有规划地在租界内建造室内菜场，现在仍在使用的室内菜场有汉阳路的三角地菜场、福州路的水产公司、河南北路的铁马路菜场、陕西北路的西摩路菜场、舟山路的提篮桥菜场、金陵中路的八仙桥菜场、北京东路的石路菜场等。

上海租界的室内菜场大多是一个综合性副食品市场，底层为菜场，供应蔬菜、禽蛋、肉类、豆制品等，二楼犹如今天的南货店和食品店，供应南北货、瓶酒、罐头、糕点等，规模稍大的（如三角地菜场、福州路菜场）还有三楼和四楼，三楼以上大多为综合性小百货市场。但是到了20世纪30年代初以后，一方面受战争影响，进入租界居住的人口越来越多，另一方面租界无能力建造更多的菜场，于是，原来经营南北货、小百货的摊位大多改为副食品摊位了。

《老上海菜场史话》

❖ 罗亮生：横流租界的烟毒

当时，更有天天在报上可见的巨幅广告，登的是某某洋行有老狮牌吗啡出售，还有所售的其实是鸦片烟膏，不过名之为洋药。可见在租界内公开贩卖毒品是不以为怪的。市上土行与烟膏店之外，还有许多鸦片烟馆开灯公开吸烟，一榻横陈，瘾君子趋之若鹜，而以南诚信、北诚信两家为最著名，设备华美，来者多半是富商及豪贵子弟，这就难怪鸦片之流毒无穷了。当时并有专办大量烟土进口的两家洋行"新沙逊"和"老沙逊"，其销路之惊人可知。

▷　吸食鸦片的瘾君子

当时进口洋货不仅鸦片吗啡，其他如布匹五金亦为大宗，还有行销最广之几种如祥茂肥皂、白礼氏洋烛、卜内门洋碱、礼和洋针、怡和火柴。尤其是美孚火油，因为那时无论商店住户多数是用洋油灯，只有少数娱乐场所及戏园等才用自来火即煤气灯，故美孚洋油销路最广且推行于内地，漏卮之大可知。

《旧上海公共租界见闻》

❖ 胡治中：租界流氓的生财之道

▷ 租界里的印度巡捕

租界巡捕房的巡捕，均在华北各地招来，既要生得高大，又要身体壮健，其用意就是要能吓人、能打人，才算合格。初来时，都是年轻而无家室者，工资极微，规定每两天需交差（捕人罚钱）一次，如此每月即以交差15次而论，譬如平均每差罚款5元至10元，则一个巡捕给捕房的收入就有100余元，而巡捕的工资按月只20元。其升级办法，由巡捕升一道头（即袖口上道头）至于三道头，至少要四五年，如果捕人很少，罚款不多，休想升级。包探则由立功巡捕（即罚款越多越好）逐步提升为试用包探，此后一再立功，才补正式包探，总之能够使巡捕房进益越大，则可由探员而探目而探长。但升探长比较更难，因为升了探长，所有探员、探目就要听其指挥，因之外快（即私人的收入）亦多。探员升探目，探目升探长，不但要向总巡（西人）和西探长送数目相当大的礼（即款项），又要替巡捕房立过不少的大功（大量罚款），才有希望。但是立功怎样立法呢？那就要自己能找窍门，动脑筋。举个例子，小焉者凡小贩当路设摊，黄包车走差路线撬照会（能干的一天要撬几十张照会），捉拉客野鸡、口角打架者、调戏妇女者、沿街晒衣服者、小偷小瘪三等，大焉者中国地界犯了案在租界避风头者，公馆姨太太跟人逃走而被捉者，小开（有钱的小老板）争风吃醋而扭至巡捕房者，私贩烟土、白粉、吗啡者，燕子窠（吸食鸦片之所）捉赌台、吃大闸蟹（许多赌客捉到捕房去）者，妓院无照者、盗窃巨款而被关进巡捕房者。凡此若无三光码子（包探跑腿）和流氓通风报信，决难查获，所以巡捕房包探必须与流氓勾结，而租界流氓当时要推英租界的蔡和尚（蔡鸿声）、法租界的曹幼珊为最红，差不多包探巡捕稍有面子的都拜蔡、曹为老头子，迨后流氓浦锦荣、张椿宝、王景虎等亦收徒不少，而外国总巡和捕头明知没有流氓勾结，也没有这么大的进益，所以也给这般流氓赚钱的机会。只要他们出来保释或行贿，就能安然无事。因之被拖进巡捕房吃官司者的家属，千方百计凑钱交给流氓去设法。于是流氓日进纷纷，购汽车住洋房，像个工商巨子一样，实则包探与流氓都靠哄吓诈骗为生活。

《旧上海流氓的分类》

❖ 黄英博：东方的"巴士底"——提篮桥监狱

在半封建半殖民地的旧中国时代，上海是各帝国主义侵略中国的枢纽。而上海的公共租界，又是这个枢纽的心脏。1840年以来，帝国主义对我国人民的压迫与掠夺，虽然主要是设法利用政治、经济和文化等多种手段来实现。但他们自己却总欢喜打扮得道貌岸然，俨然以"救世主"出现在人们的面前。可是那种青面獠牙、穷凶极恶的嘴脸，也只有在他们直接血腥统治下的租界，特别在他们设置的所谓法庭和关押迫害我国人民的监狱等专政工具里，才能使人们彻底看清楚。而上海租界上的提篮桥监狱的内幕，更是典型地可以证实这点。

上海公共租界提篮桥监狱，可说是远东的"巴士底"监狱，一提起这座人间地狱，曾经在这里坐过牢饱受迫害成千成万的人们，以及曾经生活在上海的千百万劳动人民了解"西牢"内情者，无不恨之入骨。

这座监狱，当时的名称为公共租界监狱署。设在上海公共租界杨树浦区一个僻静角落的提篮桥地区，因称提篮桥监狱。它占地几百亩。全部牢房建筑，都是五层钢骨水泥结构。监狱管理机构和医务所等，都设在大群建筑的前部和中部。厨房设在中央地区。周围绕约一丈五尺高水泥钢骨结构的围墙，围墙上缠绕五六道铁刺网。每隔若干丈就设立一个瞭望碉堡。碉堡里面有全副武装的哨兵整天整夜守望着，不许外人进入其间，也不许囚犯越雷池一步。帝国主义者就是这样将这块地区，硬与人世割裂开来，成为一座阴惨惨的人间地狱。

监牢的所有建筑，都是坐西朝东的五层楼房。每层东西面各有小牢房四十多间，每层约占地三尺五寸宽、七尺五寸长。七尺多高的空间，活像一格一格的鸽子笼。每层楼梯口装有铁栏栅，每间监房装有铁栏杆门。监房前面是一长圆形走廊。再前面则是装有粗铁条的窗户。这个长圆形走廊，是专供被监禁的囚犯每天"放风"之用的。每次"放风"，就是围绕这个走廊兜兜圈子。这就是这座监狱结构的大致情况。

这座监狱，规模之大，监禁人犯之多，在远东是数一数二的。它共监禁政治犯和刑事犯，经常约六千至八千多名，最多人数时竟达到一万以上。被监禁的人员中，大致可分重刑、一般和轻刑三种。判处重刑的多属于绑票、杀人、大盗和政治犯等，其中有判处无期徒刑和十年以上徒刑的；也有少数属于判处死刑，等候上诉复审判决的，或缓期一年两年执行的。凡是判处重刑的人犯，一律钉上脚镣。脚镣有轻重之分，轻的五至七斤，重的十斤以上。从脚镣的轻重可以看出刑期的长短，刑期短的稍轻，刑期越长越重。判处死刑的更重，我当时属轻刑之类的，没有戴脚镣。可是当我看到他们钉脚镣的，移动双脚行走艰难，走着八字路，重镣的还得在两腿之间吊上一根带子提起才能行动，发出当啷当啷声响时，不禁使我发出一种强烈的愤恨同情心，我是深深懂得他们的痛苦心情的。被监禁的囚犯，最轻的刑期也在半年以上。就全监的刑期而论，中间大，两头小。即重刑轻刑的较少，徒刑两年至五年、七年的较多。男女囚犯，分别监禁。男犯多，女犯少。

《对东方"巴士底"的控诉——记上海租界提篮桥监狱（西牢）实况》

❖ 黄英博：提篮桥监狱内的劳役

这座活地狱，还附设了一个规模相当庞大的工厂，是监狱当局迫使囚犯从事各种无偿劳役，进行经济剥削的。劳役多种多样，有专门加工囚犯服装、鞋子车间的，有专搞印刷装订车间的等。从事服装缝纫、制鞋这两个部门的人员居多数，约占400人。还有调派在厨房和洗衣房服役的也不少。厨房供应数千人的伙食，事务较繁，虽然蒸饭、煮菜都采用蒸汽，只需按电钮，约15至20分钟便可成熟饭熟菜。但洗菜、切菜、分配饭菜等工作，需要大批人员来担任。调往厨房服劳役的人，都须体力健壮。虽然从厨房到各座楼房之间，都铺设了轻便铁轨可以传送，但是装车，向各楼监房分送一条盒、一条盒的饭菜，抬上抬下，必须有较强的劳动力才能胜任。

还有医药间。调派在这里服劳役者人数不多，但需要具有一定文化水平或医疗常识的年轻囚犯。他们在这里有被培养为护士或司药等的。如原来从事医务工作的，尽量调到医药间服役。这类囚犯多因未恪守租界医疗开业的规定，又与当地巡捕头、包打听（即侦探）没有搞好关系，因而被捕处刑的。有位姓袁的医生，就是因上述情况而被捕去服这类劳役的。

▷ 提篮桥监狱

此外还有洗衣间、刷墙和管理仓库的劳役，都是由我们这些囚犯中调派去的。我曾在缝纫部门做过记账、领料、点收成品等劳役。分配做这类工作的，他们认为是较高级的。最高级的是调去充当翻译的囚犯。这里的记账、领原料等账簿单据，一律是采用英文的。

所有调派服役的人员都是年轻、体健、具有一定技能和文化程度，并能恪守监规的。开始不分政治犯与非政治犯。因政治犯一般文化水平较高，调去服劳役的也较多。后来，由政治犯发动了绝食斗争，调充服劳役的情况也就改变了。

凡是调服劳役者，都是无偿的劳动。只是吃的口粮多一些（重劳动可多一半），菜里的油量也较多一点。正由于如此，多数人都想争取服劳役。服劳役者除可多吃一点饭菜外，还可借此活动一下，比终日枯坐监房要好得多。政治犯则认为更重要的是可以利用服役机会，广泛与难友们接触，从事宣传、联系，提高难友们的思想觉悟，团结互助，以便共同对帝国主义作斗争。

《对东方"巴士底"的控诉——记上海租界提篮桥监狱（西牢）实况》

❖ 黄英博：监狱里的绝食斗争

当时监狱囚犯，主要是政治犯的同志们，为了配合社会上反帝、反军阀的政治斗争形势，在中共提篮桥监狱党组织的领导下，成立了一个革命行动组织——行动委员会。由王凌波、彭康、吴黎平、李初梨等同志组成。

斗争的目标是：一、反对迫害、反对鞭笞和残酷处罚，如坐黑牢与吃水饭（不给一点油盐菜仅用开水泡）等虐待；二、要求改善生活，饭要吃饱，水要喝足；三、准许家属送书报等；四、要求延长"放风"时间；五、惩办违法乱纪、肆意侮辱或无故殴打囚犯的巡捕（当时指出了号码，现在忘了）。并表示，监狱当局如不接受我们提出的要求，就实行"罢食"（绝食）。不达目的，决不进食。

开始参加绝食斗争的基本队伍，主要是进步人士政治犯，约二百五六十人。后来由这个基本队伍里派有劳役的同志利用种种关系，四处活动，宣传发动各个牢房的同情囚犯共同参加斗争。方式是负责宣传的同志（我是其中之一）带头呼喊口号，全体囚犯应声高呼，此起彼落，每次数十分钟。喊口号时间，特别抓住较寂静的晚间进行。喊一声口号，传遍了全监牢房。在高喊口号的同时，还相约一致摇动铁门。喊声与打门声响成一片，造成极为紧张的气氛。监狱当局也感到无法平息。曾发动了一千六七百人参加了这一斗争。我们高呼的口号是：一、反对迫害！反对处罚！反对打人！二、要求改善生活，要吃饱饭！三、撤换违法乱纪的巡捕！四、打倒帝国主义！五、中国共产党万岁！（第四、五两个口号，是在斗争后期由群众自动喊起来的。）

　　监狱当局见到我们坚持喊口号，不吃饭，作绝食斗争，开始他们叫巡捕劝导我们用饭，巡捕劝过了，"二道头"又来劝，"二道头"劝过了，"三道头"又来劝，这样的方法无效就采取高压手段。当开饭时，压迫你一个一个吃。不吃就用皮鞭抽打。在这种情况下，我们也采取了更为激烈的反抗办法，等到巡捕们用高压手段强迫我们用餐时，我们就一齐将饭盒全部抛在走廊中的铁丝网上，盒内的饭菜全从五楼，一直散落在楼的下层，满地都是。我们就是这样用倒掉饭菜的反抗行动和他们作坚决的绝食斗争的。

　　通过这一斗争，唤起了全监囚犯的觉悟。住在一、二、三楼的囚犯，见楼上囚犯行动坚决，毫不妥协，他们不仅产生了同情心，而且尽力声援，共同斗争，如是影响迅速扩大，震动了整个"西牢"。

《对东方"巴士底"的控诉——记上海租界提篮桥监狱（西牢）实况》

❖ 李守宪：西牢纪实

　　上海的西牢是所谓东方第一个大监狱，照我看，实在是第一个残忍的人间地狱。举几个例子如下。

　　一、续命饭。每天三顿饭，一共只有16两秤4两米，尽是稗子、芒刺。我们要求增加米量或用好米，监狱当局说："这是给你们延续生命的，不是给你们填饱肚子的，稗子带尾巴，吃了好消化，能清肠胃。"果然，稗子吃进去，原样屙出来。每餐还给20粒豌豆。看守说："你们活动少，20粒足够了。"有的人说："这样长期挨饿，三年五载，准没有命。"有的人说："不吃倒还罢了，一吃惹得蛔虫翻腾，饥肠辘辘。"也有人把纸做成筒，把拣出来的稗子放进去，一顿饭约有半两上下一大堆。我懒得这样搞，连稗子吃了5年，造成了不治的十二指肠病。本来我个儿瘦瘦，判了5年，同志们都说这碗续命饭我会吃不到底，可是我毕竟吃过来了。

二、记日菜。吃饭简直没有菜，英国人说："菜不是给你们下饭的，是给你们记日子的。"菜怎么能记日子呢？原来吃两片牛肉就是初一，吃几颗黄豆就是初二，吃一点咸猪肉就是初三……吃咸臭鱼是初九。月月如此，这样就可以计算日子了。

三、甘露水。在西牢长期晒不到太阳，每人的面色都是灰白的，两目无光，瘦得皮包骨头。不但饭不够吃，连水也不给喝。经过斗争，每天下午送来一桶茶水，但水少人多，每人只能匀着喝一点点，像小说书上说的尝甘露水一样。

四、跑圈子。经过斗争，只要不下雨，每天早晨可以到6楼平台上去跑圈子，活动活动。这当然好，可是一不小心，英国人的皮鞭和尖头皮鞋，就会像虎尾、马蹄一样踢打过来，受尽凌辱。

五、裸体舞。每星期淋浴一次，乍听起来似乎是好事。但是当你把衣服脱光了，冬天就开冷水，让冰水淋得你周身痉挛，夏天则放滚滚的热水，烫得你浑身起泡。不洗澡是不允许的，大家只好往两边逃避，同志们说这是裸体跳舞。要是英国人守着，时间就长，英国人不来，时间就短一些。

六、剃记忆。每星期理发一次，照说也不坏。但是理发器是用手摇的，刀口冲向头皮，震力极大，即使受不了，也非理不可。好多人不仅剃伤头皮，连记忆力也被剃去了。

七、望家人。外面人来接见，与被接见人分站在一个小洞内外，只能见到头部，说不上三句话，小门就关上了。大家有意见，他们说："本来只叫你们望望人。"我们也习惯了接见只是"望人"。

八、看头脑。有什么要求,答应不答应,都要看头脑(指英国人)。这时必须双手举起,手心向外,像俘虏那样。对英国人讲话,就同旧社会要告官,先得滚钉板、先挨40大板一样。

九、禁书报。牢里不准看书报,这个精神上的折磨可太大了,不仅实行不了列宁说的坐牢可以学习、学习、再学习,而且在独自关在一间牢房的时候,时间更是一分一秒都难混过去。有一次,西牢来了几个外国贵宾,讲的是德语,这一下把监狱当局搞得很为难,接待工作陷入僵局,这时彭康从容不迫地同客人谈起来,事后得到了一本《新约全书》(《圣经》)。就是这样一本书也喜欢得我们一夜未眠地争着传阅,这真是太可怜、太可叹了。

十、扛冷水。这是处罚,扛冷水的人,一餐饭只有半两米,一扛三天,就得挨饿三天。

十一、上吊铐。把两手铐起,高高地吊在铁门上,如果脚板不提起,就得让两手承受全身的重量吊在空中。别的疼痛还不说,只是脚跟离地,脚尖擦着地面,肚肠好似拉紧的弓弦,痛彻心肝,简直无法忍受。以上两种刑罚,我都领略过多次。

总之,我坐牢期间,西牢不知折磨死多少人,我们当中,得肺病、神经病的人也不少。前面说过,当我进狱时,同志们见我瘦骨嶙峋,都叹息"五年的饭吃不完",我可满不在乎,也不愿意早一分钟"脱梢"。

《上海西牢回忆》

❖ **郑振铎:放逐于公园之外**

我们的上海则如何?现在试屈指一数我们的公园:
一、在中部,黄浦江边,我们有白渡桥小公园一所。

二、在西部，极斯菲路之顶端，我们有极斯菲路公园。

三、在北部，昆山路上，我们有儿童公园。

四、在西南部，龙华路上，我们有法国花园。

五、在北部，北四川路底，我们有虹口公园。

六、在极南部，将到高昌庙处，我们有半淞园。

没有了！我们上海的公园尽于此了！而最后所举的一个。还是私园，不能列入公园的表内。实际上，上海只有五个公园，而白渡桥的公园很小，昆山路的儿童公园方圆不到数亩，更不成其为公园了！办理上海市政者是如何的忽视了上海这个大都市的呼吸问题呢？

▷ 外滩公园

更不幸的，更不幸的，还不止此！我们的上海，公园虽只有寥寥的五个，而这五个却都不是我们所能够进去的。我们只能在墙外望望园里的春色，我们只能在墙外听听园里的谈笑声。进公园的是另外的一部分人。那就是上海最少数最少数的客民，即英、美、法、日本诸国人，只除了我们主人翁在外。

我们是被放逐于乐园之外了！主人翁是被放逐出自己的公园之外了！我们真未免有些太优待客人了，把自己除外，而尽请他们客民进到乐园里去！

我们的呼吸权是被剥夺尽了！

"这公园是专供外人之用的"的牌子，差不多每个公园之外都张挂着，虽然我没有看见如大家所传的"狗与华人不得进内"之告白。如果有几个不明白的人冲了进去，那看门人便要呵斥的逐了他们出园来。这件事我不止见到一次了，我也曾自身经历过。有一次，我和几个朋友，落华生、敦谷、路易都在内，到黄浦江边去散步，恰巧是什么外国的纪念会在浦江兵船上举行，探灯照得各处雪亮。我们正鱼贯的走着，一个巡捕忽然的大喝了一声，把落华生拦住了，独不许他通过，因为他那天穿的是中国衣服。我们当时把肝都气炸了！我们的地方，我们不能走，那真是太可笑的笑谈了！印度人还能自由进去他们都市的公园里呢！把这些记载刊在历史上，千百年后，也许没有人会相信，只当是过分的传言呢。然而我们却争不过这个巡捕，只好全体向后退；我们紧紧的握住了双拳，我们将何为？这种情形，想碰到的不止几个人吧。除了默默的忍受之外，我们将何为？我们将何为？

现在，我们可明白上海为什么公园如此的稀少的原因了！享用公园的只不过二三万个客民；我们上海的居民，最大多数的居民，乃是被放逐于公园之外的。以五个公园而容纳二三万个客民，当然不会嫌不足的。怪不得上海的公园是如此稀少！

《上海之公园问题》

◆ **郑振铎：** 呼吁公园运动

难道我们竟袖手听凭那些最少数的客民们紧握了我们的咽喉而要将我们窒息死了么？不，不，我们要求呼吸权！我们要求生存权！

在去年，我们曾有一度热烈的表示。而至今却又销声匿影了。难道是因为冬天到了，公园用不到了，所以又沉寂下去了么？不，不，我们要热烈的持久的举行着"公园运动"！

公园运动表面上看来，也许比之最根本的办法，"收回租界"，是不重要些。然而区区公园运动而尚不能成功，则还谈什么收回租界？

公园运动的第一步是：无条件将各公园一律公开给上海的全体居民。这不必得什么人的同意，因为它们是上海的公园，是我们自己的公园，我们有需要于它时尽管一批一批的人跑进去享用好了。他们拦阻，我们有的是保护自己的一双手臂，他们控告，我们有的是最正当的公理！所谓公园华委员，也可以休矣，不必多费口舌去争什么条件。

第二步，我们便要着手于运动公园的增设。现在上海的公园大都僻于一隅，住民往来太不方便了，而只有那么样的五个公园，也实在是太不成话的少！我们要求在适中地点再建造十个以上之公园！像跑马厅这样地方，实是建立公园最好的地点。这话说来太不容易实行，也许实行竟要待之于上海是为我们自己收回的时候！然而我们不可不有这样的运动，不可不有这样的要求。这是我们应该做的事，这是我们行使市民权的第一步！

我们一向太放弃自己的权利了，太看轻自己的权利了，从今后，要矫正，矫正，矫正这种自暴自弃的态度！

《上海之公园问题》

❖ **梁得所：身心安适的住宅区**

南京路之西南，由英租界的静安寺路通善钟路而入法租界，这一带，是大部分外侨和华人富户的居留地。马路因行人稀少，愈觉宽敞。空气也就清爽得多，尤其是深秋的黄昏。落叶逐西风，着地有声；斜阳微弱的余晖，把路旁两列树木的影子投在地面。此处离南京路不远，而景象竟然两样。

这一带行人虽少，可是每日上工和放工的几个时刻，千百汽车连串往来，因为西南一区，既多商家住宅，来回于家庭和办事处之间，汽车之多，是必然的事。

上海西南一带是住宅区，与商业区分离，原有一种好处，那便是家庭生活和职业生活划分清楚。旧式中国的衙门和商店，往往与住宅合在一起，弄到办公的时候，可以听闻妻妾儿女的喧声；放工的时候，自然不乐于等在家里。结果家庭快乐和办事效率两相牵累，实在是最不上算的事情。关于这一点，组织新家庭的应特别注意。虽则静安寺路和法租界华丽的洋房，不是人人所能设备，但大小不拘，总要造成一个有家庭意味的家庭。那么白天尽管疲劳，一回到家里就身心安适。正如流行曲 My Blue Heaven 的几句所谓：

室内围炉谈笑。

屋虽小，

十分舒畅。

好比花园不在大，

有花自然香。

《上海的鸟瞰》

❖ 木也：闲话蓬路

假定偶然在电车上遇到一个多年不见的老朋友，正是谈得畅快的时候，但目的地已经到了，不得不匆匆问了个住址，下了电车，而那朋友说出的住址却是在"蓬路"。再假定真的有一天得空，专程去拜访那位住在"蓬路"的老朋友，而却巧那一带地方平日不大走动，未免有点生疏，那么事情也许就得稍稍麻烦了。因为走遍上海，即使连最小的弄堂都跑个一条不剩，也还找不到那"蓬路"两个中国字的路牌的。人家说：这条便是"蓬路"。粗心的人许会还不相信，因为路牌上明明是"文监师路"四个字；细心一点的念一念路牌上的英文字——Boone Road，声音果然是"蓬路"，一点没错！

文监师路英文叫"蓬路"，说句口头禅，这真是天晓得了！然而，不，这究竟不是天所晓得的事，只要翻一翻关于租界历史的书便得。

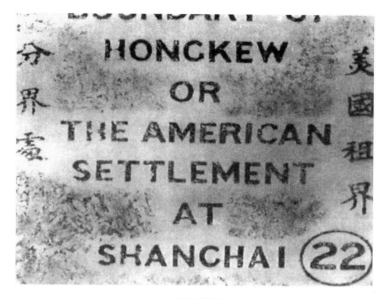

▷ 美租界的界碑

这历史要一直翻到英租界初辟，美租界还没创立的那时候，上海美国圣公会有一个主教，他的美国原姓叫蓬（Boone），名唤惠廉（William）；但因为在职务上常须和中国人发生关系，所以他另起了一个道地的中国姓名曰文惠廉。此人说起来，来历可真不小，原来据说上海道台在1848年（道光二十八年）泛指虹口一带为美侨居留区，就是由这位主教文惠廉交涉的结果，所以他简直就是公共租界前身之一的美租界的创设者。对于这样一个租界历史上重要的人物，他们自然非把他的姓氏搬到路上以作纪念不可的了。纪念的路，英文就叫"蓬路"，而中文则把主教换了个说法叫作监师，称之曰文监师路。但终于因为这中文名字在现代人看来多少有点莫名其妙似的，又远不及英文名字叫起来简便，于是大家在口头上跟着英文名字唤作"蓬路"了。一路电车或一路公共汽车的卖票，便也在到了文监师路站口的时候，报告乘客道："蓬路！蓬路到了！"

《租界地上的路》

第四辑

民国老上海的『摩登』印记

❖ 杨秉文：结婚证书

旧社会中婚姻大事，大都由父母之命、媒妁之言决定的，男女结婚人，不能自作主张，只有服从而已。诸如受纳彩礼，"求允""允吉"等繁文缛节，摒而不叙了。旧式结婚程序，首先在敲锣打鼓、彩旗招展中，媒人偕同新郎坐轿向女家迎娶新娘。新娘上轿后，在鼓乐声中，轿子抬至男家礼堂上，由喜娘搀扶出轿，新郎身穿长袍马褂、红结小帽，新娘身穿红绣礼服，新郎新娘站立红毡上，在大夫赞礼、丝竹齐奏、礼炮频放声中进行。先拜天地，再拜父母，然后对立行结婚礼。礼毕请年轻亲友两人，高擎花烛，送入洞房。喜娘等进合欢酒、团圆饭以及枣子（早生贵子）和莲心（心心相印）等带口彩的果品。旋即在堂上进行会亲仪式，同时由二爷们摆开酒席（是名花筵酒），至亲好友，团坐吃喜酒。席间，主婚人及新郎新娘，相继敬酒，以表谢忱。席散后，贺客们拥入新房闹新房，谓之"闹发，闹发"，公婆大人亦要大闹三朝。富有之家，宾客醵资，双朝祝贺（当时各出一元为度），筵席较丰盛，东家亦须补贴。三朝起，宾客陆续归返。

自20世纪20年代后，结婚仪节，逐渐变化，谓之"文明结婚"。结婚时，不拜天地及父母，改用结婚证书（有绘龙凤彩印可购取），上列有证婚人（须德高齿尊的知名人士）、介绍人（媒人）、主婚人（男女双方家长）、结婚人。先由证婚人致颂词，介绍人略述介绍过程，主婚人对新夫妇致训词，对宾客致谢词。结婚人亦有略谈恋爱经过及向宾客致谢。礼仪进行中，有音乐伴奏，喜气融洽。当日拍结婚照或至照相馆中拍摄。其他吃喜酒、闹新房等，一仍其旧，不再赘叙。

结婚次日，一般新阿舅到男家，谒候亲长和向新夫妇问候，遂设宴款待，下午新娘和新郎随同阿舅，回家省亲父母。此时女家的至亲友好，尚未离散，宴饮欢聚。新夫妇或留宿，或当日返，婚礼过程告结束。

《松江婚丧礼仪中的"六色人众"》

❖ 虞廷芳：集体婚礼

1935年4月3日，第一届集团结婚典礼在上海市政府礼堂正式举行。结婚人、主婚人、证婚人、工作人员及来宾和观众约有万余人，上海闻人杜月笙、王晓籁等均携眷到场观礼，盛况为上海滩上所少见。

位于五角场的市府礼堂，门前彩旗飘扬，沿阶和二楼栏杆上缀扎鲜花，下铺大红地毯，两旁以彩带排列，为新人伫立等待行礼之处，其旁为主婚人席。礼台前置大红烛一对，烛高二尺，分别镂以"螽斯衍庆"和"龙凤呈祥"字样。

证婚人为当年市长吴铁城和社会局长吴醒亚，工作人员有市府秘书长俞鸿钧等，均身穿蓝袍黑褂礼服，以示庄严隆重。

▷ 1935年4月3日，参加集体婚礼的新人们的合影

结婚仪式在钢琴弹奏《结婚进行曲》乐声中开始，为了节约时间，改为两对新人同时进行。行礼如仪后由市长致词，致词的原文如下：

盖闻夫妇乃人伦之始，家庭为社会之原，是故法严媒妁，礼重采名，往制前规，复乎尚矣。晚近寰海棣通，习俗不变，袭礼治乐，既未惬夫世情；成俗化民，实有待于新制。此本市集团结婚之举，地方有司所不能不引为职责者。今兹第一届典礼计参加者114人，由本市长暨社会局长为之证礼，所重闺房静好，御于家邦；子孙健全，蔚为桢干。凡尔新偶，其共勉哉！

婚礼上发给新人的纪念章以银质精工制就，可分可合，合之则作为太极图形，底嵌花纹，盛于红丝绒盒中，并镌有"上海市新生活集团结婚纪念品"字样，纪念品反面刻有结婚人之姓名。结婚证书盖有证婚人、主婚人及结婚人的图章，均事先盖就。礼毕由王开照相馆为全体新人拍摄合影。至此已暮色苍茫，而围观之群众依然拥挤不散，乐队仍奏乐不停。上海电影界和美国派拉蒙、米高美、福斯特等影片公司均派有摄影师竞摄新闻片，各报新闻记者也抢拍镜头，至6时半始各散去。

《上海滩首届集团结婚》

❖ 汪仲贤：活招牌

十多年前，静安寺路华安大厦旧址是一片空地，某烟公司在龙飞马车行的屋顶上搭了大铁架，架上用电灯搭成一个抽香烟的人，那人是活动的，一口口的烟喷上去，最后现出"好不好"三个大字。现在爱多亚路的电灯大钟，大概就是从前的旧架改造的。这是活动广告，但是刚发现的时候，大家也称它为"活招牌"。

商店门口橱窗里，安放着活动人物，吸引路人驻足而观，在三四十年前只有棋盘街兴昌祥洋货铺有这种新奇东西，此外却并不多见。现在利用了电力使假人活动，比从前开发条的机器人益发做得巧妙。

招几个苦力，穿着奇形怪状的衣服，前后背两块大方牌，牌上是宣传文字图画，人夹在方块当中只露出一头四肢，活像《水漫金山》里的龟将军，在热闹街市上游行，也有掮着衔牌似的灯，一连串在路上走的，这才是真正的"活招牌"。

《活招牌》

❖ 梁得所：广告术

从前在上海有一次宴会中，席上有从美国好莱坞回来的摄影师，大家自然谈论电影消息，某君问那摄影师说：

"听说史璜生（Swanson）4月来华游历，是否确实？"

"不见得是真的，"摄影师答，"那不过是一种Publicity广告术罢。"

"广告？史璜生是薪金最高的女明星，哪里用得着在中国宣传？"

"I tell you."摄影师说，"No one is too big for Publicity."——没有一个人面子大到用不着宣传。

中国乡下都识日本的仁丹，皆因广告犀利。现在人人皆知了，似乎无须再做广告，然而现在仍旧把获利之四分之三拨作广告费，比如一年赚400万元，就拿300万去做广告，这种营业政策，除却美国和日本之外，恐怕别处少有。

中国报纸的广告价目，照最大的申新两报为标准，全面一天定价300元，日本的朝日每日新闻，同面积的广告价要3000元，贵10倍，而登广告的很多，这足以证明他们肯做广告。

这回游日本的纪念品当中，有10多种火柴，都是在茶室旅馆随手拈来的，日本商店大多数特制火柴送给顾客，盒子五花八门，报载有一个好奇者，专收藏火柴，竟搜罗得16万种！其他含有广告作用的扇子、牙签、明信片之类，要多少有多少。

▷　街头随处可见的广告

▷　汽车上的广告

关系广告术的书籍，在书店占相当的地位，定期刊物有《广告界》《商店界》《商业美术》等，作专门研究，一般店门招牌窗柜的装饰，多有吸引力，在看惯上海南京路橱窗里的饰装的人看来，也许不大稀奇，但与香港广州和内地都市比较，相差很远了。

中国商界心理以为广告是消耗的而不是生产的，尤其是较老的商店，以为牌子老用不着宣传。商业的状况和习惯各有不同，中国不大注重广告，不见得因此没有生意，这是聊以自解的话。然而撇开营业问题来讲，轻视广告的心理，含有两种不长进的根性：第一，发展成功与否听其自然而未尽人事；第二，恃自己牌子老就自满自大。上面说过，日本政府每年用40万元宣传费，招引外国人来游历，直接博取千万现金，为富国方法之一；中国对于游客来者不拒去者不拘，何尝做招徕的工夫，听其自然而未尽人事，余可类推。至于恃牌子老就说不用宣传，更错了。从广告术方面而论，营业愈大，广告愈要注意——"No one is too big for publicity"。

《广告术》

❖ 董乐山：风靡一时的西餐

先从正宗英国式的西餐说起，上海有家极其著名的西餐馆英文名叫"巧格力店"，中文以老板的姓氏称，一般都叫"沙利文"，沙利文开在南京路河南路以东、向马路突出的地方，是个英国式的建筑，上下两层。另外在静安寺路（今南京西路）麦德赫斯脱路（今泰兴路）以东有家分店，也是一所英国式的建筑，不过是从人行道向内凹进的。老板沙利文还开了一家饼干糖果厂，也叫"沙利文"，新中国成立后被接管，与苏格兰人詹姆斯·义利开的义利食品厂合并为益民食品厂。

南京东路上的沙利文是外滩一带洋行老板和高级职员吃饭喝咖啡的地

方。当初美国记者斯诺就是在这里初识他的第一位夫人海伦的。莫看这家西餐馆的英国气派使人不敢问津，其实吃一顿午餐价格并不贵，我记得在日本投降后，吃一顿午餐合美金才五角钱。至于静安寺路那一家的顾客则是一些高等华人和他们的子女。

▷　20世纪40年代的霞飞路

▷　德大西餐馆

除了英国式西餐，还有德国式西餐也很著名。就在静安寺路哈同花园（现上海展览馆）大门的东边，有两家挨着的德国式西餐馆。一家是德国人开的来喜饭店，一家是中国人开的大来饭店，据说后者的厨师就是从前者那里挖过来的。两家德国式西餐都以德国猪蹄和德国酸泡菜著称。另有一家叫凯司令的，好像也是德国菜，就开在赫德路（今常德路）女作家张爱玲住的公寓楼的底层，并在静安寺路静安别墅东面开有分店，这两家都以蛋糕著称。

　　美国式西餐最著名的有两家，一家是开在南京东路中央商场的东侧，名叫德大饭店，以牛排著称，一块牛排又厚又大，几乎有两个手掌大，即使是关照侍者要"well done"（即烧得烂一些的），也是一刀下去会冒出鲜血来的。国人胃口小，一般只吃了四分之一或三分之一就吃不下去了。德大在虹口还有一家分店。另一家美国式西餐馆在中央商场以西的南京东路上，叫"吉美厨房"，一进门就是个烤炉，铁板上烤着牛肉饼，佐以煎洋葱，一个小面包，就是一客地道的汉堡包了。由于是现烤现卖，香气扑鼻，十分诱人。顾客大多是刚从停泊在黄浦江军舰上下来的美国水手。

　　挨下来是俄国式西餐，也就是上海俗称的罗宋大菜。一家较高级的开在霞飞路（今淮海中路美丽华酒店的地方），名字好像叫巴拉拉卡（俄国三角琴），我已记不清了，里面还有一个夜花园。不过国人所指的罗宋大菜却不是这一家，而是巴黎大戏院门口西首的东华，六只角子一客，罗宋面包尽你吃饱，还有一份浇了奶油的红菜牛肉汤（上海人叫罗宋汤）和一盘正菜。

　　至于福州路西首的一品香的西餐是中国式的西菜，顾客对象多是附近会乐里的高级妓女和她们的恩客以及旧式商人等，不论风味气氛都很少洋味了。

《旧上海的西餐馆和咖啡馆》

❖ 董乐山：泡咖啡馆

文艺复兴是家西菜馆，下午也卖咖啡，在它马路对面，则是一家有名的咖啡馆，叫"DD'S"的。除了霞飞路上这一家，静安寺路上沙利文的斜对面也有一家"DD'S"。这两家算是上海最著名的咖啡馆了，里面都是火车座沙发。要了一杯咖啡，你可以泡上一个下午或者一个晚上，服务员绝不会给你脸色看。如要吃蛋糕，女服务员就会端上一个树形蛋糕盘，上下三层，每层放各式小蛋糕几块，你可任选，吃几块付账时就付几块的钱。吃蛋糕是用叉子在盘子上切着一小块一小块送到嘴里吃的，因此不会像现在的电视剧中那样用手抓起整块蛋糕塞到嘴里，以致嘴边尽是奶油，丑态百出，显得没有教养。（还有咖啡杯旁的小勺是用来搅拌糖和奶油的，绝不是用来一小勺一小勺喝咖啡的，搅毕放在杯旁的碟上，要喝，则要端起杯子喝。）

除了这几家，沙利文和凯司令下午也卖咖啡，但由于不是火车座而是餐桌，因此没有人在那里久泡。泡咖啡馆的有不少话剧界和文化界的人，他们喜欢常去的地方是亚尔培路（今陕西南路）回力球场对面的赛维纳，每天一到下午你去那里准可找到熟人。但那里的咖啡和蛋糕并不出色。当时上海最好的蛋糕是再往南走，快到上海电影院的转角处，有一家叫"文都拉"的意大利蛋糕，那里出售的蛋糕，尝后令人赞不绝口。

南京东路的吉美厨房和它附近的一家马尔斯西菜馆，也卖咖啡，但前者顾客主要是美舰水兵，后者是外侨居多。在南京路上国际饭店旁边的西侨青年会下面，也有个喝咖啡的地方，里面的特色是蛋糕，它既不是大裱花蛋糕，也不是小块蛋糕，而是叫Layer's Cake和Log's Cake的，前者是多层蛋糕，切着卖，后者是圆木型卷筒蛋糕，也是切着卖的，是地道的美国式蛋糕。

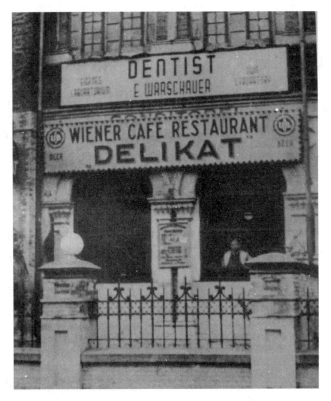

▷　虹口舟山路上的维也纳咖啡馆

　　当时的咖啡都是现做现卖的，因速溶咖啡尚未问世。为了要品一品现烤、现磨、现做的咖啡香味，静安寺路哈同花园西北角斜对面有个好去处叫CPC。落地的玻璃窗，你站在外面的马路边就可以看到里面在把烤好的咖啡豆磨成粉末放在酒精炉上烧煮，香气扑鼻，禁不住要进去喝一杯，喝完还买一包带回家去喝。但不知怎么，自己烧的总不如那里的香。喝咖啡主要恐怕就是喝氛围、喝情调吧，否则在西摩路（今陕西北路）小菜场旁路边摊上喝一杯所谓"牛奶咖啡"不就得啦？

《旧上海的西餐馆和咖啡馆》

❖ 史策之：汽车驶入上海

1901年（清光绪二十七年），匈牙利人李恩时携汽车两辆来沪，此为上海有汽车之始。

在这两辆汽车输入上海申请捐照的时候，工部局尚不知应归属何类，迟疑了许久，1902年1月30日才开会专门讨论了汽车捐照问题，批准发给第一张特别临时照会，按照马车月捐银洋2元，同时决定在下半度预算中增加汽车捐照项目，起草制定有关汽车主应遵守的规则。

随着西方国家汽车工业的发展和汽车产量的增加，外国人携汽车进上海逐年增多，1903年有五辆，1908年增加到119辆。外国殖民者和洋商富豪是早期汽车的购用者。初期会驾驶汽车的人很少，因而汽车空搁一年半载不足为奇。只要有会驾驶汽车的，不问技术、人品如何，车主都出相当的代价来雇用。有的外国人趁回国探亲的机会，学会了驾驶，回到上海自己驾驶汽车，雇用中国人做清洁工作。日久之后，一些中国人也学会了驾驶汽车，以师傅带徒弟的方式，带出了一批驾驶员。

《旧上海出租汽车业》

❖ 郁慕侠：时髦的衣领

女子衣领用硬领头，在20年前已风行过了，那时候领头越高越时髦，冬天衣领竟有长至七八寸以上，不但颈项完全隐没，连半爿脸子也被遮住。

后来高领头变为低领头，在某一时间内更风行一种无领之衣。

到了现在，女衣领又慢慢地加高起来，虽没有像从前有七八寸的高度，最时髦的也有三四寸了。且夏天所着薄如蝉翼的单衣，其衣领又高又硬，烫得笔挺，着在身上颈项动也不能动弹，和清季时代犯人戴枷差不少。

不但女子如此，摩登式的青年也欢喜用高而硬的领头，越高越摩登，越硬越时髦。旁人看了替他难过，而摩登青年反洋洋自得，丝毫不以为苦。

《上海鳞爪》

❖ 钱绳正：“民国化”的服饰

20世纪20—30年代居民装束已渐趋"民国化"了，但清代服饰尚留有不少痕迹，何况嘉定世风民俗淳朴，崇尚节俭者居多，衣着变化不可能一下子有多大起伏，那时常见的装束男子以长衫（长袍）为主，无论公务员、教师、商人、学生，都穿长衫，面料大部分为洋布、土布，其次为丝毛织物，当时多数人穿着竹布长衫、夹袍、衬绒袍、皮袍等几种，记得我小时四年级肄业要拍团体照，郑重其事做一件白竹布长衫，仅拍照穿了一次，即束之高阁。

▷ 20世纪30年代，上海街头的时尚女性

束腰带是很多老人喜欢的装束，系在长袍外面，酷如今日之蒙古族人。马褂是穿在长袍外面的黑色短衣，是士绅、文人必不可少的一件小礼服，出

门必穿，以示郑重，应酬、交际更不可或缺。蓝袍黑褂是当年的大礼服，几乎一直延续到40年代，遇到盛典或喜庆场合的东翁、娶亲的新郎等非如此装束不足以显其隆重。

西装、中山装、学生装，在民国20年前是凤毛麟角，穿的人寥寥无几。蓝布衫裤是以坚实的土布缝制的，是当年劳动大众主要服装，取其短打，做生活方便。唯逢年过节，喜庆吃酒，亦要改穿长袍的。

瓜皮帽（小滴子帽）是雅俗共赏、老少咸宜的一种便帽，最大的优点是见人招呼不必脱帽。瓜皮帽滴子颜色有黑、红、白、蓝多种外，尚有精致的水晶滴子和鲜艳的珊瑚滴子，可视需要选择配戴。和尚帽是自制的便帽，帽顶有个酒杯口大小的窟窿，老叟、婴孩普遍使用，今日已不多见了。

吕宋帽、呢帽过去和现在无甚差别，唯吕宋帽20年代是针织品，现在是驼绒裁剪缝制的。小时听老人说，民初呢帽帽边上有一夹子，夹一根丝绦，系在长袍纽扣上，防风吹落，到20年代这根丝绦已取消了。

中老年妇女的衣着以大襟袄、长脚裤为主，做客时加一条黑色长裙遮拦一下。时髦女子多数为洋布旗袍或土布旗袍。女学童夏季穿大襟衫和长过膝盖的短裙。

《二三十年代嘉定居民的服饰》

❖ 郁慕侠：烫头发

自从妇女剪除发髻以后，过了两年，又盛行烫头发起来。现在的摩登女郎和时髦少妇大都将头发烫成水波浪式和螺髻式，以为美观，此为最普通的烫发。更有一班舞女将头发左右分开，烫得挺，好像一只蝴蝶躲在项上，她们以为美观极了，且不这样烫法也不成其为漂亮的舞星。

烫头发有自己烫的，有请教理发师烫的，用一根铁制的扦子，先在火酒上面烧热后，继在头发上面横卷竖撩，手续很是麻烦。并且前年有一个电影从业员浦惊鸿女士，因为自己烫头发，拨翻火酒，火着衣服，毒焰攻心，就此丧却一条宝贵的生命。事出以后《新闻报》记者严独鹤先生曾经做过一篇谈话，切劝一班摩登妇女不要再烫了，以免发生意外的危险。但是舆论的制裁一些不生效力，大有死尽管死，烫仍旧烫，死脱一个有什么要紧，烫头发是摩登中万万不可缺少的要素。

到了现在，不但女性要烫头发，凡顾影翩翩、自命摩登男性的也都要烫得光亮卷曲，那么一来，理发店里主人翁又多做着几笔好生意。理发店的玻璃窗上现在都粘着"男女烫发"四个大字，作者瞧起初有些疑惑，意谓须眉男子烫什么发呢？后来一打听，才知道摩登青年也有烫头发的新花样。

《上海鳞爪》

❖ **姜伟：** 受欢迎的永安"购货折子"

上海永安百货公司总经理郭乐注重研究顾客心理，以不断推出新的推销方法。他发现逢年过节为送礼而来购货的顾客不少，公司就开办代客送礼业务。顾客只要开出送礼清单，说明受礼人姓名住址，公司就用汽车送礼上门。一时间，不少人以永安公司汽车上门送礼为荣，永安公司则因此扩大了销售。后来郭乐又发现，节日后来公司调换商品的人不少，察其原因，乃为礼品不合受礼者的心愿。于是公司又改进销售方法，发行"永安礼券"，让人们用礼券去送礼，受礼之人可凭礼券到公司任选商品，这样每年公司都卖出了大批礼券。许多受礼人往往并不立即拿礼券来购货，省的甚至把礼券长年保存，这就等于永安公司不付分文利息而得到了一部分社会资金。郭乐还针对上流社会讲排场、爱虚荣的心理特征，相继发行了

"购货折子"，持折者来公司购货，不需当场付钱，只需记账，定期总付。小小的折子显示了金钱与社会地位，故大受上层社会欢迎，竞相开户，很快使永安公司中折户（中国人折子户）达3000多，西折户（外国人折子户）也达1000多。此法需有一笔较大的流动资金，小店根本不敢尝试，而永安公司不仅以此拉拢了众多的上层顾客，并巩固了自己在上层社会中的地位。

《雄踞"百货大王"宝座三十年——记上海永安百货公司总经理郭乐》

❖ 姜伟：打折销售

货无长势，畅销与滞销总是相对的，尤其季节转换时，商品销售状况势必发生剧烈波动。针对这种状况，郭乐一年设置五次大减价期，四季开头各一次，加上"开幕周年纪念"一次，借机脱手各种滞销商品。永安公司平时坚持货无二价，而一到减价期，除香烟、罐头食品等少数利薄商品不打折扣外，其他商品一律减价，少数落令商品对折销售，即使是热销商品，也降价出售。郭乐认为：只有把热销商品也削价出售，才能使顾客相信，公司是"亏本酬宾、货真价实"，从而掀起抢购热潮。事实证明，这确实是经验之谈，每逢减价期，公司生意都分外兴隆，许多滞销或即将滞销的商品往往一销而空，营业额竟达平时数倍。当然，郭乐是不会干亏本生意的，他只不过是把平时"少卖多赚"的方针，临时改为"薄利多销"而已，但是由于运用得当，不仅拢住了上流社会的一批顾客，而且争取了社会广大中下层顾客的购买力。

《雄踞"百货大王"宝座三十年——记上海永安百货公司总经理郭乐》

❖ 沈念贤：租界内的"酒吧间"

"酒吧间"是件纯洋玩意，英文名"Bar"，中国人称之为"酒吧"。"吧"字是个译音。上海开埠，洋人占辟租界，为了侨民的生活享受，举办了总会，俱乐部、旅舍公寓等设施，内部都附设酒吧。

20世纪20至30年代，上海的"酒吧间"有欧式和日本式两款，日本式酒吧都开设在北四川路底海军司令部的附近，一两开间的楼房，屋檐下一盏绢灯，门前一挂珠帘，这是日本酒吧的独特标志，室内"榻榻米"、矮桌方垫，歌伎伴谈，纯粹的大和民族风格，浓重的日本习俗气息，它是日本士兵的作乐之处，英美官兵裹足不涉。

北四川路中段有一家"汤白令"酒吧，也兼设舞池，吧女兼舞女，陪酒又伴舞，不售门票也不卖茶，跳舞不卖舞票，只以售酒杯数作代价，这里是中国顾客常光顾的欧式酒吧间。欧式酒吧间零星稀落地散落在几条冷僻街道上，为数极少。可是在法租界的朱葆三路上（即现今的溪口路）却成酒吧集市点。这条南北贯通只有百米左右的小街上开设了大小酒吧，竟达13家之多，其中大型的有9家，小型的4家（酒吧兼设舞池者为大型，单酒吧的称小型）。

酒吧间里的顾客以洋兵为主，三五成群，川流不息，而中国顾客却为数不到十分之一二，其中多数人还是酒吧老板的熟人、至亲好友们前来观光，看看热闹的酒吧场面，酒吧一端上角有一间包厢似的阁楼，倚栏俯视，满足中国人的好奇。

酒吧的营业收入以卖酒为主，舞票收入为次，其实最大的收入还是每天零星收进的小费赏赐，和收卖洋兵们的衣饰物资。

酒类有白兰地、威士忌、琴酒三种为主类，酒喝者极少，开鸡尾酒是件壮举，虽有备而无人问津，也因为当时喝混合酒的还不流行。再说吧女舞女们喝的酒，名为葡萄酒，而实为原泡浓红茶的"茶头"，以茶代酒，照酒价计算，骗骗"洋盘"，又可帮助吧女舞女们不被灌醉出洋相，耽误了骗洋钿的机会。

跳舞的价格规定按二流舞厅的价码，1块跳5场。舞客入座，卖酒代茶，叫舞女陪坐也是一杯酒，舞场的酒价也是每杯1元2角。

酒吧间内又设有厨房，备有少数几样酒菜，简单的家常菜，煎牛排、火腿蛋等等，也有奶油蛋糕、三明治等点心，可是少有人在酒吧就餐。

酒吧营业时间从早开放到晚，通宵达旦，但最主要的黄金时间是华灯初上起（晚上9时左右）到午夜12时止，后来有了"戒严"，才停止了通宵营业。

《旧上海的酒吧间》

❖ 白华：新电车的旅行

新电车，这是廿四路的无轨电车，从沪西的劳勃生路、小沙渡路起，一直要到极东的西门，一条新开辟横而又直的长长的路线，现在我提笔时候为止，这路车子开行了四天了。

大概半个多月以前，因为我住的地方就在劳勃生路、小沙渡路的附近，偶然也是必然，当我经过那邮局门前，发现了电车站的木杆中间一圈红色，上下像飞机翼上的银灰色，颜色显然是新涂上的，那么鲜艳。惊奇驱使我去打听，知道将有新电车出现在孤岛寓人面前了。

电车的路线，在一劫而后，只有停顿而或者缩短的，现在居然新开辟了一条路线，这在孤岛寓人听了，是够兴奋而欢喜的事。而且，从交通说起来，这么整个的上海，无论电车、汽车，横的路线太少了。外滩起到新世界以东，有着蛛网似的联络外，再西偏一些，便找不到了。相反地，居民却西偏一些的多，自然到繁华的中心去，有着许许多多的电车、汽车，然而如果要作一次横的短短的旅行，那只好兴"咫尺天涯"之感，除非到繁华中心再转过去兜那么一个大圈子。

闲话打住，且说新开辟的这条横而又直的路线，贯通着英、法两租界，正是一次横而又直的短短的旅行。开行第四天的前三天，我也已经做过了两次乘客，但是经过没有多少路，是黄昏时候的归途，从一路电车到西摩路转过去的。新的车厢、新的电炬，连长街的夜色也变新了。我兴奋，我欢喜，像得到了一种新的收获。

▷ 无轨电车

今天是星期日，闲着，细雨飘洒着天空，飘洒着长街，微濛地一滴滴地似乎在垂泪。我恍然了，今天是"九一八"呵！七个年头了，这耻痛的日子。吃饭了，我惘然地想着，去作一次新电车的旅行吧！而西门，这染上了耻痛的地名，今天正可以去一看是怎样了。于是，惘然地出了门，仰头看见国旗插遍了长街，是下着半旗的。耻痛的纪念，不激愤的表示。在所谓"大自鸣钟"的边沿，就是邮局门前，我跳上了电车，朝南开去。因为通贯着两个租界，票要买两次，我先买一张到福煦路的头等票，价目是七分，据说三等是六分，这一点使我起了快感。平常，我坐惯十六路或十九路的无轨电车，头等和三等价目的悬殊要差四五分之比呢！是的，普通都只差一分的。第三次了，我接触着新的车厢，座位也比十六路的好多了，白藤绷成了厚厚的座椅，恰闲而且舒适，不过卖票员的动作太生钝了，也许初穿起这领制服的缘故。但生钝的背后却是一片诚挚，和十六路的狡猾而专门揩油是两样了，我希望他们永久保持这一片诚挚。

《新电车的旅行》

❖ 张志康："游铁路"的热潮

1874年，英商怡和洋行集资组织了铁路公司，收买自虹口河南北路到吴淞一带的田地兴建在中国的第一条铁路。当年12月开始动工，1876年2月初铁轨已铺到江湾。那时，火车站在今江西北小菜场，即文监师路与河南北路交会处，人们因此把河南北路称为铁马路，河南路桥称为铁大桥和天后宫桥（因桥北堍即天后宫）。在铁路铺轨过程中，运输的小火车就已在铁路上往来运送木石，人们因从来没有看见过顶上冒着烟的车子会自动向前推进，十分惊奇。不但上海本地人要看看这个稀奇的"怪物"，连几十里甚至百里以外的人，也都惊奇地要来看看，以致每天有几千人驾了马车，坐了大轿，坐了小车赶来观看。火车站周围挤得水泄不通，那些摆点心摊的、卖水果的，就像赶庙会、集市一样趁机做买卖，出现了一股"游铁路"的热潮。

1876年12月1日，吴淞铁路全线通行了。那一天下着蒙蒙小雨，看小火车的人很多，但敢于去乘小火车的人却不多，人们还吃不透这个"怪物"的脾气，还缺少一点胆量去亲自试试。下午2时，首班车开发了，乘客仅百人，4时第二班车也只有20余人。几次往来后，人们乘坐的就逐渐增加了。小火车拖的客车也由6节增加到9节，一个火车头不够，增加到两个。那时的火车在开车前，先听到摇铃的声音，告诉坐车的人马上登车坐好座位，后来的就不能再上去了。随后，火车鸣叫几声开始发动，徐徐行驶，愈行愈快，车上的人面带喜色，旁观的也拍手称赞。火车疾驶前进，驶向江湾、吴淞，两边尽是稻田、棉花田，农民也都停工而观望。1877年8月3日，火车在江湾北首经过时，曾轧死了一个过路行人，清政府害怕这种新式交通工具会影响王朝的统治，曾几次交涉要求收回，终于在1877年10月20日收回并拆毁了。过了21年后，才又重建了淞沪铁路，但火车站已由文监师路迁到宝山路去了。

《塘沽路史迹》

❖ 平襟亚：彩票兴起

1898年美国人在上海租界公开发行"吕宋票"，又称"鹁鸽票"，以开彩得奖为号召。这是上海彩票的开端。不久，我国各地纷纷效尤，先后有江南彩票、湖北彩票、安徽铁路彩票等陆续发行。辛亥革命后，上海地方当局与慈善机关联合发行慈善奖券，在城内老北门和民国路（今人民路）一带设立彩票店，广为推销。彩票店门首大书"头彩尚在""号单已到"，甚至拍柜叫喊："发财票要伐！""快夺头彩！"喧闹不休。同时还有浙江塘工奖券等发行，名目繁多，不胜枚举。这一时期（近20年）上海人民消耗在彩票上的资财，数字惊人，无从统计。以后的万国储蓄会、中法储蓄会等以巨额奖金为号召，吸取人民的资财，也都是变相的赌博。万国储蓄会存款分整户和散户两种，整户12元，散户3元，每月开奖一次，得头奖者，整户2000元，散户按例分配，期限为15年，如存满15年，无息还本，如不足2年，连本没收。中法储蓄会，其办法相同。这两家储蓄会都由法国商人开办，并在驻沪法国总领署注册。

《旧上海的赌博》

▷　上海最古老的彩票——吕宋票

▷　1913年，万国储蓄会内景

❖ 平襟亚：开办跑马厅

上海公开赌博的最大场所是跑马厅。租界开辟后不久，外国人便在南京路河南路设立一处球场，以打马球供私人娱乐兼作赌博的场所。人称"抛球场"。1860年英国人于上海最繁华的中心地点泥城桥南、马霍路（今黄陂北路）和静安寺路（今南京西路）等处强圈民地，开辟跑马厅。当时只给价每亩40元，土地所有者（全系上海人）拒不领取，相持三年。到1863年，英租界当局强施压力，又逐渐向四周扩充，共计侵占土地430余亩，大部分土地均未给价。自此时开始，在跑马场内部建造洋房，并在马霍路添造马房、办公室和大看台等设施。从此每年春秋两季举行赛马各一次，以跑马总会会员赛马为名，公开大规模举行赌博。赛马时中国人入场赌博的甚多，有什么买"位置""独赢""摇彩""香槟"等名目，输赢之大，足以倾家荡产。更有所谓"跑马大香槟票"，在场外普遍发行，每张十元。每逢大跑马之日，上海各洋行封关（休息），把大跑马视为一件大事。这样的跑马，历时数十年。

在跑马厅举办赛马初期，每逢跑马季节，跑马厅周围一带的街道，如静安寺路的居仁里等巷内，常有流氓聚赌抽头；或在跑马厅外边周围搭建临时看台，供人登台观看跑马，每人收取若干文钱。但这一行当，不久即被禁止。

此后，上海郊区江湾引翔港也于1926年开辟了一个跑马场，是中国官僚买办勾结外国人开办的，中国官厅也来分肥。北伐以后，钱大钧任淞沪警备司令，有时因分肥不匀，故意刁难。有一次正当秋季大跑马最后一天，中午，钱突然下令戒严，将满场人马困在跑马场内，不准越雷池一步。后经跑马场负责人行贿疏通，至晚方解严。据说当时跑马场内有某中央委员和孔二小姐（孔祥熙之女）等人亦被围困在内，后来言于蒋介石，钱竟因此去职，调任第三师师长，住到苏州去了。

《旧上海的赌博》

▷ 跑马厅

❖ 郁慕侠：跑狗瘾

有许多爱好玩耍的上海人，对于跑狗的兴趣真是非常的浓厚，到礼拜三、六的晚上，非去一趟不可，赛过抽鸦片烟一样，不去是不能过瘾的。于是上海人除掉大烟瘾、吗啡瘾、麻雀瘾、跳舞瘾、回力球瘾、花会瘾等以外，又多了一种狗瘾了。

▷ 跑狗场一角

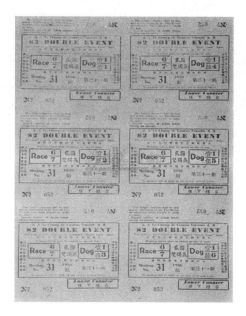

▷ 逸园赛狗票

据说狗瘾的养成，也需要一种常人所不可及的忍耐性，又要研究一本很厚的赛狗专刊，此层和打花会人熟读《致富全书》一样；又要掏出雪白的大洋钱去掉换跑狗场里专用的钞票，又要鉴别出场的几只狗的行色，再要计算是买位置，还是买独赢或是双独赢，跑得第一；倘使侥幸得中，还要从人堆里挤进去领奖，手续是够麻烦了。然而去赌跑狗的人从来没有过半句怨言，唯一原因只是他们已经染上了狗瘾。

在开赛时候，先由一只电兔在最前面奔跑，许多狗儿在后面追逐，看看像追着的样子，但老是追不上，不过追虽追不上，希望终是有的。结果呢？许多狗儿出了一身大汗，那只电兔写写意意地休息了，这就所谓赛狗。

跑狗场从前有三处之多，（一）华德路之明园，（二）延平路之申园，（三）亚尔倍路之逸园。后来公共租界纳税会西人提议禁止，工部局准如所请，谕令明园和申园停止营业。跑狗场老板表示不服，曾一度与工部局提起诉讼，结果仍旧维持前议，不许开张。现下跑狗场之硕果仅存的只有逸园一家，因该园地处法租界的亚尔倍路，法租界当局的态度和公共租界有些不同，因此逸园得以照常营业。直到如今，明园结束以后，曾一度改营游艺场，因生意清淡，不多时即关门大吉，申园则今已改组为足球场了。一般染有狗瘾的同志抚今追昔，当有无限地感叹。

《上海鳞爪》

❖ 韧舟：舞风初兴

初次为华人开放的舞场，名叫黑猫舞厅，在南京路西藏路口，狭长圆顶，三间门面，晚间开场，自带舞伴，入座泡茶或咖啡，价较时价贵三四倍。座狭人多，订有时限，如坐久不去，便有侍者再来添售饮料。草创伊始，设备不周，在人群中无大影响。礼查、华懋虽堂皇巨厦，但舞池也很狭仄，如丈余对径之圆形大留声唱片，仅容数对周旋，不足餍顾客之望。另一高等饭店名叫大华者，原为西洋富翁别墅，坐落于江宁路南汇路一带，占地50亩，在主屋的广场对面，有竹构长方舞厅一座，可容一二十对舞侣，因取价太昂，华人裹足。稍迟，江浙财阀所办四行储蓄会在南京路面对旧跑马厅，仿照礼查、华懋等规格自建巨屋国际饭店。楼高24层，俯视群厦。在14层中设有舞座，其狭仄与礼查、华懋亦相等。此后沪西静安寺侧，又建成百乐门饭店，虽仅3层，亦复富丽堂皇。尤为突出者，舞所扩大，兼用玻璃弹簧地板，跳舞时随腿抑扬，增人快感，但门票售至银币5元，寒士望而却步。继百乐门之后，南京路成都路口又出现一座仙乐斯舞宫，屋小而精，风格相同（现改为风雷剧场）。

《旧上海舞场百态》

◆ **黄绍芬：** 无声电影

1921年，几乎在同一时期，上海影戏研究会拍摄的《阎瑞生》、新亚影片公司拍摄的《红粉骷髅》、上海影戏公司拍摄的《海誓》先后摄制完成。这三部长故事片的故事情节、摄制规模、演员阵营都具备了电影制作的基本规则，并打进了被外国电影独霸的上海电影市场，使观众看到了国产的长故事片。

▷ 电影海报

成立于1922年2月的明星影片股份有限公司，是当时规模最大的影片公司。1923年公司拍摄的长故事片《孤儿救祖记》是郑正秋和张石川合作编导的第一部正剧长片，由于影片比较注重表演和场景的真实，强调情节和民族的特点，放映后引起了轰动，使明星公司在经济上获得很大的收益，同时也诱使许多投机商人把电影当成了新的投机事业，纷纷建立起影片公司。据1925年统计，上海有141家大大小小的影片公司，这些公司大都徒具虚名，拍片仅以赢利为目的，所以品位不高，粗制滥造的占多数，到20年代末期，上海每年出品的影片达百部左右。这个时期的上海电影在事业上和创作上都呈现出一种异常混乱和畸形繁荣的状况，同时也逐步形成从编剧、导演、摄影到演员的电影从业人员队伍。

1929年，以罗明佑为经理的联华影业公司宣告成立。这是一家很有特色的影片公司，从制片到放映都有一套独特的管理方法，在创作艺术上，公司吸收了一些接受过五四新文化运动影响，对电影有新的认识和追求的知识分子如孙瑜、卜万苍、史东山、蔡楚生、黄绍芬、金焰和阮玲玉等，拍摄了《故都春梦》《野草闲花》等具有进步思想的影片，成为上海电影行业中一支充满生气的新派电影队伍。在这一时期中，上海三家规模最大、年产拍片最多的明星、联华和天一制片公司，已成三足鼎立局面。

《旧上海电影史略》

❖ 高梨痕：有声电影

上海明星影片公司在1929年前后，想拍有声电影，但有声影片的装备，如摄影机、录音机、灯光等（无声片用的是炭精灯，杂音很大，不能用于有声影片）价格昂贵，于是想到用蜡盘配音。因为明星总经理张石川同百代唱片公司买办张长福是本家叔侄，就同张长福商量，与百代公司合作拍配音有声影片。百代唱片蜡盘小，不能录1000尺影片的录音，便在巴黎赶制大的蜡盘。明星、百代开始合作，第一部配音片是《歌女红牡丹》。洪深编的剧本，这是明星公司第一次有完整的剧本。以前剧本都是幕表式的，这次拍好后要到肇嘉浜百代唱片厂配音。这种用蜡盘配音的影片叫做"富托风"。当时，配音是电影演员一项困难的工作。一个蜡盘要录配1000尺影片，即使最后一个演员说错了或开口迟了、早了，也得从头再来，不像现在配音可以分段录音。因此，配好一本片子，大家都累得满身大汗，要跑到唱片厂门外休息。但是，厂临肇嘉浜，当时是满浜臭水，臭气熏人，大家对配音都感头痛。而且电影院放映时如遇中途断片，放映员就手忙脚乱，影院也不欢迎。幸而这时明星公司的《火烧红莲寺》已赚了不少钱，便委托洪深到美国去购买全部有声影片器材。所以，明星公司在拍过《如此天堂》上下集之后，就不再用蜡盘配音了。洪深在美国购回全部器材后，第一部发音片《旧时京华》，也是洪深编剧，写清廷覆灭后某亲王的家庭变故。洪深演某亲王，并特约言慧珠的母亲高逸安演某亲王的福晋。高是旗人，熟悉旗人礼节，受聘为顾问。

还在明星公司用蜡盘配音时，天一公司邵醉翁的三弟邵人校，即在新加坡同一美国商人接洽，租用其全部有声片机器、灯光，运来上海（这些器材后来由天一买下），拍了一部《豪华之夜》，这是中国第一部正式片上发音的影片，拍摄时间在明星的《旧时京华》之前。同时大华公司陈秋风，林如星在日本拍了一部有声片《雨过天青》，但在当时反日高潮中遭到了抵制。

20世纪30年代初期，虽然有了有声影片，但产量少，内地影院有声影片放映机也不普遍，直到抗战全面开始，无声片仍占主要地位。

《早期的上海电影界》

▷ 老上海最高档的电影院——大光明戏院

❖ 孙廷琮：电灯路灯

　　1879年5月28日，公共租界工部局电气工程师英人毕晓浦（J.D.Bishop）在虹口乍浦路的一幢仓库里，进行电弧灯发光试验，获得成功。这是国内问世的第一盏电灯。1882年4月，立德尔（R.W.Little）等英人招股，成立上海电气公司，并从美国购得发电设备，在大马路31号（今南京东路、江西中路口）创办了上海第一座发电厂，在电厂围墙内竖起了第一盏弧光灯的电杆，并沿外滩到虹口招商局码头6.4公里长的线路，串接了每盏亮度为

2000支烛光的15盏弧光灯作路灯。7月26日下午7时，电厂正式供电，夜幕下，15盏路灯一并发光，眩人眼目，吸引行人聚集围观，产生了广泛的影响。第二天，中外各报都报道了电灯发光的消息。

▷ 上海最早的电灯路灯

对电弧光灯发光，当时社会上有两种截然不同的反映。上海《申报》报道，用电灯照明，在马路上"光耀通衢"，室内则"辉生四壁"，一时成为上海的新鲜事，很多人涌往那里观灯，"每日士女如云，恍游月明中，无秉烛之劳，有观灯之乐"。一部分有识之士称电灯为"奇异的自来月"，咏诗加以赞颂。而清政府的官员却墨守成规，上海道台邵友濂认为电灯仅是"取其式样翻新"，"而电灯之患，设有不测，焚屋伤人，无法可救"，竟提出对租界里的中国商人"禁止电灯，以免不测"。

为了满足需要，1883年上海电气公司又从英国订购蒸汽机，在乍浦路另建新厂，安装可供40盏弧光灯的发电设备。到同年6月，外滩的路灯全部首次采用弧光灯代替暗淡的煤油、煤气灯，道路照明发生了较大的变化。同外国一样，我国电力的应用，也是从道路的路灯照明开始的。

那时的电灯为弧光灯，即用两根炭棒正、负两极相接，通电后发出白热光的碳光，形成了人们所见的亮光。到1890年4月，改用普通灯泡——白炽灯。按照道路的大小与其繁华程度分别采用不同功率的灯泡，如外滩一带用300瓦灯泡，南京路用200瓦，跑马厅用500瓦，较小的里弄用25瓦灯泡。从1890年1月到1949年5月上海解放，半个多世纪来，全市共有路灯18000余盏，都是白炽灯。

《上海的路灯》

◆ 孙廷琮：红绿灯

70年前，上海的交叉路口没有红绿灯，交通是靠人工指挥的。至1920年，南京东路、浙江路口有了上海第一处红绿灯，当时装置很简陋。到1922年，现在的淮海中路、瑞金二路口也装了简易的红绿灯，然后主要十字路口都先后安装了这类信号灯。

抗战胜利后，机动车与非机动车增多，为了适应交通需要，1946年从美国进口了一批红、黄、绿三色自动交通信号灯，首先在南京东路和延安东路上试装。红绿灯的圆形玻璃直径为20厘米，比原来的大5厘米，开关箱自动与手控两用。自动部分虽可调节速度，但主要靠机械运行，不久全坏，改为手控。红绿灯也从原来的红绿二色改为红、黄、绿三色。当时黄灯是预备灯信号，绿、黄灯一起亮时，凡没有驶过停车线的车辆，应停止前进；红黄灯一起亮时，原来停驶的车辆，可作发动准备，待绿灯一亮，就起步行驶。

《上海的路灯》

❖ 马陆基：足球运动

谈到上海足球的发展史，应先回溯圣约翰大学和南洋公学的年赛，这是上海足球运动的开端。从清光绪二十八年（1902年）起，至民国十四年（1925年）因"五卅惨案"而停办，共举行足球比赛24届。

▷ 圣约翰大学学生体育活动场景

圣约翰在梵王渡，南洋在徐家汇，每年轮流在两校球场比赛，如成平局，则在校外麦根路球场决赛。每年比赛时，梵王渡、徐家汇一带车水马龙，人如蚁聚；球场之上学生列队助威，锣鼓声、口号声不绝于耳；球员的龙争虎斗，全力拼搏，引得观众如醉如狂。胜者列队举旗欢呼，负者嗒然色沮。麦根路球场决赛，更是万人空巷，观众云集；远处如虹口、南市的球迷，有雇马车者，有乘黄包车者，有安步当车者，纷纷不辞辛劳来观，甚至预测谁胜谁负而引起争论。球场附近还摆有各种摊头，亦有提篮叫卖者，盛况胜过庙会。民国肇建前，球员上场盘发辫于头，在奋勇争抢中难免脱落，在分秒必争时自然无暇兼顾，奔跑时发辫呈水平状，可谓奇观。当时球艺及观赏水平均较低，大脚踢出又高又远之球，轰动全场，一片彩声。

《上海大学生足球队的回溯》

❖ 乃宽：旅行社

1923年秋，上海商业储蓄银行总行成立旅行部，是为国人创办旅行事业的嚆矢，在当时银行界中别开生面。

银行怎么开起旅行社来的呢？据说，该行总经理陈光甫有一次从香港去云南，在洋人经营的某旅行服务单位购票，受到歧视，愤然而返，遂有经营旅行社的意愿。那时，第一次教育会议决定在上海举行，陈氏乃于昆明旅次致电上海银行总行，嘱与黄炎培先生接洽，教育部和各省代表到沪后的一切舟车食宿事宜，悉由银行派员陪同料理。这是上海银行为旅客服务的第一笔生意经。

银行旅行部开办之初，服务范围不大，仅代售沪宁与沪杭甬两路车票。因当时风气未开，上门购买车票的旅客，寥寥无几。为了招徕生意，旅行部也煞费苦心，一面特制了一批蓝色布面烫金字的车票票夹，购票一张，不论路程远近，概赠票夹一只；一面训练招待人员，穿上银行自己设计的制服，专在车站上迎送旅客，照料一切。几经努力，始有少数旅客前来问津。后来，在陆路旅行服务项目上，增加京绥、京汉、津浦各路车票的代售业务；在水路旅行服务项目上，同长江、南北洋和外国轮船公司订立代办客票合同；在银行的外埠分行中增设旅行分部。随着业务渠道的越发通畅，营业也日臻发达。

20年代后期，国内战事连绵不绝，各铁路局以收入锐减、开支不敷，向上海银行商量贷款，以上海银行旅行部所代售之客票作抵押。银行初以代售其车票关系，不便径行拒绝，勉予应承。不料一个路局如此做了，其他路局相率仿效，大有国内战争一日不已，路局借款一日不了之势。如此下去，麻烦事情就多了。银行董事会当机立断，决定把旅行部从银行划出，作为银行的一项附属事业，拨资数万元，独立经营，于1927年6月1日挂出"中国旅行社"的招牌，开始正式营业。

中国旅行社在上海商业储蓄银行扶植下，从代售国内外各轮船、铁路、飞机客票，经理各国银行发售的旅行支票，设办各地招待所，举办游览事业，提倡团体旅行，承办货物运输，代办学生、华侨出国、回国手续，一直发展到出版《旅行杂志》，为我国旅行事业作过一定贡献。从1932年起，中国旅行社专设游览部，凡属国内游览的地点，北起长城，南至百粤，东尽海隅，西达黔滇，至若西湖、太湖、黄山、雁荡、雪窦、普陀、金华、兰溪、采石、宜兴、崂山、五岳等地，则自春徂秋，当日丽风和、岚光晴翠之际，均有该社游览团之屐痕，甚得社会人士欢迎。中国旅行社出版过游记、导游20多种。1933年又请美籍记者斯诺撰写五本介绍我国风景名胜的英文小册子，分送海内外。当时中外名人致函该社，对此举多所称道。

《上海中国旅行社的由来》

❖ 高梨痕：受欢迎的动画片

在1929年前后，明星影片公司有一个卡通（动画）部，由万籁鸣、万古蟾、万超尘、万涤尘四兄弟和一二十个学徒组成。曾摄制一些短片，如在墨水瓶里跳出一个人来同小演员做戏，那个小演员是张石川的小女儿张敏玉。这些影片很受人欢迎。还在别家公司拍过一部《铁扇公主》长片，也很成功。万氏兄弟是中国动画片创始人。

《早期的上海电影界》

第五辑

老上海的
老营生

❖ 郁慕侠：流动的卖唱

卖唱这个生意，大而言之，像那舞台上的新旧艺员、群芳会上的妓女和说书弹唱及一切杂耍小调等等；小而言之，如露天舞台上的角色、走弄堂的男女和跑馆子的歌女，都是以卖唱为生活。他们的总诀，只有一句道"吃开口饭"。

现在且说跑酒菜馆、旅馆的歌女们，全沪计之也有一二百人。歌女的年龄都在十二三到十七八，她们的身世，大率由假父假母价卖而来的养女，教会歌唱后即天天从事跑唱，以其所得代价养赡她的假父母。歌女出来，也穿了一身花花绿绿的摩登衣服，搽了脂、抹了粉，后面跟随琴师一人。到达酒菜馆房间时，瞧见客座有人在内聚饮或谈话，她即搴帘而入，不召自至，手持一白布折子，满列平剧剧名，嬲人点戏，每出二角。倘客不允，她必再三歪缠，必坚拒之才悻悻而去。此种跑馆子、跑旅馆的卖唱歌女，发现迄今，也有七八年的历史了。

《上海鳞爪》

❖ 冷观：说书场

上海说书场，要算城隍庙为最多，因为这地方是首先成立说书场的发祥地，在历史上讲，已有数十年的资格，说书的能手，均集中于此。一般老听客对听书一道，颇多研究，别具一格，都作瞌睡状，侧耳静听，所以说书的不单是以噱头为能事。当然，噱头是少不了的，偶然来一下以博听者一笑，略振精神是好的。这些听客老于听书，满不在乎噱头也。四美轩、柴行厅、得意楼、群玉楼、里园等，都是城隍庙的说书场，装饰上略为逊色，茶资铜元十四枚，分上下两档，随上香茗一壶。里面的小食真多，经济而可口，如干草梅子、金花茶、茨菇片、糯米饼、粽子、熏田鸡、熏蛋、藕粉，风味别致，每只书场里都有这类的小吃。

特区跑马厅附近的东方书场，便是附设在东方饭店最下一层的大厅里，晚上9点过后，还可以欣赏东方话剧（社）的文明戏型的话剧。所以九点以后，太太、奶奶、小姐阶级的娘们儿特别的多，而她们中来的大都系东方话剧（社）的老主顾，对于扮的角色的姓名、演技的优拙，都能历历指讲，如数家珍般的批评。座位比较城里舒适，不过取价大洋两角，坐在前排需另加一角。如果预备听书的话，那边不十分合胃口，因为那些听客大都为看话剧，所以在说书时非常嘈杂；又以书场深大，坐得远些，声浪不易传入耳鼓。其他如"远东""爵禄""中南"等均附设书场。此外各处茶馆之附设简易书场，设案开讲者，在在皆是，不可胜数。

在上海说书的多系苏州光裕及润余两社出身，计分评话、弹词两种，全是苏州白讲述。评话亦称大书，登场即说正文，没有弹唱乐器相伴。弹词亦称小书，说前奏乐器片刻，或弹唱开篇一节。单档是一人独任，双档是二人分任。男女二人称之为雌雄档。说书不比唱戏，借优孟衣冠表演易于见长，生旦净末丑，合力成功，所谓红花绿叶，大家陪衬而成；说书只有一人，或者两人搭档，三人不大常见的，而形容众人之声音相貌，人有个性之不同，又必须说得惟妙惟肖，形容得淋漓尽致，听客始得眉舞色飞，为之动容。书中情节，务须有条不紊、前后贯串，一不连气，便有驴头不对马嘴之诮，说书确系不易的事哩！

《说书场》

❖ 徐大风：瞎子算命

到了下午，是主妇最清闲的时候。有的已被隔壁王师母邀了去，和前楼好婆、亭子间阿姨打一块一铲的麻将。但这究竟是少数，多数还是都坐守在家中，丈夫去外边办公，儿女们在学校里上课。自己这时读书又读不进，看报只戏院广告还看得懂，其余新闻副刊上面，虽然有些字也认得，不知怎样总看不下去，实在其中聱盘桀牙的字样儿太多了！正在感觉无聊的时候，忽听得"叮，叮，叮叮"很有节奏抑扬地敲了几下，接着便是一阵凄凉的三弦声，如泣如诉、如怨如慕，这种感人的音乐，立刻打在感觉寂寞者的心板上。主妇对于这种声音是很熟悉的，知道是瞎子算命。心想，横竖无聊，何不唤了进来，排排八字。大门一响，瞎子晓得有生意来了，急忙停弹三弦，跟着喊声走进屋子，坐定身体，慢吞吞地问道："是男命还是女命啊？"主妇说道："就先替我家老板排一排吧，32岁，某月某日某时生。"瞎子把手指屈了几屈，口中念念有词，说了一番算命书上的术语，什么庚申、壬戌、甲子、五行缺木、五行缺水等等，然后把三弦轻轻弹起，鼓着嘶哑的喉音慢慢地唱道："适才男命报来，是天癸星下凡。一生不愁吃着，锦绣衣服穿戴。金钱堆积如山，出门奴仆跟班。走路不用两腿，命里富贵齐来，做事圆滑周到，名利双全何难？"

唱完了便又说道："你家老板的命，不是我瞎子恭维，将来大富大贵，金饭箩装饭，后运无量，一生享用不尽！"主妇听了心花怒放，除自己又报了八字，算了一回外，又替几个儿女也算了命。一家大小几个命，一共花了将近一块多的钱，然而，这毕竟是很满意的。

《弄堂特写》

❖ 徐大风：走里弄的贩卖者

走里弄的贩卖者，他们生意的进行，往往也有一个铁的定律，便是在上午的一段时间，他们所卖的都是菜蔬之类的东西。上海中下人家，最忙不过是上午，开了门以后，扫地、抹桌子、拖地板、买菜、淘米、煮饭。做家主婆的人，在这一段的上午时间，真会忙得团团转。因为菜蔬是必需品，所以她们在开了门以后，会拿着篮子、秤杆和卖菜者交易。其余的东西，非急其所急，哪会有工夫去理会？因此，在这个时候，悠悠的几声"青菜！菠菜！草头！"会把蓬头披发的少妇引出了大门，为着一分两分的货价大讲斤头，喋喋不休，直到在

▷　石库门建筑的弄堂口

竹篮中大捞了一把，算作饶头，方带着胜利的微笑回到屋子里去。

《弄堂特写》

❖ 余山：闲话"二房东"

"二房东"是旧上海房屋租赁关系中最复杂的一个问题，它的形成是当时社会经济状况的畸形产物。

旧上海房地产资本家建筑的住宅，大部分是里弄房屋，一般一楼一底，有客堂、卧室、厨房等，这种设计适合一家一户单独居住，因此常以一幢为单位出租。后来租界人口激增，需房者众多，同时，物价上涨，一般市民没有独居一幢的经济能力，于是有人想出了分租的办法，二房东制度就在这样的情况下逐渐形成，使旧上海房屋的租赁关系因之复杂起来。

房东的产生始于旧上海租界华洋杂居之后，从那时起，房地产业主被称为大房东，租户被分为二房东和三房客。二房东从大房东处承租了整幢房屋，自己住一部分，将其余的分租给他人，原意是一方面减轻自身的负担，另一方面解决对方的需求，谈不到中间剥削。其后，随着租界人口的继续增加，有的二房东看出有赚钱的机会，便对自己掌握的一块小天地想尽办法，抵制大房东，剥削三房客，积年累月，二房东的住宅经营，在大房东之外独树一帜。

抗日战争和通货膨胀又进一步帮助"二房东"，特别是1937年国民党政府颁布一项战时房屋租赁法令，其宗旨是防止房主将出租房屋垄断居奇，规定房主如果没有确实必要，不能将出租房屋收归自用，于是无形中承认了二房东的永久租赁权，一时二房东成为足以操纵居民居住条件的一支特殊力量。

二房东在房屋供不应求的时候，凭借房屋租赁权，千方百计对需要房屋的租户进行剥削。大房东要求加租，往往是替二房东增加剥削制造机会。

历次大房东加租几成或几倍时，二房东亦加租几成或几倍，剥削的部分相应增加。在水电杂费上二房东也尽量设法从中牟利。有的按房客人头、灯头支光计算，自己白点白用外还有钱赚。

二房东对三房客增加剥削的方法，又分经常的和临时的两种。抬高租金，滥摊水电杂费，属于经常性的；收取顶费、押租等属于临时性的。

《闲话"二房东"》

❖ 劳琳：奖券生意

发行奖券是聚赌抽头，无本营生的生意。买卖双方都是在赌博，但是公司越开越多，买券的人却越来越少，因为胜利者终是卖方，买方一定失败，终至倾其所有，无法进行这种赌博。如果一种奖券全部销完，当然头奖有人买到，万一销售不完，而头奖又落到买客手里，奖券公司就可能赔本。利济券在发行的第六个月后，正副券就不能按期销售完。于是就在开奖时进行舞弊，把头奖留在家里。舞弊的方法是这样的：奖券开奖，用2个铜球，一摇号珠，一摇彩珠。由顾子青事前训练了参加开奖的人员：在头彩彩珠摇出时，就由持珠职员作一种姿势，把手举高，或放低。持号珠的人一看，就手持摇出号珠，高声叫出他准备好的号码（这个号码的奖券，已锁在总办房内大保险箱中）。持彩珠的即高声叫出头奖，2人转身把珠交与穿珠人穿在架上，挂出示众。穿珠人即将准备好的一个假珠穿上，把摇出的真珠藏起。这时，看客一时哄动，瞬眼之间谁也没留意。

中头奖的那张奖券一定要有一个代销店铺来担当售出。最初考虑与老北门集团合作，后来认为不妥当。黄谷梅主张派人到一家小店中去买回一张，比较妥当。因为，这样一做则这张票子确实是卖出去了，公司有批发簿可查，批发店有登记号码簿可证，小零售店有现售账可看。这种作弊办法可称穷极心计。

经过9个月之后，奖券生意的衰落日甚一日。宋尊望、王体仁和汪汉溪决定停办。最后一次开奖，顾子青就老实不客气把副券头奖2万元开到自己的手里。

《"奖券秘史"案的前前后后》

❖ 黄贸文：杏花楼的包装

在精心制月饼，增加花色品种的同时，为了适应时代发展的需要，杏花楼又开始着手改进月饼的包装。在30年代中期，上海各家饼店对于食品包装较为简单，广式月饼一般都用纸卷装，如10只一卷、6只一卷等。后来，虽然改用薄纸盒装月饼，但是仍然较简单，形状不雅。杏花楼经营者意识到在上海这样一个大都市里，商店制作的月饼虽好，若包装不好仍不能在竞争中取胜。因此，在1933年中期创制各式特色月饼的同时，就特请当时上海最著名的画家杭穉英设计绘制了一幅中秋赏月的国画。这位画家便依照我国民间习俗和神话传说故事，绘制了一幅"八月中秋月更明，月里嫦娥舞蹁跹"的优美动人的画面，还配有"借问月饼哪家好，牧童遥指杏花楼"的诗句。接着，由原来上海三益印刷公司承印，采用优质的16号和18号硬板纸制成了一只嫦娥奔月的饼盒，盒子质地挺硬，盖面上印有嫦娥奔月的彩色国画，非常惹人喜爱。这样一来，杏花楼月饼名声就更为广泛地流传于民间。每当中秋节，国内、国外的顾客都纷纷购买杏花楼月饼，为了适应需要又设立了国内各地和国外的邮寄业务，使月饼销量大大增加。

《粤帮名店杏花楼》

❖ 公怀：受欢迎的旧书摊

自从纸价飞涨，教科书要照定价加五成或八成出售后，一班穷学生自然不得不打算打算，于是旧书摊或旧书店，骤然成了他们发掘便宜书的宝藏。即其他的书籍，价值也莫不要较战前增加几倍，薄薄的一本小册子，定价往往要七八角，不折不扣，谁有闲钱来买书看呢？何况爱看书的文人，又大多是朝不保夕的穷汉，在此米四十元一担、亭子间廿块钱一月的时代，塞饱肚子已经不容易，哪来多余的钱买新书看呢？在这样的环境下，旧书是满足他们读书欲的唯一恩物了。无怪旧书业在这时意外的活跃起来。

旧书的种类，包括中文和西文两种，中间有单行本、旧杂志、旧画报等。但这些书籍决不是一折八扣书，或翻版影印的西书。因那些书都有人根据原著，加以重印或复印的。旧书摊上虽也有一部分的一折八扣书和翻版西书，但唯一的不同点，便是它不需要印刷机，书籍都是从人家手中零零碎碎地得来的。没有整批，也没有次序，陈列的时候，只由店主人把它略为分类，待顾客容易找寻罢了。至于这些书籍的内容，却上及天文，下至地理，包罗万象，无所不备。他们把所有的旧书，排列在架上，任客选购。也有不少的旧书摊，他们都以教科书的买卖为主要营业目标，所以对于教科书的收集非常周到，从小学起至大学止，各阶段、各部门的教科书都有着些，只要你去发掘。他们唯一的主顾是学生，所以在这些书摊上，你时常会发现三三两两的男女学生群，在搜检看书名，或是和摊主人讨价还价。

▷ 街头旧书摊

　　旧书之所以受人欢迎，唯一的原因便是便宜。因为一本三四块钱的书，有时买得巧，几角钱就可成交了。旧书摊主的营业方法，是抱着"开销省、书价廉"六个字。为了要保持售价的低廉，他们的营业场所便不得不因陋就简些，旧书店大多利用弄堂和屋脚，铺起他们的店面；旧书摊大多利用壁角和转弯处，放几个木板钉成的书架，插上旧书便算数了。因只有便宜，才能延长他们营业的生命。

　　这些旧书的来源，倒也很有趣的。在平日，据一位旧书商说，旧书的来源有五种：一、从旧货商店买来；二、从公馆里的娘姨手中买来；三、从西崽手里买来；四、从小偷手里买来；五、由摊主自己出去收买得来，价值都是很便宜的，有的称分量的。因为那些脱售旧书的人，多数是无知识的，不晓得哪本书值价，哪本书不值价。因为成本轻，所以旧书摊主在脱售的时候，纵然卖得低廉，也还有利可盈，而且，有时还很优厚的呢。

《旧书业在上海》

❖ 郁慕侠：梳头佣

妇人发髻，除少数自理外，大多数都叫走梳头女佣代梳，或天天来，或隔日来，均无不可。工资最普通的每月两元（有三元者，也有一元者），她们能有十多户头，即可依此为生活。而真正的阔绰大户人家则有雇定的梳头女佣，不需走梳头的了。

还有一种可恶的梳头女佣，以梳头为名义，到处穿房入户，鼠窃狗偷，也有勾引人家妇女为非作歹，亦数见不鲜。不过现在潮流，妇女大半截去发髻，梳头女佣的营业已日渐衰落，不如从前的发达。

《上海鳞爪》

❖ 郁慕侠：老虎灶

老虎灶为出卖熟水的小商店，因为它一只煮水的灶头形式有些像虎，故名"老虎灶"。

他们的水价，从前因房价廉、煤价低，故很便宜，一个大钱就可购买一勺沸滚的熟水；到了现在，一钱一勺的熟水已涨到五钱了。他们铺子的地位，大都开设在弄堂门口或弄堂里边，以便居住弄里的人们来购水；稍为冷僻的马路旁也有开设的，不过是少数而已。他们营业时间，从清早6时起，直要到晚上12点钟才打烊（即关闭店门），更有邻近下等娼寮的老虎灶，通夜不打烊的也有。有的下面是老虎灶卖水，里面和楼上卖茶，这种铺子多开在马路旁边的。在弄堂里的老虎灶，更有摆好一只橱和一只柜，兼卖香烟糖果杂物的。他们同业也有一个团体，名叫"水炉公所"，逢到什么大事情，都到所里去开会讨论。

你们切莫讪笑开老虎灶是一种低微的商业，其实做这种生意的人尽多着发财呢！

《上海鳞爪》

❖ 陈亮：烟纸店

研究烟纸店的定名，烟指香烟，纸是指草纸吧。据说，烟纸店每晨开门第一桩大交易，便是隔壁弄堂里的小皮匠，上来买一分钱三张卫生草纸、一分钱两支香烟，去公坑出恭。像此种交易，一早晨很是忙碌。店名烟纸，名副其实，草纸之外，虽尚有信纸、桑皮纸、表心纸等等；香烟之外，还有雪茄烟、板烟之类，总觉得不够代表似的。

▷　街头的糖果烟摊

大约跑过"三关六码头"的都知道，无论什么地方，烟纸店一业，都远远不及上海之昌隆发达，而过于滥觞。人口多，当是一大主因。君不见乎，每一条马路上，除非有其传统的特殊情形，烟纸店必较其他店铺为多。石路上衣庄多于烟纸店，这便是特殊。但根据普遍情形，每个转弯角子，必被烟纸店占据；每个电车或公共汽车站，必有一爿至两爿烟纸店；每条里弄，更毋庸说得，东隔壁一爿烟纸带糟坊，西隔壁一家烟纸带南货。或者弄堂里还有一爿"连家烟纸店"，各做各的生意，各有各的主顾，生意大家做，有饭大家吃。虽云店多成市，但同业竞争在所难免，谁不想多拉几个老主顾。东家肥皂卖一角九分，西家马路上挂出牌子："肥皂平价！每块一角八分"。东家见了，再跌两分，每块一角七，照进价也许愿蚀血本，却出于自愿，因为唯有"牺牲品"，才能招徕买主。肥皂蚀掉血本，无妨在香烛、元宝上多捞几个，两面一拉平，依然有利可图，利微纵如蝇头，总要角逐。

烟纸店名目固以发售香烟为正宗营业，也许利益比肥皂还要薄。譬如一大盒香烟五十包，进价七元左右，五十包完全卖掉，只赚一角多钱，不是"一分钿"还看不到吗？若把利字看重，别家卖一角九的，你卖两角，不上两天，主顾保险跑完，连别样货色也无人请教了。所以烟纸店卖香烟，"硬黄货"也。等于饭店里的猪肉，多卖也是白忙，然又不能不卖，没有猪肉怎算是饭店，没有香烟，怎能算是烟纸店呢？老板和老板竞争，当然主顾实惠。三姑六婆之流，最会义务宣传："谁家的火油只卖三角八分一斤呵，而且是老牌"，"谁家的火柴五分两盒，比别家便宜十五钿"。老板们为要顾虑到这一点，火油价格尽量喊低，宁可让漏卮少漏些到火油灯里去，沽半斤，给六两，这叫"明中去了暗中来"，为着顾全血本起见，能斥为黑良心吗？

《烟纸店》

❖ 益文：精益眼镜店

坐落在南京东路上海第一百货商店对面的精益眼镜店，是一家全国闻名的特色商店，它素以研磨镜片质量高而著称。

这家商店创设于1911年，原在南京东路六合路口的转角处（现利男居食品店），当时名为上海精益眼镜公司总店（在广州等地有分店）。那时生意清淡，并没有什么名气。1917年，孙中山先生到广州精益眼镜分店配了一副眼镜，因其服务态度好、研磨的镜片质量高而感到十分满意。不久，他亲笔写了"精益求精"四个大字，送给该店。当时孙中山先生是广州军政府大元帅，在全国有极高的威望。分店得此有"孙文"落款并盖有印章的题词，如获至宝，于是裱装配框，郑重地挂在店堂中央。从此，精益眼镜公司广州分店名声大振，生意也随之兴隆起来。上海总店得此消息后，便立即叫分店把孙中山先生的手迹送到上海，并请人进行复制，迅速送往各地分店，借此抬高身价，扩大影响。1924年孙中山先生离粤北上途经上海时，又到上海精益眼镜总店配了一副老光眼镜。他看到店堂里挂着自己的手迹频频点头，满意而去。

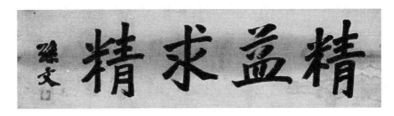

▷ 孙中山先生的题词

由于孙中山先生两次光顾精益，使精益身价百倍，名扬中外，业务迅速发展。到第二次世界大战时，精益眼镜店在北京、天津、重庆、沈阳、济南、成都、长沙、香港等16个城市设有分店，成为全国最著名的眼镜店之一。

精益眼镜店的出名，除了与孙中山先生题词有关外，很重要的原因是他们制作的各式眼镜确实精益求精，特别是对镜片的研磨，精工细作，严格把关，因此产品厚薄均匀，平面光滑，度数准确。在抗日战争前，该店制作的眼镜曾在巴拿马世界赛品会上获得金质奖状。抗战胜利后，国民党的一些军政要员如孙科、李宗仁、蒋经国、蒋纬国等人，都到上海精益眼镜总店配过眼镜。

《精益求精的精益眼镜店》

❖ 商一仁、包光宇："神药"六神丸

雷允上药店之出名，主要归功于六神丸的创制，该药于同治初年由绮三房雷子纯创造，据雷允上诵芬堂药业创始六世祖南山公所书《合族致滋蕃公（雷子纯）》记载："唯六神丸一方，系在同治初年由绮三房子纯公得来，归诵芬堂售买，公诸合族。惜子纯公享年不永，故彼时虽有此方，流传未广，嗣经焦四房莲伯公（雷莲伯）暨礼大房理卿（雷理卿）弟兄陆续增修，精益求精，始获畅行。"由于处方的精妙和选料的优良，更加上制合的技巧，逐步形成了一整套独特的制作工艺，一时风靡申江，声誉日高。不仅畅销全国，而且风行海外，几乎凡有华侨居住的地方，就有雷允上的六神丸，并被誉为"神药"。

日本商人垂涎六神丸由来已久。早在民国初年，当雷氏六世孙雷滋蕃负责时，苏州的日本领事曾想方设法，企图取得六神丸秘方，由于雷氏防范严密，终未能得逞。后来苏州日租界撤销，日领事在返国前，假惺惺地特去向雷氏告辞，并主动赠送其本人肖像一帧，以示"友好"；同时，又以

留作纪念为名，向雷氏索取照片，雷不辨有诈，就还赠一帧。不意该日人返回日本后，就公然仿制伪六神丸，并把雷氏照片印在包装纸上，冒充货真价实，从中牟利。

《雷允上与六神丸》

❖ 曹墨文：红极一时的曹素功墨

曹素功九世孙曹端友（号寿明）于同治三年（1864年）举家迁移上海继续经营墨业。曹端友是一位很有作为的企业家，既严格遵守传统操作工艺，又有发挥和创新，他聘请名书画家作画题词，聘用名雕刻艺人雕制新墨模。其中著名的提梁集景墨，一套共16锭，墨面所绘狮、鹿、蛙、凤、猴、鱼、蟹等动物生动活泼，形象逼真，墨上的"位并三公""五德全备""桐圭宠贵"等题词笔力挺健，为收藏之佳品。民间传说，同治年间，苏州才子陆润庠考取状元时所用的是曹素功"极品"墨，一时许多企望能名列榜首的文人学士及求官运亨通的达官显要们争相购买，曹氏"极品"墨遂畅销于市。

上海是寸金之地，劳务酬金也高，更缺乏制墨、点烟技工，曹端友设法在原籍潜口建起了炼烟房，就地取材，采用当地桐油等原料，聘用当地点烟技工炼成油烟，运沪制墨。曹端友还同技工一起钻研提高油烟质量之方，他在炼烟时加入动物油，使墨质更加光亮而有韧性。在桐油中加入适量生漆，炼成了更高级的漆烟，据说这是曹家的首创。同时选用纯净广胶，加入天然麝香、金箔、梅片、冰片以及其他名贵中药材香料，经精工细作，制成墨坯，经过长期阴晾，任其自干后，描上金银色彩，制成"气清而质轻，色黝而香凝，金光璀璨，五彩斑斓"的高贵名墨。"熙朝妙墨溯曹氏，素功制法传云祁。坚刚密致世无比，玉壶璀璨流芳馨。光辉历久倍焕发，麝煤点漆螺纹清。一丸半挺胜什袭，名流宝贵逾瑶琼”，这是陆润庠任翰林院修撰时的曹家墨的赞词。曹端友所制墨仍刻“曹素功珍藏”“曹素功尧千氏制”等字样，故曹素功墨虽传至九世，其名仍响。

《墨苑——曹素功》

❖ 晚晴：北米市场

作为粮食集散地及其管理机构的北米市场，是由各粮店、米行经营者，经选举产生的民间管理机构。

▷ 老上海的米店

上海米市场始于1908年，分为南市、北市两地。北市所辖地域为苏州河北岸，铁路沪宁线以南。东自北西藏路（今西藏北路）西迄长安路西端，直至30年代初，久盛不衰。但无固定交易市场，以及完善的管理机构。抗日战争爆发及日军侵占上海期间，北米市场迁至租界的青莲阁茶楼（今福州路、浙江路）交易，但生意清淡。抗日战争后，北米市场迁回闸北，设址于库伦路（今曲阜西路）212号（原闸北副食品公司），管辖范围扩至光复路中段、长安路东段、恒丰路、恒通路、乌镇路、华盛路、共和路、汉中路等，覆盖了铁路以南地区。日成交量大升，达上万石（每石156斤）之多，高于南市米市场交易量。

北米市场初期在新闸桥附近几家粮店、米行楼上办公。抗战胜利后落址库伦路，并开辟交易场地，颇具规模，并于1946年6月选举成立了管理委员会。有同业会员的粮店、米行134家，选举徐颂仁为主任委员，委员12人，均为区境内颇有规模和声望的粮店、米店老板。

北米市场的经营规模为求规范，管委会制订《组织章程》《会议细则》《营业章程》等规章制度，禁止非会员入场交易，禁止买空、卖空，禁止场外交易，禁止漫天开价，禁止赊欠、宕账，禁止不办手续交易等等。每天挂出最高交易价，保证了交易和活动的正常进行，促使买卖兴旺，久盛不衰。北米市场经营管理的许多举措、制度，为后人粮米经营、管理提供了经验。

《闻名沪上的北米市场》

❖ 木易：凭折赊货

往时松江商业中，各行各业的殷实店家，为欲扩展业务，多做生意，除备货充足，热忱招待外，对能恪守信用的中上层居民，争发折子，广徕业务，凭折选购货品，不收现金，记账赊欠，尤其药店、绸缎店、广货店、南货糖果店、酒菜馆等的同业中，各有方式，竞争激烈。药店大都兼售人参补品，冬令代煎膏滋药，如顾客自己熬煎，免费供借大煎锅、榨床、竹丝榨篓等。绸缎店可以代客裁制，收费低廉。南货店不论赊货多少，均表欢迎。酒菜馆，吃客上门，热情招待，务使吃客满意而去，诸如剩菜加料，重行煎烧、暖锅添加高汤与粉丝白菜等概不加费。当酒醉菜足后，每有吃客向堂倌说，"写在我的账上"，同时给些小账，扬长而去。他们每逢端午节和中秋节，对赊货主顾，各发通知，告诉已经赊欠多少货款，但顾客见到通知，往往是看看算算而已，都不付还货款。但到了冬至节，各店发来"最后通牒"，催收货款，如在除夕夜付不出货款，店里伙友们，手执灯笼火，上门坐索；如赊货者避面逃欠，明年凭折赊货，就成为问题，因之，赊货者考虑这点，大都设法归欠，维持体面。

《松江旧风琐忆》

❖ 席涤尘：义务剪发

剪发一事，既是刻不容缓，于是义务剪发就风起云涌。首先起来的是小南门内的群学会，于12月28日（十一月初九日）开了一次义务剪发大会，南城一隅，人民因而剪去发辫者不下数百人。后来又于31日（十二日）上午10时至下午2时假座榛苓学校再开了一次，剪的办法是分两种：剪学生头的，概不取资，由各同人分任义务；要剪成美观而分头路的，那就取资一角，特请文明理发匠执行其事。有志剪发的，就大家联袂而去了。

还有通俗宣讲社联合东南城地方会，于31日（十二日）在大东门火神庙举行"剪辫缓易服"，到者千余人。先由发起人袁颂丰报告，既而大家一番慷慨激昂的演讲，结果300多人就剪了发辫，由会场中义务剪发处担任。

闸北方面，有个自治公所在30日（十一日）设立个义务剪辫团，并禀请警局派警会同团员沿路去劝人剪辫。

然而最有趣的，是徐志棠个人的剪辫义务会了，他在公共租界会审公廨隔壁畅园茶馆内附设了一个剪辫义务会，期限规定3天。3天之内，有自愿入会剪辫的，不但分文不取，而且另赠大肉面一碗，以助兴趣。开办的日子是12月31日（十一月十二日）。这天成绩很不错，去剪的有60多个，内有7人为酬答雅意起见，并各赠发辫一条，变价助饷。3天工夫，总计剪辫者254人，有发辫50条助饷。

《上海剪辫史话》

❖ 碧翁：连环图画

讲到连环图画，真是妇稚皆知，老幼咸宜。差不多相隔不了多远，就有那么一个摊基，架上满布了许多神怪武侠滑稽，以及古老时代荒乎其唐的传说，都构成粗劣的图画，衬上些似通非通的简单文字，用租赁性质给一般略识之无的工人、孩子和妇女们翻阅。陌生户头是需保证金的。那些闲着没有事儿的姑娘和孩童们，却坐在摊基旁边，仔细地一页一页地参观起来，冷看他们或她们，在翻书的当儿，都不自觉地将食指蘸了一些自己嘴里的唾沫，以为滋润了，翻起书页来得便利。其实这便利是最碍卫生的第一点，因为这种书，经过大众的翻动，颜色已由白而变黑了，上边不洁的成分和微菌，真不可以将数量计算，并且难保不有患肺病的看过。那么将食指蘸口涎时，真是唯恐嗅觉隔膜，而特地要由口腔里直接传染进去了。当在目今夏令的时期，那种能够传染疾疫的小册子，简直都宜付诸一炬。

我国人教育程度既这样低落，而常识观念又是那样缺乏；租界上所谓管理卫生的，也注意不到这一点，真是无可奈何的事！记得战前社会局因为这种连环图画，像什么"飞剑女侠""山东响书""煤山七怪""琵琶精""迷魂阵""盘丝洞""哈哈镜""欢喜菩萨""庵堂相会""玉蜻蜓""卖身投靠"等类的名目，诲淫诲盗，而且使孩子们看了，要戕贼他们的身心，所以曾经行文租界当局取缔过的。但是这些所谓出小书的书局竟阳奉阴违，觊觎着租界方面并不力行严禁的弱点，慢慢地依旧死灰复燃了。至于现在呢，五步一摊，甚至每弄一摊，鳞次栉比，多得不可胜数。他们的观众，更发达得不可胜数，从前只有孩子们看的，现在已经扩充到工人、学徒、妇女们了。唉！这种有害无益的大众读物，势力竟伸展得这样快速，真使有心人呕气的！

但是有一个时期，某书局有鉴于此，要想行一个釜底抽薪之计，请了名人，编著古圣贤以及爱国英雄和机械科学的介绍，也来仿这一种连环图画。可是只出了三期，因为观众不多，销路不畅而停止了。于此可见我国下层民众的程度和要使一个国家踏上正轨之路的烦难了。

《上海大众文学》

❖ 马陆基：老上海的荐头店

旧上海靠近热闹地段，特别是小菜场附近的街头巷尾，有不少所谓"姑苏老荐头店"。在单间的房屋中，有的还设了一只泡开水的老虎灶，靠里摆着一张八仙方桌，几只椅子和几条长凳，板壁上挂上一张月份牌，或者玻璃镜框里装上一张关公看《春秋》的画像。左右两旁长凳上，坐上好几个中青年农村妇女，等候雇佣，这就是荐头店。因为是苏州人开的，就冠以姑苏两个字，门口挂一块招牌，日久多以姑苏荐头店为名，几如陆稿荐一样，加一个老字，自称为老牌。江北人和上海人开的，相比之下似乎没有苏帮吃香，也冒充为苏帮，因为吴侬软语使人听起来有甜咪咪的感觉，特别是妓院总喜欢佣苏州来的娘姨大姐，可博得狎客的好感。

旧社会的农村，地主只知收租，不管水利建设，逢到水旱虫灾，农民频频破产，男人留乡耕种，妇女通常通过各种关系进入上海，有的进入工厂，有的由荐头店介绍至公馆人家，或妓院去帮佣，育儿不久的可当奶妈，中青年妇女当娘姨，姑娘当小大姐。娘姨有粗做、细做、梳头之分。粗做是买菜、烧菜、煮饭、洗衣和打扫房间；细做是缝纫衣服，带领小孩；梳头娘姨是每天在约定时间内来服务，梳好即去。因民国十六年（1927年）以前妇女大多留有发髻，梳头娘姨能梳出各种流行的发髻，博得太太奶奶小姐的欢心，因为一天要做好几家，收入也较一般娘姨为优厚。小大姐因为年轻，家务经验欠缺，一般是粗做，或带领小孩。总之家务总是这几项，没有固定的分工，看这一家中佣人多少及主妇的安排而定。妓院里的娘姨大姐，除日常生活外，多一项是伺候嫖客和妓女。

荐头店的老板或老板娘，都是地方上的小白相人，待雇佣者大多来自江浙两省的农村妇女和姑娘，中青年男子绝少。男子如介绍成功，总是拉包车、看大门、当厨师（当时叫饭司务）或当老爷的听差。介绍以后先试工3天，如东家满意，再谈工资。在使用银元时期，月工资奶妈约为6至8元，娘姨约为4至6元，小大姐约为1至2元，小大姐年龄大了，经验丰富后，也逐步增加到娘姨的工资。固定收入外，供给三餐及住宿，逢年过节及婚丧寿庆另有赏赐，主人如邀客打牌，来客亦有赏钱。如出外替主人送礼，受礼人例有脚钱。荐头店的介绍费为一个月的工资，由雇佣人和受雇佣人各半负担。如试用3天雇佣人感到不够满意，待雇佣者须向荐头店交3角钱的介绍费。当然试用的3天是不会白做的。

《旧上海的荐头店》

❖ **卓荦："叫货鬼"**

洋场十里，五花八门，包罗万象。常人说"三百六十行"职业，照上海看起来，何止此"三百六十行"？所谓"戏法人人会变，各有巧妙不同"，只要有"噱头"，会得运用灵活脑筋，识透一般人心理，包可发得一票"洋财"。黄金遍地是，只要放开了"照子"（眼睛也），去找是了。

你瞧，"拍叫货行"也是一种独特的职业，专门吃这碗饭的便叫"叫货鬼"，眼光老练，打算精明，"门槛"十足。不是拜个"师父"或"先生"，学上几年就可以吃这碗饭的。全在乎自己的经验，多接触、多留心，处处化解应变，"死事活做"，"眼观六路，耳听八方"，一只嘴来得，随时随地要显出敏捷的样子，"逢人能说话"，才能当得"叫货鬼"。如执而不化、宁方无圆的做下去，莫说做这活"鬼"不成，真要做羿桑饿"鬼"，瘪肚子为止。这里我说的"拍叫货"，并不是一定"叫货鬼"好去买，就是不吃"叫货"饭的也好去买，不过就要看你怎样去"拍叫"是了。

这里我们便要谈"拍叫货"的事情。第一在"开叫"之前，去看看货色：牌子如何？号码多少？东西还有几成新？是否切实需用？都要凭着自己意思去支配。因在拍卖的时候人数又多，仓促之间，任你眼光好，难免"失着"。拍卖行里有着柚木写字台、弹簧转椅、打字机，塌得便宜货好的，差不多三四块钱可买一只七成新的台子。如果到木器店里去自然塌不到的，也许三块钱买一只台脚呢！还有古董、古画、秦瓦汉砖，外加珠宝玉石也备一格。这些名贵东西都是"破落大户"委托他们找主顾的，得价便脱手。三钿勿值两钿，比当初祖上买进来时候的代价，真要说声"羊肉当狗肉卖"呢！本来古董根本没有一定的价格，况大都不适用的多，所以这一门是很"冷"的。还有外国白兰地、化妆品等，不时也有拍卖。并不是坏货，不过受着些水渍罢了。

到拍卖行里去拍"叫货"，也要几个最低限度的条件：第一，当然要眼光狠，把你预备拍的那件东西，愈看得透彻愈好，因为一经拍定，再看出毛病来，亦义无反悔了。除非一个忍痛牺牲的办法，再降低价格，转卖给别个主顾。

第二，要略懂得几句"洋泾浜"，比如"大来司"，即洋钿是也；"能勃"，即号码是也；"万来那司"即极其好是也。懂得这些，便可和拍卖行里的洋人瞎七搭八的攀谈一下，往往有意想不到的便利和利益。况拍卖店老板以洋人居多，如"鲁意师摩"为此中最老的一块牌子，一望可知其为洋商也。

第三，耳朵要灵活，洋人站在高高的一只台上，手持木制的榔头（锤），一边唱着"能勃雪克司，温哈夫"，立刻要明白，就是第六号那件东西，最低价格值为一元半。这时你看旁边有加价者否？一分钟后没有的话，你便立刻伸手表示愿买。但事实上无如此的顺利，难免有人喊"土"，意思即肯加到两块钱也，或许忙中穿出一个"程咬金"，喊一声"土哈夫"，肯加到两块半的也有。这时候你当机立断，看那东西是否值得，决不可因为他人的竞争，便发无名肝火，跟着加价，就上了别人的当了。便宜货塌不到，反吃了大亏，岂勿冤枉！

第四，要事前先和"叫货鬼"者疏通，允于拍成之后付佣金若干，否则他们必在开拍时故意和你捣蛋，使你拍不成你所心爱的东西。

"叫货鬼"的眼光像鹰隼一般的敏锐，自当不在话下。他们挤在人丛中单靠捣蛋捞些佣金，便可果腹了吗？当然不能。他们也要拍叫买来转卖给一般人，过一下手，从中便可赚一些钱。所以他们拍下的东西非千便宜、万便宜，决不会拍下来的。他们心目中认为最热门的货色，还是化妆品、花边、假首饰、鞋帽袜带等之类。在马路上设着摊头大喊其"唉！叫货行情叫货卖，再要便宜买勿着……"的东西，即是此种货色。闲来无事，到这些地方去踱踱倒也无妨，好在"叫货店"老板很欢迎你们去看，壮壮他的声势。货色繁多，记不清多少，可以讨一张"考贝"来看，一面"有要呒紧"的看着，一面却听着台上的叫喊。如果遇到心爱的东西，便可参加竞拍，不过先预定一个数目，到一定的价格便放弃，不同他们竞价，就显得出你是此中的"老居"。

《拍叫货》

❖ 郁慕侠：露天通事

二十年前的露天通事，人数很多，生意也很好。究竟露天通事是怎样一种生意呢？就是外国人到城内南市去游玩或购买东西，他们作毛遂自荐，担任向导和翻译，末了，或在购物店铺中拿取回佣，或由外国人给予酬金。他们无固定的地点，只在南市各口跑来跑去，瞧见外国人进来了就上前去兜搭，自告奋勇担任舌人职务，此"露天通事"之所以得名。从前依此为生的也有二百多人。现下这项生意已大不如前。因为近来的外国人大都精通沪语，进城游玩和购买东西一概直接交谈，无须舌人，故此业露天通事的人数也就大减特减了。

《上海鳞爪》

❖ 黄影呆：驾校

你想学开汽车，就贵在实习，而当你想实习的时候，除了可跟熟识的汽车夫学习外，也可直接加入汽车学校去学习汽车的驾驶法。在上海这都市里面，也有着好多汽车学校。这种汽车学校，教室是没有的，只要挂出了一块"××汽车学校"的招牌，就可招收学开汽车的人。如果你自己没有租着房子，附设在朋友那边，也未始不可。所以我们在街头巷尾，常会发现有汽车学校牌子挂在小弄堂口，甚至一种修理汽车零件的店门口，也挂着这种牌子。但汽车学校虽不需要课室，几个会驾驶汽车的教师，几辆实习用的汽车——自然是老爷汽车，甚至是1920式的篷车是必要的。

上课的地方就在僻静的马路旁边，像西区的大华路上，每天有人在学习驾驶汽车。时间是在老清早，几个穿西装或工装的教师，几辆老爷汽车，学习开汽车的人在听他们指挥。起初是由教师开车，学的人坐在旁边，对各种机件的使用熟习了，才由学生独自驾驶。而最后竖了许多铁梗在马路角子上，代替狭弄，学习转弯、倒车、开进弄堂等各种技巧。直到什么都会了，能够考到照会，才算毕业。这样找到机会替人开车，工薪至少三十元一月，还有外快，可靠开汽车活命了。

这种汽车学校，你要去学开汽车，以前学费只要二十元，现在因为汽油贵了，听说也要四五十元，毕业的期限是两个月。不很愚笨的，大概每天早上去学习两三小时，经过两个月总会开车了。不过汽车学校里面，也有一部分是包你学会的，就是照章付了学费，到你会独自开车、考到驾驶执照为止，不另再收费用。但另一面，这时间当然也有相当的限制，否则一直学不会，要耗去许多汽油，连交的学费都不够本，蚀本生意不会有人做的。

《不需课桌的学校》

▷ 20世纪30年代，上海的出租汽车行

❖ 黄影呆：口琴学校的出现

口琴在中国人看来，本是孩子们的玩具，但若干年前，忽然有人把口琴当作一种音乐器物，把口琴的吹奏方法，像艺术样的重视。大约在民国十五年北伐时代前后，有很少的几个人练就了一手吹口琴的技巧，不时在游艺会里当众表演，博得不少好评。这样一来，人们就认识了口琴在音乐艺术上的价值，而最初研究口琴的几个人就创办了口琴学校。名义上不叫学校，而称口琴会，但事实上是训练吹口琴的方法的场合。会费每月一元或两元，也就是学费了。因为所费无几，所以报名加入口琴会去学习吹口琴的人，也一年多似一年，不但男子，就是少女们去学习的也是不少。

开设口琴学校，也不必有学校的设备，只要租下一间房子，放些长凳、桌椅，就可开班。好在学吹的人，口琴自己带来，只要教授各种吹法，分些歌谱给他们就是了。经过一两个月之后就会吹奏。受过训练的比自己学会的当然胜过一筹，会把口琴吹得非常好听，有梵哑铃的音调。几年来为了有口琴学校的出现，的确也造成过不少口琴的人才。

目前上海有着三处学校性质的口琴会，另外更有若干研究学术性质的团体附设口琴班。虽然每月的学费只区区一两元，但自早上起到夜晚为止，时间也一随学员之便，每天要分不少班，所以收入倒也相当可观，很能维持下去呢！而且像口琴之类，更有若干基本会员，每月出了会费，时常去吹奏，甚至合了全班的会员到电台上去广播，对于口琴的兴致也非常浓厚呢！

《不需课桌的学校》

❖ 黄影呆：女理发师

女理发师在上海已成了过去，女子理发店也不看见了许久，但女理发师的印象，却还深深的刻在我脑际。大概已是十年之前了吧，就在革命军北伐占领上海之后，隔得不久，上海出现了一个女光公司，约摸设在法租界巴黎大戏院的相近。所谓女光公司是一群年轻的姑娘，专为人们理发的，不但女人，男子也可进去请姑娘们理发的。

开办女光公司的，据说是一个从事妇运的女人。她先办了一个学校，训练女理发师，每班经过了三个月的训练，能够替人理发了，才开办这个女光公司。所有报名入学，受理发训练的全是十七八、廿二三的姑娘，而有高小毕业以上程度的。先后开办了两三班，除了一部分在女光公司服务外，有的据说远走南洋，到华侨荟萃的地方去从事理发的工作。

谁都知道，那时为了北伐成功的关系，女子的剪发之风盛极一时。但不像现在，女子的里面，有一部分剪去了头发之后，到普通的理发店里去请男理发师理发，不免有些不惯。尤其是怕羞的女子，格于男女授受不亲的旧礼教的束缚，给陌生的男子摸头摸脸，任意抚摩，多少有些那个。听说有女理发师，彼此是同性，当然比较适合，无所畏缩了。

同时男子的里面，听说有妙龄女子替人理发，也是免不了会有人好奇起来，去光顾一次。有不相识的少女替你梳洗头发、修面、摩身，也是人生的快事。所以在这种情形之下，女子理发店会有一部分男女主顾走上门去理发，乃所必然。哪知事实却和理想相背，那个女光公司只开了十足的四个半月，就宣告清理，关门大吉。

我为了好奇，也曾到女光公司去理过一次发，里面的设备的确相当的美艺，尤其是仰面洗脸，备有特种洗脸器，是别个理发店所没有的。一般的女理发师，个个年轻貌美，穿着洁白的制服，替你理发的时候落手轻软，没有男理发师的急躁和重手重脚，会让人感到女人替你理发，要比男子舒服。但定价是相当贵的，剪发、修面和洗头等，都以每项计算取价，所以你走得进去，理一次发，就非花一元以上的代价不可。大概女光的寿命短促，定价的过高也确是一大原因，究竟很少有人舍得花一元开外的钱去理发的。至于地段的不适宜，当然也是原因之一，那时法租界巴黎大戏院的一段，是远没有今日的热闹。

女光公司关门以后，读者如果不是健忘的话，也许还可记得四马路的神仙世界，底下的一层有一家神仙理发所，里面所有的理发师也全是年轻的姑娘。玻璃窗内，用白色的纱帘挂着，行人走过，只隐约地可以看出店堂里面，那些女人正在忙着替人理发。定价也相当的贵，走得进去，非花一元不可。只是地段是相当热闹，所以顾客倒并不少，能够维持下去。一直到神仙世界关了门，这家仅有的女子理发店才跟着寿终正寝。据说神仙的一部分女理发师，就是当初女光公司训练出来的。从此在上海这都市里，就不再有女子理发店的存在了。

《从女子理发说到女子擦鞋》

❖ 黄影呆：女子擦鞋公司

如今的都市里面，西装的男人，摩登的姑娘，不必说，每人都穿着皮鞋，就是不穿西装的男子、不十分摩登的姑娘，皮鞋呢，也十九是常穿的。穿了皮鞋，自必免不了要用鞋油揩擦，否则暗钝无光。而擦皮鞋也是一件麻烦的事，揩擦一次，弄得不好，就两手鞋油。家里雇有佣役的，这件事情当然不必自己做，但比较笨些的佣役还擦不来，连皮鞋都被他们擦坏。

至于没有佣役的，那不必说自然非自己揩擦不可了。

然而"八一三"之后，上海这都市之中，不知又被谁想出了一种新型的妇女职业。也许是看上了这一点，有许多人擦皮鞋感到麻烦、讨厌，而开办起女子擦鞋公司起来。你有皮鞋，穿在足上可以走到她们那边去擦亮，每次的代价是五六分。但擦得再考究一些，也要一角开外。不拘黑皮、白皮或黄皮，都可用鞋油或鞋粉替你擦白或擦亮，而且替你擦鞋的全是女人。

所谓女子擦鞋公司，租了一间很狭浅的门面，玻璃橱内陈列着几双皮鞋和若干鞋油，里面陈设着克罗米的沙发。几个女人年纪都是很轻，穿着白色或其他颜色的一式衣服。你走得进去，她们会替你把皮鞋脱将下来，照了你皮鞋的颜色，用鞋油或鞋粉很快地替你擦亮，好像是受过擦皮鞋的特殊训练的。鞋子擦亮了，替你穿到脚上，会过了钞，更含笑地送你到门口，说声再会，下次再请过来。

上面说过，女人多少有些神秘，而女子的擦皮鞋，当然也不致例外，多少可诱致一班好奇的人去作一度尝试。花不上几分钱，有年轻的姑娘替你把皮鞋擦亮，在某一种男子是以为值得的，何况和女子理发相形之下，所费的钱差得多哩，任何人都可去尝试一回。所以女子擦鞋的新兴事业，是有着相当的前途。记得最初只是新新公司后面一家女子擦鞋公司，最近静安寺路近斜桥总会的一段和广西路近二马路的转角，又新开了两家。那么谁又敢说今后的上海，不会再有若干女子擦鞋公司出现呢？

《从女子理发说到女子擦鞋》

❖ 郁慕侠："丢圈"

游戏场里有一种摊头，似赌博而非赌博，其法横列长桌一二只，桌上罩以布单，杂陈钟表用品和各种玩物，每物旁边竖立尺许铁签，距离长桌五六尺地方围绕绳栏。有人在栏外手拿木圈出卖，每一毛钱可购若干圈，立在栏外远远丢掷，木圈套中铁签，即能得彩，譬如套在钟旁的铁签，即得钟一只，其余依此类推，不过很不容易掷中。此种玩意名叫"丢圈"，又叫"套圈"。

其实此项玩意儿创始很久，五十年以前已有发现了，不过当时没有游戏场，大都租赁空屋一间，屋内陈设如现下一样，每圈只卖钱十文。后来生意兴隆，争相开设，多至几十家，乃经官厅取缔，才各收场闭歇。

《上海鳞爪》

◈ 郁慕侠：冲鸟

豢养禽鸟，本是有闲阶级的玩意儿，骨子里并充满着快乐主义。养鸟的人总是唱戏的伶人和没有职业的白相人，以及靠着老子享福的小开（即店铺中的小主人）这几种人为多。但是养了鸟，天天要冲鸟的。天色刚刚明亮，他们就要拎着鸟笼，到跑马厅竹篱外面，或是手里拎着，或是挂在树枝上面，这就叫"冲鸟"。那时候百鸟齐鸣，鸟声啁啾，豢鸟人凝神一志的静听着叫，大有万事不管，只求悦耳之概。

六马路西头有一家龙园茶馆，开设迄今已有好几十年了，这爿茶馆差不多早已变成养鸟人的俱乐部。茶馆里边，里里外外挂满着鸟笼，因为养鸟人冲鸟以后，还须到龙园去喝几口茶、谈几句天，享乐一回，才打道回去。还有城隍庙里两家乐意、赏乐茶馆，也和龙园一样为养鸟人集会地点。楼下开设点心店，楼上却满挂着鸟笼，因为住在南市区的养鸟人都在城隍庙里冲鸟的。除此以外，别的冲鸟地方虽有，总是稀疏零落，比较跑马厅和城隍庙两处则相去远了。

《上海鳞爪》

❖ 郁达夫：上海的茶楼

上海的茶楼，情形却有点儿不同，这原也像人口过多，五方杂处的大都会中常有的现象，不过在上海，这一种畸形的发达更要使人觉得奇怪而已。

上海的水陆码头，交通要道，以及人口密聚的地方的茶楼，顾客大抵是帮里的人。上茶馆里去解决的事情，第一是是非的公断，即所谓吃讲茶；第二是拐带的商量，女的跟人逃走，大半是借茶楼为出发地的；第三，总是一般好事人的去消磨时间。所以上海的茶楼，若没这一批人的支持，营业是维持不过去的，而全上海的茶楼总数之中，以专营业这一种营业的茶店居五分之四；其余的一分，像城隍庙里的几家，像小茶场附近的有些，总是名副其实，供人以饮料的茶店。

▷ 春风得意楼

譬如有某先生的一批徒弟，在某处做了一宗生意，其后更有某先生的同辈的徒弟们出来干涉了，或想分一点肥，或是牺牲者请出来的调人，或者竟系在当场因两不接头而起冲突的诸事件发生之后，大家要开谈判了，就约定时间，约定伙伴，一齐上茶馆里去。这时候，聚集的人，自然是愈多愈好，文讲讲不下来，改日也许再去武讲的，比他们长一辈的先生们，当然要等到最后不能解决的时候，才来上场。这些帮里的人，也有着便衣的巡捕，也有穿私服的暗探，上面没有公事下来，或牺牲者未进呈子之先，他们当然都是那一票生意经的股东。这是吃讲茶的一般情形，结果大抵由理屈者方面正惠茶钞，也许更上饭馆子去吃一次饭都说不定。至于赎票、私奔，或拐带等事情的谈判，表面上的当事人人数自然还要减少；但周围上下，目光炯炯，侧耳探头，装作毫不相干的神气，或坐或立地埋伏在四面的人，为数却也决不会少，不过紧急事情不发生，他们就可以不必出来罢了。从前的日升楼，现在的一乐天、全羽居、四海升平楼等大茶馆，家家虽则都有禁吃讲茶的牌子挂在那里，但实际上顾客要吃起讲茶米，你又哪里禁止得他们住。

除了这一批有正经任务的短帮茶客之外，日日于一定的时间来一定的地方作顾客的，才是真正的卢仝陆羽们。他们大抵是既有闲而又有钱的上海中产的住民；吃过午饭，或者早晨一早，他们的一双脚，自然走熟的地方走。看报也在那里，吃点心也在那里，与日日见面的几个熟人谈推背图的实现，说东洋人的打仗，报告邻右一家小户人家的公鸡的生蛋也就在那里。

物以类聚，地借人传，像在跑马厅的附近，顾客的性质与种类自然又各别了。上海的茶店业，既然发达到了如此的极盛，自然，随茶店而起的副业，也要必然地滋生出来。

第一，卖烧饼、油包以及小吃品的摊贩，当然，城隍庙的境内的许多茶店，多半是或系弄古玩，或系养鸟儿，或者也有专喜欢听说书的专家茶客的集会之所。像湖心亭、春风得意楼等处，虽则并无专门的副作用留存着在，可是有时候，却也会集茶客的大成，坐得济济一堂，把各色有专门嗜好的茶人尽吸在一处的。至如有女招待的吃茶处，以及游戏场的露天茶棚之类，内容不同是等于眉毛之于眼睛一样，一定是家家茶店门口或近处都有的。

第二，是卖假古董小玩意的商人了。你只教在热闹市场里的茶楼坐它一两个钟头，像这一种小商人起码可以遇见到十人以上。

第三，是算命、测字、看相的人。

第四，这总算是最新的一种营业者，而数目却也最多，就是航空奖券的推销者。至如卖小报，拾香烟蒂头，以及糖果香烟的叫卖人等，都是这一游戏场中所共有的附属物，还算不得上海茶楼的一种特点。

《上海的茶楼》

❖ 郁慕侠：捏脚

吾们居在地气潮湿的上海地方，不论男女多患着湿气。湿气之最普遍者，左右两脚的脚趾缝终年发痒，不过仅仅发痒。本无大碍，进一步的却要腐烂肿痛，那对不起就会举步维艰，不能行路了。因此患脚趾痒的人到了浴室里去洗澡，洗好以后，堂倌就要替你捏脚，真正湿气浓重的还要叫扦脚匠用小刀子来刮上一刮，才觉适意。

凡做堂倌的多会捏脚，究竟这捏脚怎样捏法呢？浴客躺在榻上，他坐在小凳下，用一条干毛巾替你抽丝剥茧般在那脚趾缝里横捏竖擦，这就是捏脚。湿气重的人，末了还要用滚开水里浸过的毛巾烫上一烫，才觉有趣。讲到这个玩意，虽属小道，其技艺却大有分别，因为工作时候轻重疾徐因人而施（分湿气轻重之别），能使你感到一种很有趣味的快感。如果技艺不精的堂倌不明轻重疾徐之法，一概乱捏乱擦就算毕事，那非但得不到一些快感，反而要感着不能止痒了。

住在北省高燥地方极少患湿气病的，但是到了上海连居几个月后，他一双尊脚自然而然会痒起来了，到了这个时候去洗澡，非叫堂倌替你捏一捏，就要感到一百个不适意。这是地气关系，要想免除也没法免除哩！市上的按摩院，他们本以按与摩为号召，现下因为捏脚的需要，大多数也加上捏脚一门了。

《上海鳞爪》

❖ 王汝珍、卫元声：上海西服业鼻祖——荣昌祥

荣昌祥呢绒西服号，是上海第一家矗立在南京路上的有规模、有声誉的男式呢绒西服号，创设于1910年。辛亥革命后，中外客商云集上海，南京路商业区逐渐扩大，向西延伸，市肆逐步增加，日趋繁荣。店主审时度势，扩建房屋，改建成3层建筑，底层为10开间门面，装修得富丽堂皇，颇具吸引力。随着西风东渐，西服流行日盛，荣昌祥得天时、地利、人和三项条件，又加经营有方，业务急剧上升。

荣昌祥的经营特色是能够随着国际上西服款式的变化，及时适应新潮流，不惜花费外汇直接向英国长期订购西服样本，供顾客选样参考。同时聘请来自日本、朝鲜、海参崴等地的著名华工裁缝，进工场指导生产，精工细作，讲究款式，注重质量。备货方面，大多数是进口舶来呢绒（当时尚无国产呢绒），通过怡和、孔士、天祥、石利洛等洋行，向英国、意大利等厂商定货。由于备货充足，花色众多，许多居沪外侨均乐于光顾。有些外侨归国，也定做一批西服带去。因为在上海做的西服，面料质量好，做工考究，出同样的价格，在国外是买不到的，因此，荣昌祥这块牌子，越做名望越高，近悦远来，名噪一时。南京、北京、天津、青岛、广州、厦门等地顾客，纷纷来沪选料定制。

《上海西服业鼻祖——荣昌祥》

第六辑

老上海十里洋场的
市井交响曲

❖ 鲁迅："吃白相饭"

要将上海的所谓"白相"，改作普通话，只好是"玩耍"；至于"吃白饭"，那恐怕还是用文言译作"不务正业，游荡为生"，对于外乡人可以比较的明白些。

游荡可以为生，是很奇怪的。然而在上海问一个男人，或向一个女人问她的丈夫的职业的时候，有时会遇到极直截的回答道："吃白相饭的。"听的也并不觉得奇怪，如同听到了说"教书""做工"一样。倘说是"没有什么职业"，他倒会有些不放心了。

"吃白相饭"在上海是这么一种光明正大的职业。

我们在上海的报章上所看见的，几乎常是这些人物的功绩；没有他们，本埠新闻是决不会热闹的。但功绩虽多，归纳起来也不过是三段，只因为未必全用在一件事情上，所以看起来好像五花八门了。

第一段是欺骗。见贪人就用利诱，见孤愤的就装同情，见倒霉的则装慷慨，但见慷慨的却又会装悲苦，结果是席卷了对手的东西。

第二段是威压。如果欺骗无效，或者被人看穿了，就脸孔一翻，化为威吓，或者说人无礼，或者诬人不端，或者赖人欠钱，或者并不说什么缘故，而这也谓之"讲道理"，结果还是席卷了对手的东西。

第三段是溜走。用了上面的一段或兼用了两段而成功了，就一溜烟走掉，再也寻不出踪迹来。失败了，也是一溜烟走掉，再也寻不出踪迹来。事情闹得大一点，则离开本埠，避过了风头再出现。

有这样的职业，明明白白，然而人们是不以为奇的。

"白相"可以吃饭，劳动的自然就要饿肚，明明白白，然而人们也不以为奇。

但"吃白相饭"朋友倒自有其可敬的地方，因为他还直直落落的告诉人们说，"吃白相饭的！"

《"吃白相饭"》

▷ 上海北四川路北端的"北川公寓"，鲁迅曾在此楼居住

❖ 鲁迅：喜欢"揩油"的卖票人

"揩油"，是说明着奴才的品行全部的。

这不是"取回扣"或"取佣钱"，因为这是一种秘密；但也不是偷窃，因为在原则上，所取的实在是微乎其微。因此也不能说是"分肥"；至多，或者可以谓之"舞弊"罢。然而这又是光明正大的"舞弊"，因为所取的是豪家、富翁、阔人、洋商的东西，而且所取又不过一点点，恰如从油水汪汪的处所，揩了一下，于人无损，于揩者却有益的，并且也不失为损富济贫的正道。设法向妇女调笑几句，或乘机摸一下，也谓之"揩油"，这虽然不及对于金钱的名正言顺，但无大损于被揩者则一也。

表现得最分明的是电车上的卖票人。纯熟之后，他一面留心着可揩的客人，一面留心着突来的查票，眼光都练得像老鼠和老鹰的混合物一样。付钱而不给票，客人本该索取的，然而很难索取，也很少见有人索取，因为他所揩的是洋商的油，同是中国人，当然有帮忙的义务，一索取，就变成帮助洋商了。这时候，不但卖票人要报你憎恶的眼光，连同车的客人也往往不免显出以为你不识时务的脸色。

然而彼一时，此一时，如果三等客中有时偶缺一个铜元，你却只好在目的地以前下车，这时他就不肯通融，变成洋商的忠仆了。

在上海，如果同巡捕、门丁、西崽之类闲谈起来，他们大抵是憎恶洋鬼子的，他们多是爱国主义者。然而他们也像洋鬼子一样，看不起中国人，棍棒和拳头和轻蔑的眼光，专注在中国人的身上。

"揩油"的生活有福了。这手段将更加展开，这品格将变成高尚，这行为将认为正当，这将算是国民的本领，和对于帝国主义的复仇。打开天窗说亮话，其实，所谓"高等华人"也者，也何尝逃得出这模子。

但是，也如"吃白相饭"朋友那样，卖票人是还有他的道德的。倘被查票人查出他收钱而不给票来了，他就默然认罚，决不说没有收过钱，将罪案推到客人身上去。

《"揩油"》

❖ 不才子：洋装的笑话

民国成立之初，洋装风行于时，有多数老先生，亦制一袭西装，以资点缀。然大抵穿不惯，遂至束缚不自由。最可笑者，余尝见一老先生着西装，不惯穿皮鞋，乃代以中国旧式双梁鞋，见者莫不以为怪现状云。又不论中西装，其衣裤皆量定人身之长短肥瘦而制。而制西式衣服，则比制中国衣服其尺寸更为精密。故西装绝端不能甲服乙着，而乙服丙着。然余见有买他人之旧西装而着之者，长短肥瘦，相去甚远，而其人不以为怪。或谓此皆外国舞台上之滑稽角色也。

《洋装的笑话》

❖ 济群：大出丧之种种

上海自从盛杏荪大出丧一番热闹之后，风气为之一变，顿然成了个出丧世界。这两年来，差不多常常可以有大出丧看见。上海人的眼福，真真不浅啊！

我看了多次大出丧之后，仔细把有大出丧资格的人物，研究一下，确可分做四种：第一种是民国伟人，同现任的长官；第二种是富商巨贾，而新鲜财东尤其欢喜出风头；第三种是前清遗老；第四种却是帮匪头目，就是俗名叫做"老头子"的。

我想第一种，他们都挟着丰功伟绩，极应该生荣死哀，大大的排场一番，给国民做做榜样。第二种他们有的是七钱三，子孙念他挣来时的辛苦，临末来一个也不能带去，于是在他面上花费花费，一则散散福，为死者积功德，二则摆摆阔气，使人家羡慕羡慕，为生者争面子，倒也未可厚非。第三种他们在前清时，费了九牛二虎之力，去刮地皮，刮来的钱财，除给姨太太贴拆白党，同子孙嫖赌之外，尚有余力，咽了气，不妨也闹闹阔绰，把前清的衔牌，同皇太后赐的福字哩、寿字哩，一件件搬出来，显显过时威风，也还不能说他不是。只是第四种，他们身为帮匪，原干法纪，何以竟然也配大出其丧呢？真是令人百思不得其解了。

然而近来，"老头子"为他老娘或是为他妻子大出其丧的，竟然数见不鲜。官厅不但不加干涉，反派了几名蒙着虎皮的爪牙，也杂在出丧队里大兜圈子。大约这中间必有特别的原因罢。我倒要请知道此中原委的先生们指教指教哩。

《大出丧之种种》

❖ 汪仲贤：拆白党

前清光绪末叶，上海租界河滨尚未填没，南北泥城桥之间，有一湾流水，几架木桥，岸边栽着几枝杨柳，风景美丽，地方幽僻，那时有一部分马路英雄啸聚其间，人称珊家园弟兄，他们虽不敢打家劫舍，却也打架拆梢，争风吃醋，称雄一时，别人不敢撄其锋。

这班小弟兄全靠"拆梢"度日，拆者朋分也，梢者，梢板也。上海流氓称银钱曰"梢板"，拆梢也者，朋分钱财之谓也。与近日流行的"劈巴"意义相同。但在当时并不照字面解释，一般社会皆以"拆梢"代表敲诈钱财，已失却古义了。

当初小弟兄向人索诈，名为"拆梢"，其实并不向人索取金钱的酬报，因为小弟兄中很有几位有小开资格的人，他们与人"斗狠劲"，"讲斤头"，无非想冒"出道"而已。性质颇似未下海的票友，目的只有"扎面子"，金钱还在其次。

他们占了胜利以后，便要求战败的对方摆几桌酒席，请小弟兄们吃喝一顿，以示惩罚，他们的术语叫做"拉台子"，台子拉得越多，面子扎得越足，他们"拆梢"的结果，就是吃一顿"白食"。"拆白"二字乃是"拆梢"与"白食"的简语。

他们的事务日益发达，而肚子的容量有限，每天有五六顿以上的白食，大家就不胜其吃，于是就想了一个干折的办法，用钱折算酒席费，直到现在，还留传着这种风气。流氓拆梢，并不向人索钱，美其名曰"拉台子"。

拆白成党以后，拆白二字又有一种别解，因为拆白党多半是翩翩少年，吊膀子也是他们的重要党务，那时舶来品的雪花粉流行未久，党员人人乐用，皮肤擦得雪白，外人不擦，以为他们都是傅粉何郎，拆白云者，系指"擦白"而言，故拆白党亦称"雪花粉党"。拆白党的党纲是奉行"三白主义"，那三白就是吃白食，看白戏，睡白觉；所谓睡觉，并非寻常的睡眠，乃专指与女人性交。他们嫖妓宿娼，亦不名一钱，略诱良家妇女，更不必说了。

拆白党啸聚之所，最初是茶馆，三马路文明雅集曾一度做过他们的茶会，以后逐渐迁高地位，由茶馆而至菜馆，拉台子多在得和馆，由小栈房而至大旅馆。年来开公司房间的风气大盛，这个制度也是拆白党发明的。

后来拆白党的声势大盛，连外埠都知道这个名称了，凡属吊膀子和骗人财物的案件，全国皆称为拆白行为。拆白党已成为一个专门名词，而上海的一班拆白元老早已烟消云散，不知所终了。

《拆白党》

❖ **夏丏尊：便捷的黄包车**

自从到上海做教书匠以来，日常生活中与我最有密切关系的要算黄包车了。我所跑的学校，一在江湾，一在真茹，原都有火车可通的。可是，到江湾的火车往往时刻不准，到真茹的火车班次既少，车辆又缺，十次有九次觅不到座位，开车又不准时，有时竟要挤在人群中直立到半小时以上才开车。在北站买车票又不容易，要会拼命地去挤才可买得到手。种种情形，使我对于火车断了念，专去交易黄包车。

每日清晨在洗马子声里掩了鼻子走出宝山里，就上黄包车到真茹。去的日子，先坐到北站，再由铁栅旁换雇车子到真茹。因为只有北站铁栅外的黄包车夫知道真茹的地名的。江湾的地名很普通，凡是车夫都知道，所以到江湾去较方便，只要在里门口跳上车子，就一直会被送到，不必再换车了。

从宝山里的寓所到真茹需一小时以上，到江湾需一小时光景，有时遇着已在别个乘客上出尽了力的车夫，跑不快速，时间还要多花些。总计，我每日在黄包车上的时间，至少要二小时光景，车费至少要小洋七八角。时间与经济，都占着我全生活上的不小部分。

▷　街头的黄包车

听说吴稚晖先生是不坐黄包车的。我虽非吴稚晖先生，也向不喜欢坐黄包车，当专门坐黄包车的开始几天，颇感困难，每次要论价，遇天气不好，还要被敲竹杠，特别是闸北华界，路既不平，车子竟无一辆完整的，车夫也不及租界的壮健能跑，往往有老叟及孩子充当车夫的。无论在将坐时、正坐时、下车时，都觉得心情不好。不是因为他走得慢而动气，就是因为他走得吃力而悯怜，有时还因为他敲竹杠而不平。至于因此而引起的对于社会制度的愤懑，又是次之。

可是过了一两个月以后，我对于一向所不喜欢的黄包车，已坐惯了，不但坐惯，还觉到有时特别的亲切之味了。横竖理想世界不知何日实现，汽车又是不梦想坐的，火车虽时开时不开，于我也好像无关，我只能坐黄包车。现世要没有黄包车，是不可能的梦谈。没有黄包车，我就不能妓女出局似的去上课，就不能养家小，我的生活，完全要依赖黄包车，黄包车才是我的恩人。

《黄包车礼赞》

❖ 郁慕侠：黄包车广告

广告事业日新月异，常常有匪夷所思的新发明。至车辆上的广告，火车、电车和公共汽车施行已久，已为司空见惯之事。去年某某广告公司创办黄包车上广告，在车帐后面缀有纵数寸、横数尺之玄布一条，用白粉写之，颇为别致，又极显明。但一般商家多谓这种广告虽很触目，唯缺点在于车行过快，如走马看花，不易收相当效力，大都不愿登载。故黄包车广告自起初至消灭只半年许，今也成为过去的陈迹了。

《上海鳞爪》

❖ 夏丏尊："关店"的幌子

走到街上去，差不多每一条马路上都可以见到"关店在即拍卖底货"的商店。这些商店之中，有的果然不久就关门了，有的老是不关门，隔几个月去看，玻璃窗上还是贴着"关店在即拍卖底货"的红纸，无线电收音机在嘈杂地响。

商店号召顾客的策略，向来是用"开幕""几周年纪念""春季""秋季"或"冬至"等的美名来做廉价的借口的，现在居然用"关店"的恶名来做幌子了。有的竟异想天开，并不关店，也假冒着关店的恶名。最近在报上看见一家皮货铺的"关店大贱卖"的大幅广告，后面还附登着某律师代表该皮货铺清算的启事。这大概因为恐怕别人不信他们的关店是真正的关店，所以再附一个律师代表清算的广告，表明他们真是要关店了，并不假冒。

在上海，关店的话寻常叫做"打烊"。如果你对某商店的人问："你们晚上几点钟关店门？"那店里的人就会怪你不识相，说不定会给你吃一记耳光。凡是老上海都懂得这规矩，不说"你们晚上几点钟关店门"，改说"你们晚上几点钟打烊"。因为"关店"是不吉利的话。这一向讨人厌恶的"关店"，现在居然时髦起来了，关店的坦白地自己声明"关店"，不关店的也要借了"关店"来号召，甚至还有怕别人不肯相信，在"关店"广告上叫律师来代表清算，证明关店的实。商业上一向怕提的"关店"一语，到今日差不多已和废历除夕所贴的"关门大吉"一样，是吉祥的用语了。这一个月来，我们日日可以在报上看到关店的广告，有银行，有钱庄，有公司，有各式各样的店。他们所说的话，千篇一律地是"本店受市面不景气影响，以致周转不灵……"的一套。说的人态度很坦然，毫不难为情，我们看的人也认为很寻常，觉得并无什么不该。似乎彼此之间，已自然而然地发生了一种默契了。

这默契如果伸说起来，范围实在可以扩充得很广。大学生毕业了没事做，社会上认为当然，本人也不觉得有什么可怪。工人、商人突然失业了，亲友爱莫能助，本人也觉得无可如何，只好挨了饿来忍耐。房租好几个月付不出，住户及邻居都认为常事，房东虽不快，近来也只能迁就，到了公堂上，法官因市面不好，也竟无法作严厉的判断。穷困，走投无路，已成为现世的实况，彼此因了境况相似和事实明显，成就了一种道德、习惯等等，在这默契之下，恐将不能再维持它的本来再过几时，也许"穷""苦"等可憎的话会转成时髦漂亮的称谓呢。

《一种默契》

❖ 易人：乞丐的套路

我没有到上海之前，总以为上海仿佛是一座象牙塔，或是镀金的城。然而，到现在我已认清"如此这般"的上海了，是个藏垢纳污的地方。里面有很多不可告人的"五花八门"，连乞丐也有种种的阶级，种种的派别，有幸运与不幸运。使非圈内人真要莫名其"土地庙"呢！有技术的，有欺骗的，有使力的，有会吹会唱的，都具着相当的艺术化，如果要在上海做个乞丐倒也不容易的！

有种恐吓性的乞丐——"开天门"，他们挨户地求乞着，倘使人家不给钱，他们便显出拿手好戏，从衣袋里摸出一把刀来，把额上割上一刀，使鲜血向外直流。他就昏昏沉沉的倒在门口，佯装着不能动弹的样子，等到人家给很多钱的时候，他跑了。

有一种用四五根的铁钩子，等人家不肯给钱的时候，便来这么一套，一根根的向着鼻孔里塞进去，清水直淌，"恶形恶状"，使人见了讨厌；而在他呢，唯恐人之不讨厌，因非如此钱不能到手也。

有一种用一把锈钝的短剑往喉管里直刺，脖子都给绷得直直的，脸孔撑得绯红，真要吓死人呢！

还有一种卖冷面的或馄饨的担夫，把他的担子故意倒了，担旁碎着破的碗碟，流满水浆，脚旁还有着香蕉皮一类的东西，当是跌跤证据，在人丛里号啕大哭。

《乞丐"皇帝"》

❖ 易人："乞丐皇帝"

这里有一种乞丐可说是幸运之极了，出众丐之头地，丐中之"皇"，不是像上述的种种乞丐，或是强讨，便是软诈。他们运用着灵活的脑筋，专在南京路上的各大公司门前，看阔少公子、太太奶奶，坐了自备汽车到公司，或入跳舞场，或进咖啡馆。他们就早早注意到这辆汽车的照会号码、主人的面貌等。坐汽车的主人由公司或舞场、咖啡馆出来时，早已打发人去把汽车喊来，而且很殷勤地把车门开开，请坐车阔少们进去。等汽车门关好后，便来几声恭维话，讨点"赏赐"。阔少一伸手起码法币两毛，有的阔小姐会给一块钱也不一定，所以进益很好。可谓"乞丐皇帝"，受之而无愧了。

这些乞丐的聪明一等，不但是"巴结"阔少或小姐奶奶，而且还会和汽车夫交际，敬烟擦火、"爷叔"乱叫，弄得车夫不好意思拒绝。同时汽车夫也想利用他们，可以把汽车交给这些人照料，自己可以溜出去揩油白相相。到差不多时，他们便悄悄地招呼汽车夫去等小姐阔少出来。你想没有一点"颜色"，倒是难以胜任的。

《上海生活》

❖ 沈念贤："告地状"

旧上海有一种最时髦乞讨行为，就是"告地状"，有单档的，也有双档的，以家庭成分高贵而沦落及书香出身被逼落难作标榜。行乞者低头直跪路旁，身边放一张大白纸，纸上毛笔书写姓名出身经历及遭遇苦境等，或用粉笔当场写在地上。有中文的，也有短短的一篇洋文状纸，字迹清秀漂亮，吸引路人。知识分子遭难，最能博取同情。

其实告地状者十有八九是职业化乞丐，他们事先必须狠下苦功，练字熟背文稿，文稿系代笔，只此一篇读得滚熟，再也不会重写第二篇了。他们还必须口齿伶俐，耳目玲珑，见貌辨色，会说能道，能受盘问而不出漏洞，善于热泪盈眶的表演，务使善心人难识真假，此确也称为行乞之绝招。

▷ 街头乞丐

旧社会的穷书生一股酸气，穷虽穷，还要打肿面孔充胖子，死也不愿斯文扫地的，上海滩哪来那么许多的知识分子告地状？

这批告地状类的乞讨方式被称为"哀党"，其效果是最能获得人们的悯怜与同情，所以群起而学之，"告地状"是时髦的乞丐类。

《旧上海滩上的瘪三和乞丐》

❖ 郁慕侠："索利市钱"

平常乞丐在路上向人索钱，探捕瞧见就要驱逐，或拘到捕房里去惩治，或逐出界外，唯大除夕晚上到初四为止，任他们乞讨，不来干涉。故这几天的马路上，男女乞丐成群结队的向人索钱，不给不休。他如里巷之间库门之前，更为若辈的集中地点。一过初四，却又不能公开地乞讨了。还有一种下层民众，临时结合五六人或七八人，为首的人拎了一盏长柄灯笼，其他各拿乐器一枚（如锣鼓铙钹之类），瞧见人家谢年或接路头当口，他们蜂拥而来，边唱边敲，倘不给予银钱，他们更敲得响，唱得劲，另外啰唝喧闹，不给不止，起码须给予小银角数枚，才一哄而去。他们的名目叫"索利市钱"，他们敲的是没有节奏的锣鼓，唱的是没有腔调的胡诌。据说他们向人家索钱也有规矩，如谢年接路头，人家门口不挂灯笼，即不来索取；挂了灯笼，不客气的就要上门。这种人虽非叫化，其实也是一种冠冕的乞丐罢了。

《上海人的过年忙》

❖ 江湖：街头的露天舞台

最普通的要算露天舞台的演出者了，露天舞台是最接近民众的艺术。从前虹口的虹江楼、下海庙有多才多艺的演员先在地上用着粉笔划了一个大圆圈子，并且很熟练地写"平地舞台"的镂空字。然后操起京胡，拉一阵"柳青娘"，这也是开场锣。纳凉的小市民不期然而然的会聚集，团团围起来。苦中作乐的"露天舞台"以夏季最盛，现在演出的地点以沪西的曹家渡、法租界的南洋桥、英租界的新闸路等空地上居多，还有弄堂里也有发现。

露天舞台的演员，真是件件皆能，五花八门，包罗万象，这样多才多艺的艺术家，落得这一个怪可怜的场合里，真使人兴"上海吃饭难"之感！你想，一把胡琴，自拉自唱，哼上几声"三姊不必泪双流，丈夫言来听重头，十担干柴米八斗，你在寒窑度春秋……"同时还要唱几声"一更一点月正东"的小调；还要奏一曲《何日君再来》《永别了弟弟》等，的确非凡。假使不是一个聪明伶俐的人，怎能胜任？虽然是生得这样的灵敏，却境遇是很可怜的，只要听到他们向观众讨钱的时候，就可以猜想出他们的境遇了。他说："请大家赏光赏光，还要请多多的包涵。如果认为我唱得好，就请掉下几个钱来，出外靠朋友，在家靠父母；如果认为不好，或者袋里钱不便，请两只腿帮帮忙，多站一息儿，捧捧场，免得我丢脸；如果一旦唱好了，你也走，我也跑，叫我吃什么？还要请在场的各位爷叔帮帮忙！"这一席话，说来虽漂亮，赤裸裸地表示出走江湖的生活可怜呀！

还有一种"唱新闻"的，在过去是最盛行，操此业者大都系宁波人。社会新闻，尤其是关于男女间的琐事，是他们唱新闻中极好的材料，编成各样的俚曲，在弄堂里一路走着、一路唱着表演。唱的人也要有天才，因为一方面固然要唱得动听，一方面还要把新闻资料编得名副其实，一层一层的抖出来。使听者眉舞色飞，津津而有"爱不忍释"的样子。这一种的曲子也是一般奶奶、小姐所欢迎的。据一般人所晓得，有许多"阿拉"唱新闻艺人，每到这个季节，特地由宁波赶到上海来，算为一年收入的预算项里，其数目当很可观！否则何苦不辞千里辛苦而来？

当然他们的收入相当的可观，至于其他的，像说露天书，念宣卷，种种不一而足。这种卖艺的人在夏夜里真多咧，有的论本数，有的讲钟点，大概在八月中秋节以后，才会慢慢的减少，渐而至绝迹，到了明夏再行出现。

《街头的露天舞台》

❖ 夏丏尊：幽默的叫卖声

住在都市里，从早到晚，从晚到早，不知要听到多少种类多少次数的叫卖声。深巷的卖花声是曾经入过诗的，当然富于诗趣，可惜我们现在实际上已不大听到。寒夜的"茶叶蛋""细砂粽子""莲心粥"等等，声音发沙，十之七八似乎是"老枪"的喉咙，困在床上听去，颇有些凄清。每种叫卖声，差不多都有着特殊的情调。

我在这许多叫卖者中发现了两种幽默家。

一种是卖臭豆腐干的。每日下午五六点钟，弄堂口常有臭豆腐干担歇着或是走着叫卖，担子的一头是油锅，油锅里现炸着臭豆腐干，气味臭得难闻，卖的人大叫："臭豆腐干！""臭豆腐干！"态度自若。

我以为这很有意思。"说真方，卖假药"，"挂羊头，卖狗肉"，是世间一般的毛病，以香相号召的东西，实际往往是臭的。卖臭豆腐干的居然不欺骗大众，自叫"臭豆腐干"，把"臭"作为口号标语，实际的货色真是臭的。如此言行一致，名副其实，不欺骗别人的事情，恐怕白世间再也找不出了吧，我想。

"臭豆腐干！"这呼声在欺诈横行的现世，俨然是一种愤世嫉俗的激越的讽刺！

还有一种是五云日升楼卖报者的叫卖声。那里的卖报的和别处不同，没有十多岁的孩子，都是些三四十岁的老枪瘪三，身子瘦得像腊鸭，深深的乱头发，青屑屑的烟脸，看去活像是个鬼。早晨是看不见他们的，他们卖的总是夜报。傍晚坐电车打那儿经过，就会听到一片的发沙的卖报声。

他们所卖的似乎都是两个铜板的东西（如《新夜报》《时报》《号外》

之类），叫卖的方法很特别，他们不叫"刚刚出版××报"，却把价目和重要新闻标题联在一起，叫起来的时候，老是用"两个铜板"打头，下面接着"要看到"三个字，再下去是当日的重要的国家大事的题目，再下去是一个"哪"字。"两个铜板要看到十九路军反抗中央哪！"在福建事变起来的时候，他们就这样叫。"两个铜板要看到剿匪胜利哪！"在剿匪消息胜利的时候，他们就这样叫。"两个铜板要看到日本副领事在南京失踪哪！""藏本事件"开始的时候，他们就这样叫。

在他们的叫声里任何国家大事都只要花两个铜板就可以看到，似乎任何国家大事都只值两个铜板的样子。我每次听到，总深深地感到冷酷的滑稽情味。

"臭豆腐干！""两个铜板要看到×××哪"这两种叫卖者颇有幽默家的风格。前者似乎富于热情，像个矫世的君子，后者似乎鄙夷一切，像个玩世的隐士。

《幽默的叫卖声》

❖ 嘉震：车轮交响乐

人力推动的，机械运转的，是各式各样的车；坐在车子里舒舒服服的，走在马路上频频忙忙的，是各式各样的人！这一切的声音混合起来，便成为洪大的交响乐，在都会的早晨里每天演奏着……

上午七点钟，从黑夜的酣睡中醒来，阳光照满了大地，七点钟第一次摆动的是小货车的木轮，这是每天工作十二小时的一群，是最劳苦的劳苦大众。

上午八点钟，伫候在电车站的是工厂的、洋行的、大百货店的职员们，电车的铃声是都会早晨交响乐的第二部曲。

九点钟的时候，坐着包车的是那一班较为高级的智力劳动者，他们是大商业机关的部长、主任，或是小商店的老板和经理，小资产阶级便是这第三部曲的演奏者。

　　上午十点钟，交响乐的第四部压尾曲是肥大的汽轮声和震人的喇叭声，上面坐的是老板、经理和大掮客，他们每天工作从一小时到四五个小时。当这最雄大的乐音扬起之后，便完结了"都会的早晨"，也完结了这交响乐的最后的一部。

《车轮交响乐——都会早晨的轮声》

▷　20 世纪 30 年代的上海交通

❖　郁慕侠：吃包茶

　　吃包茶者，每天在固定的时间里，必到一家茶馆去茗饮。这种朋友，都属于工友和掮客为多，他们人数既众，每天必去，故以吃包茶来得合算。

吃包茶怎样吃法？预先在一家茶馆某堂口内，认定一只台子（也有认定困榻的），并认定每天泡几壶，约在什么时候必到，以及每月茶资若干、小账多少。接洽妥当后，每天到时，堂倌必先将茶壶、茶杯放在台中以作标识，等包客来吃。老上海人跑到茶馆里去，看见茶台上放着一堆茶壶杯，虽阒无一人，也不去坐，倘你不知其故，要在这台上吃茶，堂倌必婉为拒绝。

从前大烟间公开时候，也有吃板灯之举，即烟客预定天天到这只榻上去开灯吃烟，名叫"吃板灯"，和茶馆里面吃包茶，是同一的意思。

《上海鳞爪》

❖ 郁慕侠：倒冷饭

上海各商店的膳食，因图简便起见，大都向包饭作预定，每日三餐按时挑送。等到收取空碗时候，早有一群叫化伺立门前，倒取剩饭残肴，名曰"倒冷饭"。收碗的朋友不敢和他争论，听凭各叫化蜂拥而来，翻桶（饭桶）倒碗而去，因为丐徒只取余沥果腹，例所不禁。并闻丐徒也有一老丐统率，他们均尊为爷叔，而且分段实行，各守疆界，绝不侵犯。他们也有规矩，只准倒取已食后的残余，不准强取未食时的饭菜。倘使误犯了，爷叔老子就要用丐法（老丐自定的法律）来处治，不稍徇情。每次倒取之物不论多少，先行奉呈爷叔，再由爷叔分派各丐充饥。倘未经过此项手续，一经查出，又要执行他们的丐法了。

《上海鳞爪》

❖ 郁慕侠：屋顶上的八卦

上海人真好迷信，样样有忌讳、件件有风水，甚而屋顶上面也钉着一块八卦，更有连小方镜一面一同钉着的。如果细心地考察一下，十家之中倒有一大半玩着这套把戏。他们说钉八卦因为对过房子冲碰很不吉利，如不钉它一钉，包管你晦气星进门，一年四季，会闹成家宅不安、鸡犬不宁，钉了以后，可以驱邪降福、事事如意了。也有在八卦旁边竖立着几只空酒瓶，那更不知其作什么玩意，有人说，竖立空瓶当作炮弹，以为镇煞。外国人不讲风水和忌讳的，他们不但不倒霉，更且国富民强。

不过吾说的上海人，并非真正道地的上海人，因为上海地方真正上海人的确很少，都是各省各埠来寄籍的假上海人，反而独多。

《上海鳞爪》

❖ 郁慕侠：贼技

在那公共汽车、电车上和转弯抹角的拥挤地方，专在人们身畔偷钱夹、偷时表的窃贼，名叫"扒儿手"。他们也有师父传授，也须练习多年。练习时候，将一件绸长衫挂在壁间，袋中置放很沉重的皮夹一只，朝斯夕斯，要练习到将皮夹取出，挂在壁间的绸长衫一点儿不激动，才可毕业，贼师才允你出去放生意。最近因失风而吃官司的杨金奎和韩才狗，夙有"扒窃大王"之称，因他手法灵巧，能使人们失去了东西还不知不觉咧！

做这种扒窃的贼徒，从前本各有地域，分段行窃，故每一窃案出，比较的容易破案，现在据说已不分地域，统一行窃了。

《上海鳞爪》

▷　老上海的公共汽车

❖　**郁慕侠：叫魂**

喜欢弄鬼戏的人们，他们家里的小孩子偶然受了一些惊恐，夜里不能安睡，做爹娘的就要疑惑小孩受惊而失魂了。魂既失掉，非举行叫魂（又名"叫喜"）不可。叫魂的玩意共有三种，一种是拍床沿叫，一种是门角落里叫，一种是屋檐下叫。

拍床沿叫，大约因为孩子睡眠不安，哭哭啼啼，做娘的便在天色将明的当口，轻轻地手拍床沿，低声地喊着："阿囡居（作回字解）来吧！"连叫十来声，就算完事。

门角落里叫魂，则孩子生了病，求仙方不灵，乞神助不愈，做娘的以

172 老上海

为魂灵儿一定飞到天空去了，非举行叫魂不可。先买了安息香两支，燃上火，再用红纸一小张，折成小包，燃点一副香烛，当天磕好四个响头；再拿孩子平常穿的一件衣服，由另外一人抱着，再由一人左手持小红纸包，右手拿安息香，再由一人照了烛台，一同往门角落里、窗背后、墙脚边，甲大呼："广阿囡居来吧……"乙轻轻地答道："噢……居来哉……"甲每呼一声，乙即答一句。等到觅着一只小蜘蛛，即面现笑容，齐声道："居来哉！"立将此蜘蛛放入红纸包中，郑重回房，放入病孩枕头底下。

还有一种屋檐下叫，不论孩子或成人生了大病才叫的。须用梯子一只靠在檐下，一人照纸灯笼一盏，一手拿着黄纸甲马四十九张，喊一声："阿囡（或成人名字）居来吧……"便烧化甲马一张，一面喊，一面烧，等到蜘蛛寻着，大家就答应："噢……居来哉！"这一幕玩意才算完场。

《上海鳞爪》

❖ 郁慕侠：撑场面

中国人是著名爱好场面的，尤其是住在上海的人们更酷爱场面，不论家里穷得吃尽当光，妻哭子号，一无所有，跑出门去仍旧衣履翩翩，大摇大摆地走着。沪谚说"身上绸披披，家里没有夜饭米"，确为此辈写照。其他逢到喜事丧事，尤不可不踵事增华，大加铺排，以示阔绰。他们说："场面攸关，不得不如此来一下。"倘使富有的人摆摆场面，挥霍几个钱，原没有什么要紧；如果力量不够，是穷小子一流，场面则不可不摆，因此做了一回喜事或丧事，害得负债累累，终其身也不能偿还的，倒不在少数呢！吾替他们想想，真是作孽，然而在酷爱虚荣的人，因为要绷场面起见，高筑债台也是情愿而毫无怨言。

还有许多爱好场面的人，到点心店去吃食，末了会钞时候，一共只有一元几角，他身边藏着不少的一元钞票，然而结果往往要掏出一张拾元或五元钞票去找，这倒使人有些费解了。有一回作者询问这班朋友："用掉一元几角钱，为什么将一元钞票藏着不用，要掏出拾元和五元的钞票呢？"他们说："因为一元钞票显不出阔绰，并且要被堂倌瞧不起的，如果用大数目的钞票，他们才不敢看轻你。"这也是绷场面的一种表示吧？

《上海鳞爪》

❖ 郁慕侠：柜台上的铁栅

自从抢劫之风蜂起以后，一般银钱进出较多的商店，为防患未然计、免除惊恐计，都在柜台上面周围装置铁栅，以免强盗仁兄的光顾。像那典当、小押店、烟兑店，十家倒有五双装起铁栅来。因为这种商店银钱的进出比较多一点，倘不未雨绸缪，用铁栅来防御，那么就要受强盗、匪徒的光顾，遭受意外的损失。有人说道："一爿店铺装了铁栅，好似一只大鸟笼，各位伙计先生赛过一群飞鸟，关在笼子里。"这个比喻倒有几分相像呢。

各银行和各钱庄也都装上栅子，不过他们的装栅有两层意思：其一，也是防御抢劫之意；其二，为便于分类营业起见，不得不装。且银行、钱庄所装之栅，或用灿烂发光的黄铜，或用黝亮雅致的古铜，和烟兑店等黑黝黝的铁栅则又截然不相同了。

《上海鳞爪》

❖ 朱鸣和：安裕钱庄 "接财神"

安裕钱庄是一家规模宏大、历史悠久的老牌子汇划庄。经理王鞠如蜚声钱业，地位与秦润卿相埒。王鞠如对迎接路头财神的仪式，特别着重。事先他必须选定年初四或年初五这两天中的一天，这一天是黄道吉日。偶或不巧，这两天都不是黄道吉日，那么只好改期举行。不过这种情况是不常见的。"迎神"的时候，在黄昏或深夜，也是根据历本的记述而决定的。"接财神"的那天，王鞠如必理发整容，梳洗沐浴，恭恭敬敬地亲手上香、斟酒，然后虔诚地行跪拜大礼，口中默默地祷告，乞求财神菩萨保佑，日进斗金、大发财源等语。拜罢，由第二人、第三人等依名单次序行跪拜礼。这时，有栈司（俗称老司务）肩挑一担水，从大门走进来，口中高呼："财水来哉！""财水来哉！"就有人迅速地从礼堂中趋前，将预用红纸包好的"封筒"二百文（铜元廿枚），扑通一声，投入水桶，挑水的栈司急忙挑着一担"财水"，走向厨下。这二百文归此人收讫。上了第二炷香，大家又须行一次跪拜大礼。这时，有一个栈司，端着一个盘，盘内放着一个大盆子，盆子里盛着几十个烧熟的鹅蛋，自大门走进来，口中高呼："元宝来哉！""元宝来哉！"这时，王鞠如连忙迎将上来，口中连呼："赚元宝！""赚元宝！"把栈司接到礼堂中，将盘内热气腾腾的鹅蛋，双手端出，恭恭敬敬地供在桌子当中。上了第三炷香，就上万年粮、斟酒，隔了一会儿，就送神礼毕。至此，大家的心情都松了，以为一年的"饭"又混着了。过去，人对自己的职业叫做"混饭吃"，就是自己没有力量掌握自己的命运呀！在接财神的时候，如果有乞丐上门求乞，大家同声叫道："财神菩萨来哉！"大家的情绪都会兴奋起来，似乎这年的剥削利益，满有把握的了。然而乞丐却乘机大敲其竹杠，本来一枚或两枚铜元可以挥之使去的事，那天却非一元或两元甚至更多一些不可了。有时一个去了，又来一个，来个不停，往往接财神一次，开销乞丐却花了几十元。"接财神"的目的是为了"发财"，在这个时刻，却先发出了一笔小财，岂非笑话。

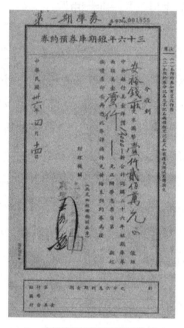

▷ 安裕钱庄的短期库券预约券

《旧上海钱庄"接财神"》

❖ 肖克明：清节堂里讨生活

清节堂规模较大，有三四排四合院式的房屋60多间，正门前竖有"一人抱"四根石柱组成的贞节牌坊，据说地方上的文武百官路过这里，骑马的要下马，坐轿的要下轿，以示对贞节女的崇敬。

在旧社会，年轻妇女死掉丈夫后，要到清节堂去守节，有为数不少的妇女是被迫去的。我的母亲26岁丧夫，她带了我们兄妹三人进了清节堂，她固然是为了守节，但更是为了生活。我的父亲生前是个木匠，母亲是织毛巾女工，父亲死了，母亲一人养不活我们兄妹三人，清节堂可以供养我们，所以我是在清节堂里度过了苦难童年。

清节堂与世隔绝，是座封建大监狱，进堂后就不能出来，封建戒律十分严格，节妇绝对不能与男人接触，哪怕是自己的父亲或弟兄。四合院式的三排房屋都装上铁栅门，常年闭锁。它每天供应二稀一干三餐饭，因为炊事员是男的，所以在铁栅门旁边的墙壁上开一个洞，装上可以转动的木桶，炊事员将饭菜分份的放在木桶里，然后转动到里边，由节妇领取。如果家人来探望，是男的只能站在铁栅门前互相对望说几句话。节妇多数是单身的，独居一室，但也有像我家带有孩子的，待孩子长大到16岁，就要和母亲分居，堂里备有这样的宿舍，但饭还可以同母亲一起吃。我们进清节堂时，约有80个节妇，多数是年轻的，少数年龄较大，但据说她们进堂时也很年轻。堂里也组织节妇搞些手工劳动，如纺纱、刺绣、编织草织品等，劳动收入归个人，节妇将此项收入委托账房或管理员代为购置布、鞋和火柴、牙粉、肥皂、草纸等日常生活用品。

《嘉定三堂》

❖ **郁慕侠：借"皮球"**

这个皮球，并非是学生运动用的大皮球，也非小孩顽耍的胶质小皮球，乃是社会上重利盘剥的一种隐语。譬如借债人要借一块钱的皮球债，天天付还利息五十文；借十块钱的，天天要还利息五百文，等到一块钱或十块钱的借本一次还他了，才可以作为结束。否则须天天还五十文或五百文，还到年深月久、一生一世，是永远还不清的，如球之周而复始，没有尽期咧。借印子债是天天连本拔还的，借皮球债是天天还利不减借本分毫的，其为重利盘剥，则又不约而同。（最近《新闻报》载：南市某小贩因借皮球债，负担过重无力还本，就此寻死，可为一叹。）

《上海鳞爪》

❖ 郁慕侠："一角过夜"

社会上重利盘剥的债主，除掉"放印子钿"和"放皮球"外，还有一种叫作"一角过夜"的重利。譬如你借他十块钱的债额，要每月取利一块，而且第一个月须先扣利息。再重利的，也有二角过夜呢，其取利之重，比较一角过夜还要加多一倍。"过夜"两字也有根据，譬如借期只有一天的时候就去还他，但是利息他们也要照一个月计算，故名"过夜"。不过现在借债和放债两方面，都改叫"一角过洋"或"二角过洋"了。

放这种重利的人，除了国人外，还有一般印度侨民，也多备款出借。借的时候既要保人，又要署券，还要在券上盖好手模印，手续很为郑重。他的意思，恐防日后借债人的图赖，故不得不如此周到和麻烦。

《上海鳞爪》

❖ 郁慕侠：挖费与小租

租借房屋，除了缴付租费外，还有两项例外的费用，一曰挖费，二曰小租。

譬如某处有座市房，本由某甲开设店铺，已居多年，相安无事。后来因为某乙觊觎他的市房，不问情由，暗暗到经租账房处私下运动，愿出酬劳金若干。一经运动成熟，再由房东名义关照某甲推托收回自用，限期迁让。因租界上租屋的习惯法，房东要收回，房客要退屋，只须一个月前关照，即可双方如愿以偿，故在某甲方面只好忍痛搬迁。至某乙达到目的后，所耗去的运动费，大者数万元，小者数千、数百，概无一定数目，要看乙方需要之段否与市房位置的如何而后定。此项费用名叫"挖费"。

至"小租"一项，起初向大房东租屋时付给。所称谓"小"者，即别于正当租费之外。一说，此项小租都归经租处职员瓜分，不入大房的腰包，以"小"字称之，说到数目，也无一定，最少一个月（譬如租费每月五十元，小租也须五十元，余类推），多则三个月、五个月不等。现在小租已成租界上普遍的恶习，无可避免的。如在冷僻地方新造几幢房屋，无人去租赁，由房东登报召租，免去小租的也有，不过这是很少的例外。

《上海鳞爪》

❖ 杨公怀：女职员的苦闷

在上海，女职员的总数，估计起来至少也有十万左右。除了女银行员、女书记、女打字员外，大多数是女店员，她们在生活的漩涡中挣扎着。而在这男性中心社会里，她们还是到处被利用、被轻视，被人侮蔑为"花瓶"。而实际上这群职业妇女生活是十分凄苦的。

女职员们第一个苦闷，便是寻求职业的困难。因为在失业浪潮澎湃的现社会，男子们尚且失业者众多，找事做难于上青天，更何况女子呢？而办公室里有几个女职员，的确能把空气调剂得生动一点。百货公司和商店里有了女职员，因女子的性情比较的和顺，容易使顾客满意，所以尽管求业困难，还是有一部分妇女总算勉强得一职业。而在招考女职员的时候，一般雇主录用的标准、学识、修养倒还其次，"卖相"却不能不相当的可以。因为社会是这么一个社会，女职员们为保持职位计，便不得不注意外表。于是我们看到的女职员，几乎全都是卷发时装，皮鞋跟高得三寸多，脸儿搽得白白的，还涂着血红的胭脂，弄得每月的收入，连买衣料和化妆品还不够。这是社会的责任，我们当不能单去苛责女职员们。

女职员们第二个苦闷，是应付周遭的男子们。她们除了守住自己的岗位，恪尽厥职外，有时还会无端地遭受旁人的侮辱。有的上司利用了自己的权势，对下级的女职员们任意表现着不尊敬的轻薄态度，甚至浪谑调笑，弄得女职员们啼笑皆非。假使严词峻拒，饭碗要成问题；假使虚与委蛇，又与名誉有关。那些女店员们更困苦了，每天上午九时开始营业，直到下午八时打烊，整天除了吃饭外，便没有休息的时间。偶一贪闲，假使顾客光临，不是要遭受上级主任的"排头"呢？还有那些"醉翁之意不在酒"的顾客们，和女职员们东搭西缠，有的还杂以调笑。假使不理睬呢？又恐得罪了顾客，为雇主责问；假使忍受呢？有的还会和女职员们动手动脚。这种侮辱，是每个女职员所经常受到的。

《上海职业界的女职员》

❖ 朱葛民：狱吏的牟利手段

监所人员究竟有哪些额外收入，约略分析如下：

囚粮舞弊。无论新旧监所，都以此为贪污的主要手法，也是公开的秘密。其舞弊方式，一是硬行克扣，以江苏监所为例，犯人每人每日应给干饭两餐，除做工的外，一般是每餐老秤十八两，克扣多少，凭监所主管人员的贪心大小而定，贪心小的，每餐每人扣发一二两，贪心狠的，竟只及十四两以下，使犯人不得一饱。1939年，我就任南通看守所长，接任之初，监押人犯普遍患痢疾，大都奄奄一息，有的忽而倒毙，追究原因，除卫生不良外，主要是前任所长克扣过多，因饿致疾或虚脱之故。又一种是掺杂，借口米粮缺少或其他原因，在米饭内掺用蚕豆、绿豆等杂粮。部分地区习用元麦磨碎煮饭，原规定须搭大米二三成，那就少搭大米或全用元麦，有些吃面粉的地区，则掺用高粱粉、玉米粉等类，掺杂之后，其分量仍然短少。又一种是操奇计赢，以贱报贵，在米价较低时，大量购进，美其名为储存囚粮，俟米价上涨则按当时市价列报，加上克扣，两面得利。又一种是虚报人数，特别是羁押未决被告，进出频繁，不论什么时间入所，都算一天口粮，早出所、晚入所的人，根本没有饭吃，就是赚头。再有在押被告愿意自膳的，亦作发膳人数，因此积少成多，收入亦丰。有些地方法院看守所，因缺乏炊场，由法院厨役包办，其好处当然归厨役所得，同时法院会计亦可染指。

侵蚀作业收入。新监大都设有工场，令犯人做工，使犯人出狱之后能有一技之长，本是一桩好事，监狱主管人员却以此为利薮。监狱工场生产，约分两类，一为"官司业"，由公家出资经营，一为"受负业"，代工厂加工（这两种名称仿自日本）。据我所知，1920年上海江苏第二监狱分监所设工场，主要是代针织厂加工缝袜头，每月可得工资三四百元，除将极少数上报外，其余尽归该监长所有。又1927年间我访问常州监狱时，该监作业以织洋袜为主。销路颇广，其资金全由该监管狱员陈某自筹，宛然一个老板而役使犯人做工，其利润当然归他私人所得，因此获利颇丰，卸任之后可营菟裘。其他各监设有工场的，其侵蚀情况虽无资料，然举一反三，可以概见。至于克扣做工犯人应得的"赏与金"（劳动报酬）更是照例剥削。

浮报经费。监所办公经费是包办性质，有的不够应用，上级置之不问，有的比较宽裕，监狱当局则尽量节省，以其所余移归私囊。再有冬夏两季须购发棉衣席扇，监所主管亦乘机侵蚀，少进少发，或以旧衣充数，余款据为己有。

以上所列都是荦荦大者，全为监所主管所得，下级人员则弊中有弊，各有生财之道。如会计主管囚粮经费开支，价格进出，购物回扣，都是囊中之物。医士对于犯人报病，调入病犯监或保外就医，须有请托馈赠。看守人员私卖香烟（照规定监犯不准吸烟），暗递鸦片烟泡，跑条子（替人犯与外面私自通信），接见需索等等，都是一般通弊。

更有少数胆大妄为的人，竟将在监执行的正犯，用掉包手段换人代替，从中牟利。1922年我由上海地方厅看守所长调任扬中县管狱员，太仓县管狱员张昌基继任我职，张刚到上海，太仓县继任管狱员即揭发其有掉放监犯之事，张闻讯企图弃职潜逃，由上海地方厅派遣法警在北火车站捕获，归案判罪，迨刑满出狱后，又闻夤缘复任管狱员。

《旧监狱内幕》

❖ 朱葛民：监狱里的"笼头"

监犯自被囚禁以后，失去自由，大都对狱吏畏惧，对老犯服从，因此易受狱吏管制，老犯欺凌。一经囚禁日久，熟悉监狱情况，渐渐"老于世故"，如果管理得当，待遇公平，或能彼此相安，否则不免出现事故。照监狱学来说，其职能是化莠为良，但在旧政权统治下，监所成为黑暗的一角，新监名虽改良，但内容亦多腐败，新老犯人，案情复杂，丛集一处，彼此传授，不但不能收感化之效，有些本来犯轻罪的人，刑满出狱之后，反而再犯重罪，均非偶然。犯人中常有"此地不来非好汉"之语，有些惯犯再度入监宛如旅行一般，不以为奇。

监狱中还有所谓"笼头"，考其来源，实是封建时代的产物，那时管理犯人的狱役甚少，实行以囚制囚，每一狱舍安置一个笼头代管，每晚收封之后，除更夫打更外，并无值班制度，所恃以防守者，一是笼头在号子内负责，二是每一牢号内都置有铁链一条，一端钉牢在墙上，并在对面墙上安一个铁环，每晚犯人临睡时，把铁链通过每一犯人所戴脚镣贯穿一起，然后将铁链另一端扣在墙上铁环加锁，于是犯人列成一排，铁链宛如一条龙，头一个犯人象征龙头。又因昔日监房呈笼形，故称笼子，笼子里一个头脑，就叫笼头。这种用铁链贯穿脚镣的制度，辛亥革命以后，方始逐渐革除，但是笼头的恶习在抗战以前，各地监狱和看守所或明或暗地依然存在。

做笼头的犯人，一个去了，又会有一个新的产生。他们能够充当笼头须具备几种条件，如囚禁久，刑期长，案情重，对众犯有压制能力，敢为众犯谋利益与狱官交涉，能玩弄手段与看守联络等等。他们有了这些条件，就可讨好狱吏，控制众犯，凌虐新犯，敲诈勒索，宛如社会上的地痞恶棍。有的笼头刑满离监，好像官吏卸职一样，恋恋不舍。

《旧监狱内幕》

❖ 朱葛民：时有发生的"监啸"

狱中有时会发生"监啸"，就是犯人齐声呼啸。当时办狱务的人认为发生监啸是不祥之兆，将对主管不利，实际上也可说是事故发生的前奏。监啸有两种，一是有意识的，大抵由于犯人有所要求，而监狱当局不肯允许，一部分犯人把他们所要求的事大声呼喊，其他犯人群起响应，声震屋瓦，这是犯人与狱吏展开斗争的一种表现。监狱当局初则劝说制止，如果坚持不下，只有两种办法，或是对犯人的要求被迫允许，或是施加高压手段，如请军警弹压和惩办为首滋事的人。另一种监啸是无意识的，每当更深夜静，往往有个别犯人或少数犯人在睡梦中大声呼叫（或是梦魇），其他犯人随声喊叫，见之并无举动，问之亦不知不觉，这只要将各犯唤醒了事。

《旧监狱内幕》

❖ 徐大风：弄堂里的美食

小贩们每天来到弄堂里的时间，比起江海关上的大自鸣钟还要准确，这种守时的小贩，多是贩卖食物的。上午七点半的时候，是那骑脚踏车叫卖沙利文面包的小贩，他简直是风雨无阻。每晨必到，他所做的生意，都是上学的儿童们。儿童们这时正上学，身边向父母讨有零用钱，这时立刻便又转移到卖面包小贩的手中。

到了下午三点钟的时候，是那个癞痢头的小贩，挑着馄饨担子踱进弄堂来。笃、笃、笃地敲着竹筒，吃惯了的人立刻集拢了来，你一碗、他一碗，生意居然大好。如有人家这时来了亲友，那便是他今天在这里弄中又多做了一笔生意。

"五香茶叶蛋！藤菇豆腐干！"这是黄昏来时的叫卖声，不前不后在六点钟来到里弄中。这时正是人家吃晚饭的时候，喝酒的都买了来下酒，据说风味不减"全兴康"。

到了夜里九十点钟，弄堂中又一阵笃、笃、笃的声音，冲破了里弄中的沉寂，那是卖汤团的。那种猪油汤团美糯可口，恰恰可供夜生活者回家时候果腹之用。

《弄堂特写》

❖ 沈念贤：上海滩上的小瘪三

上海的小瘪三发源于洋泾浜上的郑家木桥一带（现在延安东路、浙江路附近），所以上海人常用"郑家木桥小瘪三"一词骂人。

何以有"瘪三"一词，其传说不一。一说穷人饿得瘪塌塌的只能穿件布单衫而得名；另说因他们的衣食住皆无，故称之。也传说"瘪三"之词是从英文"Empty cents"的译音（其译意是空无一文）而来的。我认为这个出典比较正确，上海开埠划圈租界，最早是由洋泾浜起向西的地区，洋人在此依店经商，常与中国人交往，中国人必须学上几句常用的英语，但是英语学不透，中国话的口音太浓，又是中西语句合用，这种难能入耳的英语，人称为"洋泾浜"，也称"阿妈（娘姨）吴语"。这个"Empty cents"单词被读别音而变成了"瘪三"之音。

"瘪三"们在洋泾浜一带抢窃扒拿，异常活跃，逐渐形成地痞流氓式的团伙。所以最后"瘪三"这个名词再也不能适用他们了，而是转移给了那些流浪街头的儿童乞丐，也称"小瘪三"。

小瘪三们平日的谋生之道，最普遍的有"推桥头"，在苏州河桥上下两边，等候各种人力车辆（黄包车、三轮车、黄鱼车、塌车等）上桥时，奔跑上前帮着推拉，一直送到桥顶，伸手向乘客或车主索讨小钱。

"拾荒"也是小瘪三的一种行业，他们背着竹篓，拿着长竹钳，穿流各条里弄，钻进垃圾桶，捡拾废铜烂铁，破纸碎布，然后再卖给专收这些破烂的业主。每天也能捡到几个钱，上海人叫他们为"垃圾瘪三"。其中也有人借拾垃圾之机兼营偷窃的副业。

小瘪三的生活确实可怜，夜间露宿街头巷尾避风躲雨，身披麻袋，甚至以报纸当被褥，吃的是冷饭残肴，主要靠"抢包饭"，旧上海上有不少的"包饭作"（包饭作类似大众食堂和盒饭店，不过它们不做堂吃的生意，专替各商行做包月饭菜，供8人一桌的饭菜，一般的都有三荤一素一汤，白饭尽吃，售价低廉，深受商家们的欢迎，每天送早中晚三顿伙食）。送包饭的伙计有一条没有明文的规定：每当伙计从包饭户收拾残饭返店，在归途中允许小瘪三们前来抢取冷饭剩菜，不得稍加阻拦，待残肴一抢而光，才能顺利地挑担而去。类似这些生活图景，张乐平的《三毛流浪记》里都有真实的写照。

▷ "推桥头"

小瘪三们还有一种"抢食品"的绝招，他们流窜在街道上，看到老弱妇孺刚从食品店里买了吃的食物，突然猛地窜上，把食品点心抢到手拔脚飞逃。你略定神后再追，他回头瞧你一眼，就把抢来的食品向嘴里一塞，或是在食品上吐一口唾涎，就是被你抓住了他，你再也不会要这搞脏了的东西，他却嬉皮笑脸的啃着咬着，谁也对这批小瘪三奈何不得。

小瘪三虽小，但也懂得拜老头子，争地盘打群架。一群瘪三占有一段地盘，互相不得侵犯。他们也讲江湖义气，不得跳槽私换阵地，抢包饭更是顶真的互不相犯，否则一场打架立即爆发。

《旧上海滩上的瘪三和乞丐》

第七辑

老上海的
乡俗俚语

❖ 蒯世勋：“做年”的仪节

从十五日以后，一直到除夕，先后不一，有“做年”的仪节。做年时，祭祀祖先，祭祀毕，全家团坐宴乐，名为“合家欢”，也称“吃年夜饭”。

一到除夕，供祖先遗像，像前陈果品，名为“斋真”。室内用灰散地上，画出弓矢戈矛等形象，足以“辟邪”，又取冬青、柏枝、芝麻梗等物插在檐前，取其冬夏常青，含有期望康健的意思。门上更换门神、桃符，贴春联，无非寓辟邪和除旧更新之意。锣鼓敲了起来，爆竹也放了起来。各室均点灯，名“照虚耗”。农人以长竹竿缚稻草，燃照田地，名为“照田蚕”。有词云：

> 锣鼓年除夜闹街，
>
> 照田蚕烛列村排，
>
> 抱儿有个贫家妇，
>
> 此夕还忙手做鞋。

俗语也说：“年三十夜敲锣鼓，不晓得穷爷苦不苦！”

有井的人家，须备神马，设酒果，置井栏上，祀井神，称为“封井”；既封之后，不再汲水，要到新正三日再开的了。

炒白豆分食，乡邻互擎炒豆，迎而相投，一边吃，一边祈祷，这叫做“凑投”，又名“兜凑”。

商家忙着讨账，那么照了字号灯笼，奔来跑去地寻找账户。鞋帽店一直要开到天明，因为特别忙碌的店伙，要到那时候，才能得到购置一顶新帽，添买一双新鞋的闲暇的。

新娘须于夜半，捧红毛毯向翁姑及其他尊长行礼，名为“辞岁”。尊长赏幼者以"压岁钱"。有终夜不睡觉的，称为"守岁"。

人们忙过了旧年，又在等待忙的新年了。

《老上海十二个月的行事》

❖ **木易：** 新春元宝茶

旧社会中，松江城乡茶馆极多，作为憩息会友，抒怀畅谈之所；也是商店职工、手工业个体经营者，交流市场信息，协议商品价格之处。他们大都分业分帮，定时存某茶馆为据点。茶馆为广招顾客，振兴业务，往往允许老茶客，自备茶具，留在店中，早上泡茶，一次付茶资，可以随时去冲饮，不另收资。因之，老茶客，一进茶馆门，可自己动手，舀水洗脸，取茶壶冲水，况如一家人，真有宾至如归之概，不欲见异思迁了。

▷ 桂兴茶楼

每至阴历年底前，茶馆堂倌对老茶客，各送青橄榄一小筐，福橘一小篓，称橄榄为元宝、福橘为鸿福满堂的吉利口彩。茶客在新年中，前去品茗，堂倌和言笑脸，祝贺新年如意，恭喜发财，并在茶杯内放上两只元宝（即两颗青橄榄），茶客必须给以与本人相称的犒赏（自数角至数元不等）。假使茶客有事迟去，即使已过新年，堂倌们心中有数，也会放两只咸橄榄作为元宝，口宣"恭喜发财"。故老茶客们在一年一度的情况下，不得不一破悭囊了。如有"跳槽"到别处去吃茶，堂倌们视作刮皮鬼，不欢迎你再去吃茶。

《松江旧风琐忆》

❖ 郁慕侠：新年茶包

每到新年，人们往亲友家去拜年或探望，他们佣人泡了一盅盖碗茶，茶盖上放着二枚青果（即橄榄），说道："请饮元宝茶。"客人临去的时候，照例须给下红纸裹的茶包一封。大约在半个月内，客人第一次进门，他们泡了元宝茶，必须发给茶包。茶包的数目约分三种，上等人家，大来大往，每包以一块到五块为止；中等人家，四毛小洋到一块为止；顶起码人家，至少二毛小洋，最普通以四毛小洋到一块钱为多数。真正的阔老大亨，也有十块、二十块、五十块的，不过这是一种例外的茶包了。

《上海人的过年忙》

❖ 浦左一少："做清明"

上海民间习俗，清明节日扫墓祀祖，普通略治菲酌，邀约亲友光临吃喝，名曰"做清明"。大家巨室，建有祠堂与坟屋的，则由当年者大摆筵席，举行同族聚餐，杯盘狼藉，醉饱始散。清明节边，鱼肉菜蔬，供不应求，常年老例，临时涨价。目下孤岛交通阻滞，市民群回籍扫墓，"行不得也，哥哥！"可是"做清明"仍都择期举行。家厨狭小，主妇不擅做羹汤与场面伟大、亲友众多的，则可命包菜厨房办理，订定十元左右一席。他们薄利主义，为众服务，清明节宴不致吃亏，省去自己忙碌也！

《上海人春日生活》

❖ 蒯世勋："百花生日"

二月十二日是"花朝"，俗称"百花生日"。这也是老上海很热闹的日子。花木上都系了五色的绸，这可不必细说，我们还有"花神灯"哩。这"花神灯"俗称"凉伞灯"。有些"雅士"之流，往往以为元宵的灯市太俗，"无可观"，可是对于"凉伞灯"却赞不绝口。"凉伞灯"大概都是六角形的，间或也有圆形的，上面镂刻着人物、花卉、珍禽、异兽，看起来细于茧丝，实际却不过用土产"谈笺"这一种纸头做的；而灯的缨络须带，也无不精妙异常，与灯相配。"出灯"时，用十番锣鼓，又有纸扎花枝花篮，系细腰鼓，采采花女，杂迟而语，后面还有"台阁"，上面坐着穿五颜六色衣服的孩子。

二月十九日相传是观音大士的生日，烧香的人又得忙一天，沈香阁同善堂是格外热闹。

春天的景色渐见浓厚。老上海的孩子们，忙着放起纸鸢来了。到了夜里，纸鸢上挂起了灯，其中还有飞炮流星百寿灯等，有光有声，煞是有趣。

《老上海十二个月的行事》

❖ 蒯世勋：五月五，贴门符

五月五日，贴门符。亲邻以粽子枇杷相赠。午时，缚艾人，采药物，吃粽子，饮菖蒲雄黄酒。小孩子们以雄黄抹额上，以彩丝缚大蒜，系于胸前，为辟邪之用，女人以色绸制成人形，插发髻上，名曰"健人"。黄浦江中则龙舟竞渡；上海县竹枝词云：

鼓角声中焕彩游，

浦江午日闹龙舟；

红儿绿女沿滩看，

看客多登丹凤楼。

丹凤楼是东北角上的城楼，即"万军台"。

夏至，祀先。夏至至立秋，逢四祭灶。

十三日为关帝生日，致祭。俗以竹为弓矢，以纸为鞭，挂于神座，说是为小儿解将军剪，易养易长。有雨，为"磨刀水"，可去疫疠，但不利农事，语云："五月念三落了麻花雨，红粉娇娘出踏车。"

《老上海十二个月的行事》

❖ 郁慕侠："抢油主"

每逢新开店铺的第一天，俗有"抢油主"之风。什么叫做"抢油主"？就是这天一窝蜂去买便宜货。因为新开店铺要号召主顾起见，将各货廉价发售，故已成为相沿之风气。新开第一天的早晨，店门未开，必有许多主顾一窝蜂地走来，人声喧闹，争先恐后，男女杂沓，拥挤非常。他们的来意，异口同声的说道："抢油主！抢油主！"

不论什么食的、用的、穿的、戴的各种商店，到那第一天开张，必有这种热闹状况，且店铺的场面越大，"抢油主"的更为踊跃，都道这爿店铺大，资本厚，必定肯牺牲多量血本，举行只此一遭的蚀本生意。

今年春天，南市新开一爿糟坊，门口贴出一条黑字红纸，大书"本号择定某月某日开张"。更使人扬言道，恐开张那天主顾拥挤，有招待不周之处，先出卖油票。譬如市价每块钱只可买油五斤者，它特放盘二斤，可得七斤。于是一传十，十传百，大家争先恐后去买票，两三天之间，卖出油票六千多张。等到开张那天，大家持票前去取油，不料走到这爿宝店门前，依然双门紧闭，先前贴出的开张红纸条也不见了，碰碰门，又毫无声息。大家疑惑起来，群往警署，控告它诈欺之罪。后来署长派员去将店门启开，瞧见屋内只有空油篓数十只。廉凳几件，别无他物。骗子已挟款潜逃，踪影全无。这一幕"空城计"很觉得滑稽之至，而一般贪便宜人要想抢着油主，结果吃不到什么便宜油，反被骗子骗了油价去，世之好塌便宜者，应以此为戒。

《上海鳞爪》

❖ 陈耀庭：城隍庙的香火

城隍庙的香火在上海各庙中历来最为旺盛。清末的《沪城岁事衢歌》中有诗称："连朝庙祝雾风光，镇日喃喃奠酒浆。二百年来香火远，生恩万姓戴城隍。"每年正月初一、十五日以及每月的初一、十五日，香烟缭绕，烛火辉煌，与平常更为不同。明清两代城隍庙最热闹的日子是三巡会、城隍诞辰和城隍夫人诞辰。

三巡会即城隍出巡，据传起源于明太祖时。因明太祖怒杀邑人钱鹤皋，碧血化为白色，尸体如生，太祖怕他变为厉鬼，为防患于未然，乃下令天下城隍赈济厉鬼，敕封钱鹤皋为鬼头。由于钱是上海人，因此上海城隍赈济厉鬼奉命尤谨，城隍出巡就是为了赈鬼，出巡之期为清明节、七月半和十月初一日，每年三次，故称"三巡"。

▷ 游人如织的城隍庙

据载，出巡前三日要"排堂"，大殿中支搭临时暖阁，中设公案，会首将城隍抬出，端坐正中，一一参拜后，值堂人将"犯人名册"呈案，由传事人逐一唱名，最后颁发出巡路由，所经道路由主事人牌示。到出巡当天，城隍与各司换锦袍，上午十时，城隍出堂，经文武衙门，绕行照壁，所有马执事从东西辕门纵马疾驰，俗称"跑马"。神舆随之飞奔，俗称"抢轿"。城隍率同四司出巡赈济，设坛于东门外，第二天，由高昌司独往南坛赈济。每次出巡由未刻起程，深夜回庙。清末有人以诗描述三巡会称："清明报赛到城关，毂击肩摩拥阛阓。五里羽仪人静肃，路由岁岁挚红班。"大约在光绪年间，三巡会的"女犯出解"等陋习开始废除，后来城隍出巡也终止了。但是，每逢三巡日，城隍庙香火仍较平时旺盛得多。

城隍诞辰为农历二月二十一日，城隍庙道士诵经礼忏一天，社会人士均来贺寿。城隍夫人诞辰为农历三月二十八日，除道士诵经礼忏外，还有一班"喜娘娘"为夫人寝宫打扫卫生，替换床上被褥，又为夫人神像换上新衣裳，供案上盛陈茶点酒肴，为之拜寿，周围商家也连续三日高悬灯彩庆贺。清末《沪城岁事衢歌》记述悬灯夜景称："才了城东又入城，游踪逐晓到深更。映街夜色明于昼，朱户帘垂透水晶。"

《上海的城隍和城隍庙》

❖ 毛秉钧：赶市集

市集，我国传统的一种农村贸易组织形式，我们松江地区亦极盛行。即使在抗日战争、解放战争时期，凡有"集日"的集镇也从不间断，按期举行传统的市集活动。诸如天马山的重阳日，石湖荡的三月三（系农历，下同），叶榭的五月十三，山阳的潮头生日，朱家行的中秋节，胡家桥的八月廿四，廊下的清明日、十月朝等群众性集市贸易活动。张堰的秦山，每逢三月初一（连续3天），山脚下商贩云集，敞篷林立，遍地陈列着小农具、小工具、日用杂品和土特产品，以及各式各样的小吃摊……真是琳琅满目，熙来攘往，热闹非凡。但在集后依然是一片旷野山麓。还有一些市集，由于那里的寺庙被拆除、商店被烧毁、场墟被蚕食、陆路被改道、水道被淤塞、桥梁被撞坍等因，日渐衰落，直至消失。如漕泾的迎龙庙，于1937年被日寇烧毁，市集就此消失。车墩的中渡桥，1941年日伪在那里设立封锁线，"检问"来往行人，老百姓行动极不自由，集市贸易也由此衰落。

《松江的市集和庙会》

❖ 毛秉钧：逛庙会

庙会，俗称香市，唐代已有存在。始在寺庙节日举行，信徒聚集，祭祀祈祷。继由商贾参与，艺人介入，渐成市集之形式。松江地区的庙会，流传到抗日战争时期还较盛行。诸如泗联的龙珠庵观音会（二月十九），新桥的祖师堂会（三月初三），城厢的府城隍庙会（七月十四），漕泾的地藏菩萨生日（七月三十），朱行的牛老爷庙会（八月十八），阮巷的九龙庙会（九月初九），得胜港的关帝庙会（九月十三）等等，都有各自的庙会特色和贸易活动。特别是金山卫的城隍庙会（七月十四），民间称为"方大老爷生日"。是日，香客云集，商贩、艺人纷至，前后三天，人山人海。从金山卫城的东门（原属松江县），到卫城的西门（属金山县），自南门至北门以及十字街周围（现为石化总厂），到处摆着待售的锄头铁搭、犁头耙刀、粪桶料子、连头板子、淘箩菜篮、提桶镀盖、火钳菜刀、斧头凿子、秧绳草鞋，以及海蜇鱼干、芝麻赤豆、粗纱土布、鸡鸭牲畜等等。凡是农民的生产生活必需品，基本上应有尽有。还有跑马戏、草台戏、说因果、小青班和耍猴子、卖膏药、拉洋片等活动，增添了庙会的热闹气氛。那里的商贩以及沿街居民，乘机在自家门前兜售各式各样的股香和红烛。"香市"之盛，经年不衰，自抗日战争以后，始渐低落。

《松江的市集和庙会》

❖ 郁望梅：静安寺庙会

上海的静安寺，名闻海内外。这座佛教古刹原名沪渎重元寺，它的始建年代，世人根据文献资料的传说或推测有不同的看法。但自宋大中祥符元年（1008年）改名为静安寺，宋嘉定九年（1216年）移今址，这是确定无疑，没有分歧的。

▷ 静安寺浴佛节盛况

庙会，在民间流传已久，类型多样，有节庆型的，有祈求型的，有集市型的等等。名目各异的庙会中，有娘娘庙会、龙王庙会、城隍庙会等等。活动方式有定点定时的，也有游动和不定时的。静安寺庙会，就是历史上遗留下来的，以静安寺节庆而定点、定时的一种集市型庙会。

静安寺庙会起始于1881年（清光绪七年），终于1963年，连续83期，每逢农历四月初八前后举行，三至四天不等。届时商贾云集，游人如潮，购销两旺，其盛况为沪上庙会集市之最。老上海们说起当时庙会，常常是绘声绘色而津津乐道。

静安古寺历史悠久，由于战乱的破坏，屡经兴废。清光绪六年（1880年），本地绅士姚曦、浙江商人胡雪岩等人捐资规银2992两5钱、洋2574元，住持鹤峰等和尚自募规银662两9钱5分，修建山门和佛殿，所有菩萨法身都经重新塑造或装金，历时十三个月，于次年春落成，并于四月初八浴佛节举行开光典礼（据佛教传说，释迦牟尼四月初八诞生时有四龙吐水灌洗其身，后世佛教徒就在这一天把小型释迦牟尼塑像放在盆内用净水灌洗，以纪念他的诞生）。这年浴佛节，静安寺内盛况空前，四众参佛者不可胜记，热闹异常。当时，静安寺一带尚属市郊，其"版图"达百亩之广。附近的农民和手工业者趁着前来参加浴佛节的机会，顺便带来大量的农副产品、土特产、农具和家用什物出售，还有调换耕牛等等。一些城镇居民则前来礼佛、游览、观光，同时购买物品。于是静安寺四周，很自然地形成了一个巨大的贸易市场。这就是静安寺庙会的由来。

《静安寺庙会》

❖ 汪仲贤：烧路头

今天是路头日？路头在上海，就是财神的通俗名称。财神，因为手里拿着金元宝，座前陈列着聚宝盆，左右招财利市两个当差，也是满身珠光宝气，还有一个看财童子，虽没有钱买短衫裤，手里的元宝也是金光灿烂，有这许多黄金在手里诱惑世人，哪怕世人不对他大拍马屁。

上海人称财神为"路头菩萨"。财神分五路，路头路脑，都有财神长期站岗守。以免财饷外溢。当上海滩尚未开辟马路以前，桥头巷尾，在小便处与垃圾堆的贴邻，都有一个小小的神龛依附在墙壁上，这就是名副其实的路头菩萨。逢到中秋节，就是他们最出风头的日子，每个路头堂前都有清音打唱，并有合里捐助的大香斗。自黄包车通行后，以其有碍交通，始实行取缔，现在上海硕果仅存的路头，只有洋行街上的撒尿老爷了。

从前的上海路头神，能沿街摆摊头拉客，情景与野鸡一样可怜。现在虽将路头神革职，但是上海一切神佛的营业，终敌不过路头的生意兴隆，旧历正月初四夜里，为上海人争夺财神的日期，爆竹声通宵不息，扰得人不能安眠，这就知道路头神的声势煊赫，上海人对他的热烈拥戴了。能挽回国运的胡展堂先生到上海，大概不会有如此热闹欢迎吧！

路头神照例是只接不送的。上海人家的房子很小，每年招待五个路头进来，外加招财利市等随从，还要牵一只黑老虎来。我就很担心事，积十年财神在家，不要将小房子涨破吗？

上至大钱庄，下至咸肉庄，中堂都供着一个路头神龛，可见路头是人人欢迎的神道，尤其是做妓院里的路头，待遇更优。人家路头每年仅接一次，妓院路头则每逢三节都有吃肉机会，妓女视为大典，排场多至三五日，其名谓之"烧路头"。

《烧路头》

❖ 钱绳正：祠堂祭祖

假祠堂祭祖俗称之为"祭祠堂"，我家在20年代之前尚沿袭清代习惯，一年春秋两祭，春祭在春分前后，秋祭在秋分前后，具体时日，由族长确定。随着时代变迁，社会发展，大家忙于谋生糊口或出门读书，对一年两次的祭祖活动，精力上不胜负担，大约30年代后期开始，族长不再召集秋祭了，一年只剩春祭一次，而且日期必须定在星期日，以免很多人请假。

祭祠堂需忙碌一整天。上午修谱，按户登记一年来人口变动情况，诸如某人娶某氏，某人适某姓，还有出生、死亡等都要详记。此外，无后嗣者需要立嗣、宗祧等牵涉赡养、继承等问题的，也需一一详载，免得日后发生纠葛。

下午祭祖，供桌上香烟缭绕，司仪赞礼，一切听他指挥，秩序井然，相当严肃。第一个就位的是族长，接着读祭文者就位，跪读祭文，祭文每次是临时写的，文言，约200来字，祭文第一句和末一句我还清楚记得，首句是"维中华民国某年某月某日"，末句是"伏维尚飨"。全文概括起来是"今日子孙祭荐，伏望列公享用"。祭文读毕，族长注酒，注酒时司仪喊"初献爵""再献爵""三献爵"，三次献爵，即敬酒三巡。然后挨辈分一批一批磕头，司仪则每批必定赞礼："跪、叩首、再叩首、三叩首、兴（起立）、退。"因为族大人多；虽属平辈也不一定相识，何况有的同辈年龄相差达数十岁之多。

祭祠堂这一天，供午饭及点心。午饭8人一桌，两荤两素一汤，点心与午饭相同，只是饮酒的人，加一盅陈酒而已。

根深蒂固的氏族观念，很多后嗣子孙只要一听到祭祠堂消息，不论路途远近，纷纷赶来，可谓隆重至极。特别是平时大家忙碌，没空碰面的，趁此聚首话旧，互道衷曲，也是一个好机会。

《回忆童年时参加祠堂祭祖的情景》

❖ **郁慕侠：棺材店里的鬼戏**

每逢废历朔望，棺材店里老板照例有祭棺之举。到了那天，他们开了后门，将一口棺材倒屁股的竖起来放在后门口，燃点着香烛，焚化了纸锭，就算完事。他们的意思，希望将棺材颠倒竖起来，明天会有生意到门（倒、到同音）。

到了除夕那天，他们又有什么祭材神举动，除点香烛、焚纸锭外，还有一副猪头三牲。老板也衣冠楚楚的一跪三叩首，等到叩头完了，再用一柄破扫帚，叫匠工在每口空棺材上狠命地抽击一下，并喃喃说道："你如有灵，请你快快的出去。"意思就要明岁大年初一，就有一批好主顾到门来买一空。请问他的存心怎样？这就是他们的鬼戏。

《上海鳞爪》

❖ 杨秉文：婚丧礼仪中的"六色人众"

松江中产以上的人家，每逢婚丧喜事，必须雇用一批特殊性职业的人员前来服务，这一群服务人员，当地称作"六色人众"。他们以六种不同的服务形式，分别做好各种有关礼仪的事，他们的名称与分工，虽各不相同，但是互相联系，缺一不可，否则就做不好全部服务工作。在那时来说，当事者如不雇请这些人员来服务，就被认为有失体统与礼节的。

六色人众是由礼、乐、炮、茶、码头、土作六种人员组成。其中礼、乐、炮三种组织，是带有世袭性和地域性的，别地人员，不能越俎代庖。他们在婚丧礼仪中，各有分工。

礼：男的称赞礼大夫，女的称妈妈或喜娘。男的在婚丧礼仪中，高呼与指点当事者循序进行；女的依傍女主人，协助行动。因为他们是世袭的，所以懂点礼节。

乐：是由三四人组成的丝竹吹打乐队。如当事人家，地方宽大，还可搭台吹奏。在礼仪进行中，他们懂得何时应吹奏，如何吹奏，都能依序进行。

炮：由一人手持铁铳，专司放炮，亦称放铳。铁制方形的手铳，周围有4根管子，可装火药，各有眼口一个，可纳引线，放炮时，用燃着的香烟头，点引药线，即崩然一声，每次连放三声。

茶：即茶炉子，是一种铜制的水炉子，容量很大，足够上百人饮用，由三四人组合服务的。炉水煮沸后，随时供应茶水和其他需要，如开席时暖酒（当时大都饮用黄酒）。他们还置备供应厅堂桌椅上的红、白围披及酒席上的杯、盘、碗、筷等，在婚丧事务中是较为繁忙的。

码头工人，是体力劳动者的组织，当事者需要多少人数，事前言定，如在喜事中，承担抬轿，抬嫁妆；丧事中，抬棺材，用龙头杠，即一根巨木，两头各系一或二根小横杠，要8个人或16人抬，还有轿夫及出枢时一群的旗锣牌伞的执持者。

土作：专为死者穿着衣服，除皮毛不穿外，其他单、夹、棉均可穿。件数不拘，不用双数。因为尸体骨骼已硬，穿衣又多，不内行难以承担，并要抱尸入棺。所以土作，是大殓时的首要工作者。

《松江婚丧礼仪中的"六色人众"》

❖ 汪忠贤：拔蜡烛头

这是近年来的事，在上海没有成为中国文化中心以前，上海的拔蜡烛头专业当然不会如此发达，从前的拔蜡烛头，乃是偷偷摸摸的事，香客点了香烛，须在庙中盘桓一番，香伙要等客人走后再拔，小些的蜡烛也就其余无几了。

还有一种是贪小利朋友，瞒着香伙的耳目，在神前偷拔了蜡烛头藏在灯笼里，带回去堪点两个黄昏，免得掏腰包去买油。拔蜡烛头贵在手脚敏捷，一霎那工夫拔了就走，如果手脚迟钝些，被香伙看见，难免要遭一顿辱骂。故上海话以"拔蜡烛头"代表短时期的行动。

例如：朋友相约同行，内有一人欲干私事，便称"我去拔一个蜡烛头"，表示去去就来。上海人称"速去速来"谓之"拔脱一趟"，这就是"拔脱一个蜡烛头"的简语。

庙中香伙有一个习惯，蜡烛不肯点尽才取，此余不尽之意，哪怕是寸许长的蜡烛，也要吹熄收藏起来，其实这是一种血头，目的无非取其废物利用，生财之道而已。短短的蜡烛头，积少成多，利益当然不小，若是仅仅一根蜡烛头，所值就很微了。吝啬的香客，取别人的现成蜡烛，烧他自己的香，也叫拔蜡烛头，故贪小便利，凑现成的行为，上海话也称为"拔蜡烛头"。

例如：朋友做寿，装饰得很华丽的礼堂，他忽然想起自己也要做寿，便请求朋友不要拆去，明天他也照样在原处来一场热闹，这就叫做"拔蜡烛头"。又如坐朋友的空汽车顺路回家，也是"拔蜡烛头"的一种。

《拔蜡烛头》

❖ 汪忠贤：香伙赶出和尚

"香伙赶出和尚"的俗语，在上海有"奴欺主"之意。我们出资本经营的事业，请了一位精明强干的经理先生管理，将全部银钱出入都交给他掌握之中。因为我们太信任了他，他便营私舞弊，将资产饱入私囊，我们因不堪赔累，只得将事业出盘，经理先生便老实不客气的接盘下来，大好事业就此属他所有。这就叫做"香伙赶出和尚"。

我们因事远行，不便携带家眷，幸喜有一位好朋友，看他诚实可靠，颇堪信任，便托妻寄子与他，将全部家务都托他照应。等我们出去了几年回家，门口已换了公馆招牌，儿子已跟着他娘改了姓，那屋主人就是我们最要好的老实朋友！此亦"香伙赶出和尚"也。

其他如妓院中之"剪边""割靴腰子"等怪剧，亦在香伙赶和尚之例。凡是"反客为主"的举动，在上海发生，客人都是香伙，主人少不得屈居和尚。在这诡诈百出的社会中生存，我们虽不欲出家，却有人强迫我们剃了光头做和尚！我们住着的租界，就是一个香伙赶出和尚的局面。数百万隶属中华国籍的上海市民，有家等于出家，被统制于少数香伙，我们天天念经赚钱去供养他们，还要受香伙的穷气，大家神经麻木，都不很觉得。这就不能不归功于和尚皈依吾佛以后，涵养功夫比香伙好得多咧！

《香伙赶出和尚》

❖ 汪忠贤：绵花里引线

上海话以"绵花里引线"比作阴险家。这种人自知力量薄弱，不足以与人明枪交战，乃用暗箭伤人法作损人利己的企图。他们见人出了血，还是遮遮掩掩，不肯出头，仍利用绵花的温软态度与受伤人周旋，人虽为他流血，却还不疑他是坏人！

上海各级社会，到处都有"绵花里引线"潜伏着。上海滩就是一个大绵花园，古人所想象的温柔乡，也未必有此写意。不过外貌虽温柔可爱，里面却横七竖八的暗中埋伏着几千万根绣花铁针；你跨进这社会，若偶不小心，便会刺得你遍体千孔百疮，管教你失血而死！

在上海做人，的确也是采取绵花里引线式的方法比较合算。你如锋芒太露，就会遭人妒忌，也许将你的针头敲成钓鱼钩；如果太无锋芒，又会被人当作"起码人"看待。是以最妥善的做人方法，莫如使人知你绵花里有引线，别人便不敢来伤害你，但是你切莫利用引线去伤人，别人也就不来损害你了。

上海流氓，貌为善良，见人谦恭万状，人亦不疑其作恶，暗中则分遣爪牙，荼毒地方，无所不为，台风波扩大，乃由道貌岸然者出面和解，目的即在竹杠。此辈自为绵花，而命其牙爪为引线，即能常年在上海滩度踢飞脚生活矣。

《绵花里引线》

❖ 汪忠贤：白蜡烛拜堂

"白蜡烛拜堂"在上海确是常听得人说的，这也是一句隐语类的俗语，隐射的乃是"不是长久夫妻"。意思就是说，新娘子刚进门，已经点着白蜡烛，竟像是抱牌位做亲，在最近的将来，不是新郎娶续弦，便是新娘做孤孀，白蜡烛是给他们一个抽象的预兆。

上海有许多残忍的人家，尤其是自称诗礼传家的破靴党，常有强迫女子抱牌做亲的。不过抱牌位做亲，也须先穿吉服，照与活人拜堂一样的要点红蜡烛，待婚礼行过以后，方遵礼成服改为小寡妇上坟的打扮，蜡烛也就改点白色的了。故白烛拜堂在中国旧式社会里是绝对没有。除非是信奉耶稣教的人家，在教堂里结婚，礼坛上始点几支白礼氏的白洋蜡烛。

"白蜡烛拜堂"的俗语，不一定指男女结婚而言。任何事实，凡属基础不固，或创业的动机不佳，在旁观人的眼光中看出来，预料这件事定无善果，或不久就要坍台，都可以叫做"白蜡烛拜堂"。

将大事来譬喻，国际联盟会就是一个白蜡烛拜堂式的机关，它创始的目的，是因身受欧洲大战的惨痛，想联盟世界强国，共同消弭战祸。但是主持会务的就是列强的代表，为了自身利害，决不敢有公道的表示。意阿战云密布，看他们将燃起第二次的白蜡烛来了！

上海的许多所谓大企业家，有了一万元资本，要做几十万市面，一发牵动，全身便成僵尸，只得躺下来一倒了事，受他们害的人却不计其数！我们不要看他场面撑得极大，实在都是白蜡烛拜堂的交易！

《白蜡烛拜堂》

❖ 汪忠贤：鬼摸大蒜头

新鲜大蒜头，气味剧烈，始有退鬼功能，但等日子稍久，大蒜头走了气，群鬼齐来报仇，看见大蒜头，皆称"不摸乱"，便伸鬼手到大蒜头上去乱摸。大蒜头被鬼摸过，就此萎靡不振，变成干枯无用的废物。

"鬼摸大蒜头"，上海人以此语喻人之神智昏乱，遇事颠倒黑百，不辨是非，到了扬州人嘴里，就是"晦乎，倒头，活见鬼！"

此大蒜头其实就是人头，人的脑袋不幸被鬼手摸过，此人便会往倒霉路上狂奔，所谓"人挽不走，鬼挽飞跑"，就是鬼摸大蒜头的结果。

上海滩的确有许多倒行逆施的人，正当生意不做，会去跟贼伯伯学偷鸡剪绺的艺术。白米饭不吃，要去学吃黑饭、白面、红丸。便宜的中国货不买，要用东西洋来路货，将钱送给外国人。凡此皆被鬼手摸过大蒜头的朋友！

朋友们，当心点！请大家慎防你们的大蒜头，上海的鬼太多，不幸被鬼手摸过一下，你们就会往鬼路上跑，许多自杀朋友，都是不注意自己的大蒜头，被鬼手偷摸了去，以致有此凄惨结果！

《鬼摸大蒜头》

❖ 汪忠贤：撤松香

上海人称发怒为"光火"，情势再严重些，便称"火冒"。"光火"是火初爆发，仅见其光，一灯如豆，也能发光，轻轻的一吹，火就灭了；如果火已冒穿了天灵盖，则越吹越旺，一时断难遏止，非用妥善方法救灭他的怒火不可了。

正在"光火"的时候，不去吹熄，也不浇水，也不掩扑，反而到火头上去撒一把松香，松香见火即起燃烧，这不问可知当然要引起一场大大的"火冒"。"撤松香"一语在上海，就因为这个缘故，成为惹人发火的别名。例如：张三李四同在王老大手下吃饭，张三要倾轧倒了李四，便能独占利益，于是张三每天在王老大面前说李四的短处，王老大在心平气和的时候，也许不信张三的谗言，不幸遇着王老大正在光火的当口，张三再撒上一把松香，这比火上浇油更厉害，少不得火冒透顶，李四的饭碗就被撤松香者烧毁了！

做了一个人，难保没有虚火上升的日期，撤松香者用了细磨工夫，每日继续不断的用松香撒上去，总有一天能引起火冒来的。他们也许比戏台上放彩火人的技巧更精，起初是一手一手的小撒，等到紧要关头，便将全把松香拼命的撒上去，不怕不放出蓬蓬勃勃的大火焰来，撒者见大功告成，就不妨躲在旁边袖手冷笑去了。

"撤松香"者须瞒当事人为之，所谓背后进谗，与"戳壁脚"俗语相仿，亦称"凿冷拳"；如果当面宣布人的丑史，是为"摊臭缸"，你若不服气，与他引起辩论，那就要"顶山头"了。这是上海俗语的类别，一样是暴露人短处，也要分出几种阶段，不许有丝毫含混的。

撤松香乃对上司面前攻讦某一下属之短，范围比较狭小，如果扩大宣传，到处揶揄某人之短处，那又叫做"放野火"咧。撤松香者不能像放野火的大刀阔斧地宣传，这是"小刁码子"的行为，仅用旁敲侧击的方法，去扇动别人火气。因为是背了被撤者的面用的"小扇子"，火已扇起，立刻起燃烧作用，被撤者闻讯挽救，已措手不及，自无申辩余地，故撤松香的原料，不妨"加油加酱"，或竟无中生有，杜造些罪状出来，亦无不可。盖松香撤于"鬼头关刀"之下，无须当面对质，说话尽可以"两面三刀"，做一只没肩胛的"外国黄牛"。

《撤松香》

❖ 汪忠贤：阳春加二

上海人批评不值价的东西，叫做"吃面"。譬如，有人说，倭寇以暴力占据我国的土地，我们应令某军队出去抵敌。旁边有人冷笑道："吃面！"意思就是说"不必献丑"！

又如，到咸肉庄上去选妓，叫了许多妓女来，老鸨问客："如何？"客人但说一句："吃面！"妓女都会掉头不顾而去。

原来上海音"面"与"免"字相仿，"吃面"就是"免"的象音。上海流氓说话虽然粗俗，然此"免"字却运用得头头是道。凡是否定词，皆能以"免"字代替。如劝同道勿自暴己短，谓之"免叹"。又如二人口角，一人大声喝"免"，即否定对方的言语。拒绝，退让，推却，恶劣，皆能以一"免"字为代表。

凡是能用"免"之处，皆得以"吃面"为代表。然而吃面在上海并非十分凄惨的举动，考究朋友吃的鱼翅面、虾仁鸡丝伊府面、扬州馆的咸菜蹄胖面、蟹粉虾脑面，并不算坍台。唯有吃惯美味的大少爷在大庭广众间吃"阳春面"，在爱绷场面的上海社会中，他觉得确是有些鸭屎臭的。所以用"阳春"代表吃面，表示低微已极！

大少爷娇生惯养，吃东西像蟋蟀一样精细，平常日子吃面，必须加一句"轻面重浇"的说明，表示他肚子里已充满着山珍海味，这碗面实是勉强吃下去的。大少爷到了落难时期，每天只吃一碗光面充饥，越多越妙，不得不贪些小便宜，要求"阳春加面"了。

"阳春"，已经是面中最下等的了，再要"加二"，这就是说，"免"字之下再加两个"免"字，表示连唤"免免免"三字，极言其要不得了。

花钱买东西吃，有钱人不一定吃贵东西，钱花得多的东西也不一定好吃。照我们江南人的口味，无锡面店的阳春，确比北方考究朋友吃的所谓"板儿条"的拉面好吃得多。上海人对于"阳春加面"下贬词，并非于阳春本身有所轻视，只是取其面字的象音罢了，请吃阳春面的朋友不要多心，我也是爱吃平民化阳春加面的一分子，因为着十几只铜板饱一顿肚皮，要算这件东西最实惠了。

《阳春加二》

❖ 汪忠贤：勿搭界

上海白相社会中有一句俗语，叫做"犯疆界"。阿毛应得权利，阿狗逾越范围去侵占，这就是阿狗犯了阿毛的疆界。从前军阀占据地盘，有"人不犯我，我不犯人"的宣言，大概就是学了上海白相人的规则，大家勿犯疆界。

搭界的冲突，是因日常交接频繁，自然发生的结果。犯疆界是有心侵掠，即使勿搭界的远处朋友，也能仿假途灭虢的方法去侵犯人家，但非强有力者，不肯冒此大不韪也。只见日本兵望中国开来，不见中国兵望东三省开去，此理亦与白相人之犯疆界相同。

上海俗语之勿搭界，不仅作无交界关系而已，进一步解，乃有见面不招呼的意思。

搭界邻居，在上海地方只隔一重薄板，双方不但馨款相关，就是钻在被窝里咬耳朵谈话，也瞒不过前后房邻舍。搭界即能互相呼应的别名，勿搭架的朋友，虽然面貌熟悉，见了面却并不招呼，有些要好的割头朋友，甚至于是至亲骨肉，一旦闹成僵局，互约勿搭界，觌面相逢也会装像陌路人一般。国际间的勿搭界，就是撤回公使，宣布绝交，上海人的勿搭界，如剪断电话线，暂不通话。

勿搭界，有人以为应作"勿搭架"。无论搭什么架子，至少须有三只脚方能直立，"独柯不成树，独木不成林"，独脚也不能搭架，名为唱独脚戏，实际上还是要用一个下手做搭档，勿搭架，就是勿搭档，用一句新名词就是"勿合作"。

穷则独善其身，关紧了房门做一个遗世独立、卓越出群的人物。他自认清高，以为不屑与一切人类搭架，实在他是一个被社会遗弃的分子，他的架子太辣，没有人敢与他合作搭架。

我们国内的界限实在分得太清楚了，官有官架，党有党架，以至士农工商无不有架。同一行业的人物，也有大同行小同行之分界，大家都自称大好老，不肯通力合作，不屑与人搭架，而他们自己的架，又都是造屋的竹架，等人家做成了钢骨水泥架，他们的竹架便全部毁弃了。

《勿搭界》

❖ **汪忠贤：搭小铜钱**

搭者，带也。坐航船附带趁去，谓之搭客，自己独包一船即非搭客，有人要求你顺便带至某地，就叫做搭船了。搭小铜钱，表示并非有意混用小钱占便宜，借此顾全有钱人的身体，即使被人一一剔除出来，他也能要求人家"搭一搭"。

旧时搭小铜钱的风气颇盛，实因市上的沙壳子广片钱太多，据说钱的大小，与朝代的气运有关，清朝的顺治、康熙、雍正三种钱，式样一律，白铜精铸，表示全盛时代。乾隆、嘉庆钱，小而厚，道光、咸丰、同治三朝的钱独多光屁，光绪则多沙壳子，国运就一蹶不振了，军阀将倒，轻质铜元充斥市面，致令电车公司大受损失。这许多私铸不知是哪里来的，现在也不知到哪里去了。听说最近通行的新辅币，流行三五日，市上已发现伪币，只怕将来又要搭小铜钱咧。

掏三文有孔钱出来买一块瓦爿饼，决不好意思搭一个小铜钱进去，这是多里淘成的交易，占利甚微。上海人在说话中杂一两句讨小便宜的俏皮话，俗语也叫做"搭小铜钱"，又叫做"嵌小铜钱"，便宜益发占得天衣无缝。

现在市面上，连刮痧铜钿都觅不到一个，然而搭小铜钱的俗语依然流行甚广，被人在言语中占了便宜去的，往往对人这样说道："现在用的都是铜角子，小铜钿搭勿进了！"

这就是表示他已察破你的话中有因。铜元初用时，上海人皆称为铜角子，铜板是小贩叫出来的，铜元局的俗名至今尚称为铜角子厂。

"言中有刺"，此刺即俗语之小铜钿，粗听不觉得什么，细辨滋味，才知道是讥讽。近年流行的幽默文章，无非在文字中嵌几个小铜钱而已。

说话搭小铜钱，有时候比正言谠论的收效更宏，优孟假扮孙叔敖，对楚王说的滑稽话，只搭了一个小铜钱，便将楚王感动。古人搭小铜钱的名言甚多，所谓言者无罪，闻者足戒，现代的时世更变，在报纸上说话，小铜钱都不容易搭，偶尔搭用，有人代你剔除出来。

《搭小铜钱》

❖ 郁慕侠："捉蟋蟀"

电车厢里和茶馆里边，常见一班穷朋友跑来，弯腰曲背恭恭敬敬的拾取香烟屁股，他们的术语叫做"捉蟋蟀"。拾满了一罐，拿到香烟摊上换钱用，据说勤勤恳恳的每天也有四五角钱利益。这种生意也在三百六十行以外，并且汉口地方，从前有过一个穷朋友专靠捉蟋蟀为生活，省吃俭用，过了二三十年后，居然成功了一位富翁。这岂不是"大富在于天，小富在于勤"的一个铁证么？

《上海鳞爪》

❖ 郁慕侠：卖长锭

每月到了废历三十和十四两天晚上，街头巷中常听见"长锭要么，长锭要么"的声浪，像穿梭般的喊叫。卖长锭的人都是相近上海乡间的妇女，也是她们一种副业，自己制造，自己喊卖。至长锭的内容，用锡箔和纸相间制成元宝式样，更用纱线穿缀而成长串，故名"长锭"。又因沪人欢喜迷信，到了三十、十四两夜买一串烧化，它们说，就有半个月的吉利希望。故乡间妇女投人所好，已成为一种固定的副业。

《上海鳞爪》

❖ 汪忠贤：拿摩温

上海是一个特别区域，一切行政习惯，都与世界各地不同。这特区之所以能存在于世间，就根据那几条《洋泾浜》章程，所以"洋泾浜"三字，是与上海历史最有关系的地名。

因为上海是一个特别区，所以样样东西都带几分特别色彩。言语是沟通人类意见的工具，除非是哑巴，人生不可以一日无此君。而特区之所以形成，就为了华洋杂处的缘故。既然杂处，就不能不通言语。但是中国话，洋人不懂，洋人说话，中国人不懂。华洋之间，欲交换意见，不能不特备一种特别言语，专在特区通行。而那时既无英语专修学校，又无留学生教授英文，只得用口授的方法，传播了一种特别洋话，叫做"洋泾浜话"，表示这种言语是专在洋泾浜一带应付洋人的。

"洋泾浜话"是从英语转译出来的，但是真正的英国人到了上海，也要从师学习几个月"洋泾浜话"，才能与中国人通话。这洋泾浜话的特别也可想见了。正像说笑话一样："你说的外国话，外国人都听不懂的。"所以外国人把"洋泾浜话"叫做"鸽子英文"，即 Pigeon English。

"拿摩温"是"洋泾浜话"之一，Number One 的译音，原意是"第一"。但在洋泾浜话文中，却有许多别解，例如："洋行里的拿摩温"，意谓洋行首席，用以代表大班。又如："寡老照会拿摩温"，是说女子的面孔好看。"格党麻子拿摩温"，是说此人真不错。

"拿摩温"三字，样样加得上去，已变成一切赞美的总形容词了，如果要将这字编入字典便有两种注解：

（一）首席。

（二）盖世无双。

《拿摩温》

❖ **汪忠贤：**起码人

在同一民族，同一地方住着的人类，也分着极严的阶级，这种阶级完全筑在金钱与势力的基础上，在上海地方，有财有势的人，叫做"大亨"，无财无势的人，就叫做"起码人"，起码人者，阶级最低之人也。

上海的"起码人"，并无一定标准，因为人的价值，砝码无法计算，须人与人比较始能估定，在大赌场里，别人都下几千块钱的大注，你只取两张十元钞去下注，你就是起码人，你输了一百块钱，走到朋友家里，看见一棹五百铲的麻将，他们四个就都是"起码人"了。

巡捕在外国三道头面前是起码人，出了行门，就把黄包车夫当作起码人。坐汽车的以坐包车的为起码人，坐包车以坐黄包车的为起码人，坐黄包车以坐电车的为起码人，坐电车以二脚车的步行为起码人，空手步行人以背包裹的为起码人，背包裹的以拉车挑担的为起码人。物理学家能以水为固体与液体物质之比重，以空气为气体之比重，人类的阶级，却找不到一个比重的标准。

《起码人》

❖ 汪忠贤：穿扇面

穿扇面，一作"串扇面"，自己有不便出面的事，串通一个比较有势力的人出面，如中国人自营的商业要挂洋商牌子，或营某种事业，背后非有靠山不可，因请大亨出面之类，是皆"串扇面"也。

也有人已到了大亨地位，不便再营低级事业，虽资本出自大亨，大亨只在幕后运筹帷幄，而串通小亨做出面老板者，如要人之经营上海地产公司，或向交易所买卖公债之类，都是串小亨出面的，是亦"串扇面"也。

向朋友借钱，明明是他自己的所有物，却要串一个人做出面债权者，以便将来索还时有所借口，这是社会上最普通的"串扇面"办法。

上司对付下属，为易于驾驭起见，每采用恩威兼施的手段，但是一人忽而施恩，忽而发威，态度不易转变，变得不好，威信全失，于是串通一人，一个扮红脸，一个扮白脸，红脸者发威白脸者施恩，做好做歹，便将部下做得服服帖帖，此亦"串扇面"之一法也。

凡事弄得无法圆转，只要一穿扇面，就能大事化小，小事化无事。人在光火之时，小扇子果然扇不得，若穿一张新扇面给他，将他的火渐渐的扇平熄下去，任何困难终易解决，这就是"串扇面"的功用了。

《穿扇面》

第八辑

本帮菜，用味蕾
拥抱老上海

❖ 沈念贤："罗宋大菜"的回味

帝俄覆灭，白俄皇裔贵族们均被驱逐出国，四处流窜，也有一部分人流奔到了上海，举目无亲地浪荡街道。为了生活各操低贱的生涯，男的当上了门警保镖，或沿街兜售小商品，女的充当舞女卖淫，才有了落脚之处。他们大都集居在法租界境内，生活极为艰苦，上海人叫他们为"罗宋瘪三"（罗宋是俄罗斯的谐音），他们吃的用的都被加上了"罗宋"两字。因为贫穷，每顿饭以"罗宋面包"为主食品。这种面包的形色是两头尖中间圆的，表皮脆硬内松软，不加奶油而且久嚼带有甜味，耐饥饱肚。除面包外另加一盆素菜汤，汤里加煮一块牛肉，这就是俄菜馆里的名汤"罗宋汤"，路里人叫它为"鲍许"。

山东人迁移到上海，在法租界开设了多家俄菜馆，原先的打算主要的吃客是白俄侨民，可是出于意外的，罗宋汤却受到了上海广大居民的爱好，馆中顾客成为清一色的中国人，食客大都属于上海的中产阶级层次，如外商洋行的中国职员，人称"洋行小鬼"们，还有文化艺人及知识界人士等等，为的是"罗宋大菜"经济实惠。

罗宋大菜也分点菜和公司菜两类，所谓点菜则各汤菜随客选挑，而公司菜则由馆方规定汤菜一二种不由客便，公司菜一汤一菜一杯红茶，黄油和面包不限量的填饱肚子。公司菜有一汤一菜的、一汤多菜的两种，一汤一菜的每客售价，在30年代时为4角至6角不等，最高价也有1元的。既然西菜被称为"大菜"，似乎在上海人的心目中罗宋大菜的身价无形抬高了几倍，所以这个定价可称太便宜了。汤滚菜热，味道鲜美，可以用"价廉、物美、方便"来概括。

《"罗宋大菜"的回味》

▷ 街头小吃摊

❖ 老饕：上海的粤菜馆

广东人虽没有"宁帮"的声势浩大，但是他们经营的商业在上海非常
雄伟，且不屑耗巨资，考究装潢。像著名的永安、先施、新新、大新等几
家公司，都是广东帮商业的大本营。粤菜（即广东菜）业近年来非常发达，
非"广帮"也相率去尝广东菜味。沪战前的四川路，广东菜馆林立，尽是
广东世界。

现在南京路上除四大公司设有酒楼外，还有"大三元"和"冠生园"
等几家，四马路上有"杏花楼"和"梅园"等几家。爱多亚路上的金陵酒
家，都是居广东帮酒菜馆领袖。在布置方面，竭尽装潢之能事，勾心斗角，
有美皆备，一椅一桌，弹簧坐垫，玻璃桌面；一箸一匙，雕龙画凤，精致
不群。进身其中无异皇宫，所以到广东馆子里去，非但谋口腹惠，简直求
身心所适。还辟出许多小房间，携侣同往，还可免抛头露面的伧俗，是畅
谈衷曲的极好所在呢！菜的定价方面比较上贵点，烹法大都半生半熟，不

过非常鲜嫩。一席酒几百元也有，除军政要客、豪商大贾外，穷措大休想染指。

自从市面不景气以来，小吃店群起，生意分外的兴盛，这些大酒家当然受到相当的影响。"小鬼跌金刚"，大酒家不得不急起直追，故有小吃部之设，永安和大三元还设茶室点心等。这都是生意眼，抓着顾客的心理，实行贱而又美的主义。

普通的广东菜馆，有印好的食谱，分门别类，标明价格，随意点叫。伙计送上一张点菜单，要吃啥就点啥，他们冷盆中以叉烧、油鸡价最贱，小酌的话，点下两冷盆，用以下酒。热盆中最普通的是炒牛肉、炒猪什，炖牛筋一味最鲜美便宜，烧牛尾汤、草菇汤最便宜。如果不善点菜吃法，不必到大的广东馆里去吃。中等的广东馆，三马路、四马路一带不少，像"清一色"等，可以用点"和菜"的法子去叫。一元二角起至三四元都有，随着人数的多少而定，可省却一只一只点的麻烦。还有省的吃法是夜宵，与客饭相仿的一炒一汤，每客不过三角，吃来也很实惠。

广东人生性硬绷绷，不专巴结小账，他们那里的"堂倌"大都是广籍，不善逢迎。你招呼他们时，不要叫他们"堂倌"，因为他们不喜欢人唤这名称，最普通的叫声"伙计"。而广东音的"伙计"如同上海音的"锅盖"相仿。他们愿做"盖"而不喜做"官"，可发一笑。

《粤菜馆与宁波菜馆》

❖ 冰舟：徽馆在上海

上海地方有着各省各地的人，在吃的一方面，也具有各色各种的口味，所以饮食馆子也分着派别，各有各的特色，各有各的不同。大概分别起来有：平馆、川馆、粤馆、宁波馆、苏州馆、教门馆、本地馆、徽馆，其中以徽馆在上海的菜馆业里占着大部分的势力，全沪有五百余家。就是历史方面讲，也算最长久。

徽馆有一种特色，就是徽馆里面，除掉厨房间的庖丁之外，其余帐房间、跑堂、打杂伙计等，没有一个不是徽州人。这是利权不外溢，也是象征他们善于保守的力量。

徽馆的范围，不大不小，介乎中庸之间，在上海，徽馆的踪迹可说是所在都有。徽馆最擅煎炒的拿手菜是清炒鳝背、炒划水、炒虾腰、炒鸡片、走油拆炖、红烧鸡、煨海参、醋溜黄鱼、三丝汤。如果踏进徽馆要点菜的话，上列各菜，照着各人的胃口点去，确是他们的拿手好戏。吃和菜最经济，夏季勿吃为妙，恐多不新鲜。

徽馆兼营业面食，随叫随送，比较普通面馆来得高一筹。价廉物美的火鸡面、划水面、鲜汤虾仁锅面，东西很道地，而价钱也非常克己，二三人分食，足可果腹，这是一班贪便宜的老饕们所最欢迎的。

还有一只特别菜，在徽馆就是血汤，烧得格外道地合法。据说大血汤的收入，是属于他们伙友公份名下的，由老板垫本买血。卖下来的钱，除了本钱之外，利益悉归伙计总分拆的，故而厨子、堂倌对于大血汤的生意，特别巴结一些。

《徽馆在上海》

❖ 王自强："兴隆郭记号"的五香豆

郭瀛州，又名郭宗儒，光绪三十四年（1908年）10月23日生于江苏省扬中县一个农民家庭，因家乡闹灾，18岁就背井离乡，只身来到上海。举目无亲，历经艰难坎坷，在10年的颠簸生活中，先后在南市的西姚家弄、阜民路一带以摆书摊为生。抗战期间也曾在雷云轩烟杂店谋生。

三四十年代过来的上海人都知道，上海滩曾流行过茴香豆。此豆韧而不坚、软而不涩，在老城厢附近的街头巷尾，生意兴旺，但晓得该豆配方、掌握其烧煮技艺者屈指可数。

31岁的郭瀛州对邑庙小东门宝带弄口对面老山东的茴香豆甚感兴趣，为能掌握烧豆的技艺，每晚必去茴香豆摊察看，想探点口气，偷点关子，怎奈老山东守口如瓶，秘而不宣。郭甚至挽老朋友去商量，情愿破财学艺，也被老山东婉言拒绝。为此，血气方刚的郭瀛州毅然另辟蹊径，发愤图强。买了一包茴香豆回来，细细琢磨，解剖分析。在一只煤球炉上做试验，从选豆到煮豆，从用料到配方，经过反复摸索与实践，终于掌握了烧煮的技术，成功地试制出比茴香豆略为坚韧的五香豆，并把试制品分给邻里品尝，以其风味奇特，五香扑鼻，受到他们连声赞叹。

▷ "兴隆郭记号"五香豆商标

由于这种豆的用料是以糖精、食盐、奶油香精等配制而成，故名"老城隍庙冰糖奶油五香豆"，初试成功，郭瀛州为稳定产品的质量，下了不少功夫。在选豆上，他采用当时江苏吴江的白蚕豆，该豆颗粒饱满，色泽鲜艳，有糯性，经筛选后方使用。在配料上，用料讲究，使用当时还未被国人完全接受的进口香精。在烧煮上，采用了比较科学的制作工艺，使老城隍庙奶油五香豆越制越精。

1939年9月，由于生意兴隆，郭将原来的雷云轩烟杂店改名为"兴隆郭记号"，从此，"老城隍庙冰糖奶油豆大王"异军突起，名噪一时，遍及海内外。沪上名人雅士，也常以品尝奶油五香豆为乐，外地坤伶名角常遣人专程来城隍庙购买五香豆。

《上海五香豆大王》

❖ 陈正言：苏式糕点

老大房食品店，1859年由陈翰卿创设于上海南京路（今南京东路）福建路口，1932年又在海格路（今华山路）开设西区分店，以自产自销传统特色的苏式糕点糖果而驰名全国。

老大房的产品特色取法苏、扬，兼采京、徽各帮之长。其特点是用料讲究，面、油、糖主料不厌求精，馅料广泛采用松仁、杏仁、桃仁、瓜仁、生仁、芝麻、蜜钱、板油等精心配制，辅以天然桂花、玫瑰、菊瓣、薄荷等香料；制作精细，投料搓揉、切坯捏制均求合乎规格，烘、焙、蒸、炸掌握火候恰到好处。成品须经品评鉴定，力求色、香、味形俱佳，风格独特。老大房陆续制销的产品有炉货、蒸货、糕片、蛋糕、油面、酥皮、月饼、糖果等八个系列约300多个品种。并善于掌握市场消费和季节变化规律，及时转换生产，推出当令食品，很能赢得市场，博取好评。如老大房的鲜肉饺、三鲜月饼、六色猪油年糕、百果年糕和黑、白麻酥糖等都有一定特色。

《苏帮名店老大房》

❖ 陈正言："异味熏鱼"

"异味熏鱼"，烹制特有章法，原料选用每条重7斤左右的鲜活乌青鱼，去头斩尾，取其中段，清洗除鳞后用毛巾拭干，尔后开片投入以绍酒、姜汁、白糖等多种佐料合成的原汁酱油中，浸渍约4小时后捞出沥干，用老油余制，出锅撒上特制的茴香粉，异香四溢，鱼块表面乌油闪亮，掰开则肉质白嫩，食之鲜美可口，有甜津津的回味。熏鱼在上海原称"爆鱼"，异味熏鱼名称的来由，缘于当时老大房对门的同羽春茶楼和五裕和酒店的座上客嗅到飘来的鱼香，纷趋品尝，连称"异味"，陈翰卿闻之，即冠以"异味"之名，"异味熏鱼"的美名便不胫而走，销势大盛，老大房的店誉也随之日隆。

《苏帮名店老大房》

❖ 袁望清：乔家栅的汤团

清末民初，上海旧城厢的深街小巷中，开着一家点心店，专做汤团，制作认真，质量考究，主顾近悦远来，生意煞是兴隆。汤团店招牌名叫"永茂昌"，因开在乔家栅路上，所以常被直呼为"乔家栅"。

汤团店开张后，生意兴隆，门庭若市，于是业务日益扩大，人也用得多了，都是安徽籍，鼎盛时期雇有30多人，在沪上汤团业中堪称首屈一指。若要长盛不衰，全凭质量，店主深谙此道，所以从原料到成品都很讲究。譬如，汤团的糯米选用青浦朱家角的，赤豆非崇明大红袍不可。做鲜肉汤团的馅心要采取细皮白肉的，而且分量在五六十斤的整只黑毛猪，每天进三四只左右。拌进豆沙内的玫瑰是专门向浦东种田人那里包购来的，加工后的糖玫瑰腌在大缸内，随用随取，保持花瓣新鲜，气味芬芳。老板亲自选定出手快、重质量的师傅上作台包制汤团，且常到生产现场察看。若发现锅内汤团有竖着浮上来的，无论亲疏，一律从严处罚。因为竖起来的汤团是出于厚薄不匀，制作马虎的缘故。老板赏罚分明，师傅制作得倍加认真，不敢怠慢。因此，他店里的汤团始终保持厚薄匀称，花纹褶裥清晰，吃口软糯滑润的风味特色。那时汤团无论甜咸，一律三个铜板一只，一客六只。顾客吃到如此上好的美点，无不交口称赞，于是一传十，十传百，虽在穷街僻巷之中，吃客中不仅有附近居民和市区的，还有郊县的、浦东的，连苏州也有人乘了火车来店一饱口福。

《汤团大王乔家栅》

❖ 袁望清：擂沙圆

汤团大王的生意越做越火红，店主想：开张以来，营业一直不差，馅心已有芝麻、细沙、鲜肉、百果等品种，但总感到不尽如人意，何不利用人手多、技术力量强等有利条件，把生意再做得大一些呢？店主一面想，一面从不用汤水的干点心上考虑，并动手试验起来。不多久，一种名叫擂沙圆的点心终于试制成功了。首先经煮、炒、磨、筛等多道工序制成细腻的赤豆粉，再将滤干的汤团放在上面翻来覆去滚动，使之粘满紫褐色的赤豆粉。这样，擂沙圆就制成了。这一干点，闻之浓香扑鼻，食之软糯可口，而且不需碗筷，信手可取，便于流动供应。提起擂沙圆，曾有一种误传，说是姓雷的老太发明的。她恐怕汤团因隔夜后卖不出去，所以用赤豆粉撒在上面，如此这般，擂沙圆就出名了，其实纯属讹传。"小光蛋"的新产品试制成功后，喜上眉梢，又是贴市招，又是做宣传，消息不胫而走。由于是新产品，市上稀罕，一些贪图蝇头小利的小贩特别感兴趣，纷纷到店批发。老板见此情景，高兴之极。为销售方便，专门在木桶店定制一批长2尺、阔1.5尺、有提手的腰子形木桶，上面有两只半圆形的木盖，擂沙圆放在里面，分层相隔，既清洁又卫生。一共备了30只，借给商贩，让他们拎着走街串巷叫卖。居民见后，极为好奇，竞相购买。

《汤团大王乔家栅》

❖ 黄贸文：杏花楼的来历

坐落在上海福州路上的杏花楼，是一家中外闻名的百年老店。它素以善治粤菜，精制广式月饼而著称。

说起杏花楼店名的来历，也有一段故事。刚开业的杏华楼并没有什么名气。在扩大经营后，有一位在上海某中学任教的苏君，他既是该店的老顾客，又是饭店经营者的老朋友。他主动对饭店老板建议说，饭店扩大营业后，还应该另起一个雅号，该店老板觉得他的建议很有道理，于是就请苏君设法起个好名。这位苏先生便以唐代诗人杜牧的"清明时节雨纷纷，路上行人欲断魂。借问酒家何处有，牧童遥指杏花村"一诗为据，建议取用"杏花楼"为店名。老板听了很高兴，马上就将杏华楼改名为杏花楼。到30年代，杏花楼已驰名中外。据当时出版的《老上海》专集中记载说："广东馆初唯大马路（今南京路）有之，专售宵夜，其后则遍设四马路（福州路）各处，杏花楼为广东馆中之大者。"到抗战胜利以后，已成为沪上赫赫有名的大店。那时，国民党的达官贵亨，美、英等外国领事馆官员，以及上海名流人物都成了该店的座上客。

《粤帮名店杏花楼》

▷ 1927 年的杏花楼

▷ 1930 年，清朝末科榜眼朱汝珍题写的"杏花楼"招牌

✦ 黄贸文：特色月饼

说起杏花楼的月饼更为著名。"借问月饼谁家好，人人都说杏花楼"，这是过去在上海到处流行的一句顺口溜。每当中秋佳节，人们都会自然而

然地想起杏花楼月饼。这家店自20年代开始生产月饼后，很快就名列前茅，在数量和质量上均跃居全市之冠，并远销国内各地及南洋、欧美各国。

随着上海商市的繁荣和发展，生产广式月饼的厂店日益增多，当时已有锦芳、冠生园、杏花楼、新雅、大三元、利男居、荃香等八大家，相互竞争激烈。在这种情况下，杏花楼经营者感到自己的月饼虽然已占绝对优势，但如果月饼的品种不更新，就不能完全适应顾客的需要，优势也会削弱。为了在竞争中取胜，并不断适应形势发展的需要，他们便从1933年始陆续创制新的特色月饼。先后选用优质原料，借用一些民间神话传说、名胜古迹的名称，创制了"嫦娥奔月""月中丹桂""西施醉月""银河夜月""三潭印月"等30多种特色月饼。其中"嫦娥奔月"是根据月里嫦娥的神话故事为题，取用精白面粉、绵白糖、生油、五仁（杏仁、核桃仁、瓜仁、麻仁、橄榄仁）、鸭肉、咸蛋黄等原料精制而成。它以咸蛋黄代表明月，鸭肉因其肉洁白绝嫩代表嫦娥，五仁代表月亮周围的白云，取名为"嫦娥奔月"。它色泽金黄，馅芯细腻，饼皮酥香，甜咸适口，颇有特色。因为"嫦娥奔月"这个神话故事在民间人人皆知，故"嫦娥奔月"特色月饼很受顾客欢迎。又如"三潭印月"月饼，是根据杭州西湖名胜定名。杭州三潭印月既是名胜古迹，又是中秋赏月的胜地，它有三个石塔，亭亭立在湖面上，石塔高2米，塔基系扁圆石座，塔身球形，塔顶呈葫芦形，造型优美，每到中秋之夜，月影在水中印出，故名"三潭印月"。该店取用莲蓉、椰蓉、豆蓉裹包咸蛋黄，再包入饼皮内，以三蓉为三潭，蛋黄为月，取名为"三潭印月"。吃口细腻，甜咸适中，椰蓉清香浓厚。此外，还有借用天河作比喻的"银河夜月""平湖秋色"等。这些月饼因名称都带有民间传说之美名，用料精细，制作又考究，深受大家欢迎，问世不久就闻名中外，销量不断增加。

《粤帮名店杏花楼》

❖ 黄贸文：扬帮名楼老半斋

扬州菜是我国最早享有盛名的菜系之一。早在唐、宋时，就有"穿在杭州，吃在扬州"之说，由于扬州菜选料严格，制作精细，口味甜咸适中，南北皆宜，因而深受顾客欢迎。上海自清末到解放前，经营扬州风味的菜馆约有近百家之多，而最先在沪经营并闻名中外的是现在开设在汉口路的镇扬老半斋酒楼。

这家菜馆所以一直盛名不衰，主要是它坚持用扬州地区传统的烹调方法烹制菜肴，保持镇扬风味特色。如他们经营的虾仁干丝、蟹粉狮子头、清蒸刀鱼、水晶肴肉、蜜汁火方、氽鲫鱼汤、叉烧桂鱼等，都是淮扬特色名菜。其中驰名中外的镇江肴肉一直按照镇江地区的方法烹制，取料之精，胜过当地，它是选用常州、苏州一带出产的细皮白肉猪的前蹄，每只750克左右，过大过小均不用。经洗净后，用硝、盐先腌制，再加葱、姜、桂皮、茴香、酒等调料煮熟。成品精肉鲜红，肥肉晶白，香味浓郁，食而不腻。煨淮鱼也是扬州地区的传统名菜，它制作精细，风味独特。此菜是取用鳝丝的肚皮之肉，经去内脏、洗净沥干后，再用热油锅炸至成熟，捞起待用。食用时，再经沸油锅炸至外脆取出，然后再加酒、酱油、糖、味精、五香粉等调味烧成浓汁，将脆鳝倒入小火煨煮，使它吸入浓汁后取出装盆。上桌时，随带镇江香醋一碟供蘸食，口味鲜美，香脆异常。

老半斋酒楼在国内外都深有影响。30年代时，我国伟大的文学家鲁迅及柳亚子等著名人士，都曾经是这里的座上客。原国民党元老于右任与一些国民党军政要员，也曾前往该店品尝扬州风味的菜点。其他工商界人士，如旧上海的"纺织大王""棉纱大王""钢铁大王""纸头大王"等更是经常聚会于此。

《扬帮名楼老半斋》

❖ 黄贸文：雪菜烩面

老半斋酒楼经营的蟹粉小笼、糯米烧卖、翡翠烧卖、肴肉面、刀鱼面、雪菜烩面等各色扬州点心，也是制作考究，风味独特，颇受顾客欢迎。其中最著名的大众化特色雪菜烩面，即是30年代老半斋酒楼老年厨师徐振福等人创制。烹制时，是先取用猪骨煮成鲜浓汤，再加小虾米、虾子，另用鲜小鱼洗净炒碎后用纱布包扎煮鲜汤，与肉骨浓汤相配成面汤（肉骨汤肥浓，鲜杂鱼汤鲜洁）。然后，将面条放入鲜汤，并加咸菜梗细末少许经小火稍烩后盛起。这款面点，汤浓而面白，味鲜异常，十分受人欢迎。早在30年代，上海《新民晚报》就曾报道过雪菜烩面的特色。

《扬帮名楼老半斋》

❖ 郁慕侠：砂锅馄饨

爱多亚路有一家大中楼菜馆首先发明了一种砂锅馄饨。刚出世时生意却很好，楼上楼下，天天有客满之盛。后来同业中瞧得眼红，就纷纷仿效起来，又加上了许多佳名，如凤凰馄饨、鸳鸯馄饨、神仙馄饨之类。砂锅馄饨究竟是一样什么东西呢？是裹好了元宝式的大馄饨，用鸡和鸭双拼而成，放入一只砂锅内。起初的当口生意是好极了，大有应接不暇之势，因为上海人向有一窝蜂的心理，只消一人提倡得法，包管你声气相通，如潮而来。

《上海鳞爪》

❖ 郁慕侠：菜饭

六七年前，六马路同春坊弄里一家灶披中开了一爿菜饭店，门口用红纸写"杨记"两字，代表他的店号。店主人确为杨姓，是苏州人。菜饭原料，用青菜、猪油混合煮成，又香又鲜，外加浇头，每碗只售小洋两毛。起初的浇头不过排骨、排四、四喜、脚爪几种，因为价廉物美，生意很好。

后来这种店铺越开越多，且都正式租屋开张，装潢也很华丽。菜饭的浇头也添了不少，如红鸡、酥鸭、酱蛋、双拼（如一块排骨、一个酱蛋之类）等，又有几家每碗菜饭附送清汤一碗，故一般经济朋友都趋之若鹜。

现下同春坊房屋早已翻造了，最初发明菜饭的杨姓朋友不知乔迁到哪里去了，小小一种生意也不免使人兴沧桑之感。

《上海鳞爪》

❖ 郁慕侠：客饭

现在除贵族式的大馆子外，其他大小菜馆都售卖一种客饭，每客价目各家不同，从两毛到五六毛为止，菜肴有二菜一汤，饭则没有限制，任客吃饱为度。自客饭制度盛行后，一般买饭吃的朋友都趋之若鹜，如天津馆、川馆、徽馆、本地馆等都已售卖客饭，倘使胃口狭窄的人还不能吃得精光。如有三个朋友合吃两客，菜肴更叫他合并起来，末了只添加白饭一客，这种最经济的吃法再便宜也没有了。

客饭的制度，据说为老北门外大街几家教门馆所创设（为回教徒所开设），早已售卖多年，他们定价每客三毛，以小洋计算。现在各帮馆子售卖客饭，想系采用教门馆的办法。

《上海鳞爪》

第九辑

文坛旧事，民国老上海
的文化风情

❖ 萧军：鲁迅的宴会

于指定的日子——12月19日——下午约六点钟以前，我们终于寻到了鲁迅先生信中所说的那家"梁园豫菜馆"。

由于我们没有表，究竟于六点钟以前、以后……什么具体时间到的就没法知道了，也许已经过了六点的正时间。

这家豫菜馆大约坐落在这南北横街的中段，是一座坐东面西旧式的二层灰砖楼房。

我们上了楼，许广平先生正在那里张望，似乎正在等着我们。那是位于西南角临街的一个房间。我们到达的时候可能是最末的"客人"，不独鲁迅先生和许广平先生以及海婴全在了，另外还有几位我所不认识的人，也早已先在了。

许广平先生对于萧红犹如多年不见的"故友"一般，表现了女性特有的热情和亲切，竟一臂把她拦抱过去，海婴也掺在了中间，她们竟走向另外一个房间去了。

过了大约有十几分钟，许广平先生和萧红也全走进了我们所在的房间，接着，菜馆的招待员走进来向许先生满面和气地询问着：

"侬们的客人全到齐啦吧？"这人明明是北方人，却用了不太纯正的上海话说着。

许广平先生看了一下自己腕子上的表，征询着鲁迅先生的意见问着：

"现在快七点了，怎样？还要等他们吗？"

"不必了。大概他们没收到信——我们吃罢。"

鲁迅先生爽利地作了决定。

"给我们开罢。"

招待人员脸色愉快地一弯身退出去了。

"他们这里的生意好，是希望饭客们快吃、快走的，好腾空房间……"许先生微笑着，似乎代菜馆抱歉似地解释着……

由鲁迅先生指定了座位，沿着这张特大的圆面桌，鲁迅先生和许广平先生并排地面向里面坐在临门的座位上。鲁迅先生在左面，许广平先生在右面，她下首是海婴，其次是萧红和我。在我的下首两个座位被空留着的。再向这空座位右转过去，是一位穿淡紫色西装的青年人，他直直地、显得有些拘谨而端正地坐在那里。再过去，是一位约近三十岁、方圆脸盘、脸色近于黑的女士，她穿了一件细花深绛色，类似软绸料子的窄袖半旧旗袍。她的右边是一位脸形瘦削、面色苍白、具有一双总在讥讽什么似的在笑的小眼睛；短发蓬蓬、穿了一件深蓝色旧罩袍，个子虽近乎细长，但却显得有些驼背的人。鲁迅先生左首第一位客人是一位身材不高的人。他脸型瘦削、下巴略尖，略高的鼻梁有些突起，架了一副角边眼镜，鼻尖显得特殊、敏感的样子……后披式的发型梳理得无可指摘地光亮和整齐，穿了一件湛蓝色半新的罩袍，袖口卷起着，可以露出一圈白色的衬衣袖头。——由我看来，这是上海当时近乎典型的一种中式服装。

我数了一下，连我们在内，一共是九个人。

《我们第一次应邀参加鲁迅先生的宴会》

❖ 姜坎庐、穆俊：错把鲁迅当"仆役"

穆俊记得当时上海文坛流传着一则鲁迅先生的逸事：1935年，英国大文豪萧伯纳环游世界，经过上海时，住在南京路外滩华懋饭店（即现在的和平饭店），曾邀请鲁迅先生去晤谈。鲁迅先生身穿蓝布长衫，脚着胶底跑鞋，头戴一顶旧呢帽去会见萧伯纳。到了华懋饭店，电梯司机不准他乘电梯，以为他是仆役，鲁迅先生不加申说，就一层一层地走上楼去。等到辞出时，萧伯纳送他到电梯门口，揿铃，让电梯上来接他下楼，这个电梯司机见到这位"仆役"，大吃一惊。可是鲁迅先生仍不动声色，笑嘻嘻地同萧伯纳握手言别，乘着电梯下楼而归。后来他仍旧那样穿戴，出席了宋庆龄同志为欢迎萧伯纳举行的宴会。

《许广平谈鲁迅的日常生活》

❖ 俞荻：郑振铎在暨大的最后一课

▷ 郑振铎

1941年12月8日太平洋战争爆发后，战局发生了急剧的变化。就在这一天的黎明之前，居住在上海"孤岛"上的人们，被一阵阵"咯咯咯咯"的机枪声惊醒了。街头巷尾，切切私语，人们既愤慨又焦急：怎么日寇竟公然横行到英、法租界了？不久，郑教授从朋友打来的电话里，得知日寇已侵占租界的消息，心情十分沉重。他匆匆赶到康定路上的暨南大学，走进校长办公室。那时，文学院的教授周予同、方光焘、李健吾、傅东华、张世禄等，以及其他院系的教授，也都陆续到齐了。年高德劭的何炳松校长，在这国难临头的时刻，老泪纵横，严肃而又悲愤地在校务会议上，激昂地宣布："今天，照常上课。但只要看到一个日寇，或是一面敌旗经过校门时，我们就立即停课，马上把上海暨大关闭结束！"教授们听了何校长语重心长而又悲壮的讲话，大家都肃静无声。最后，他们纷纷表达了满腔气愤和同仇敌忾，以及复兴祖国的决心。

这一天，郑教授昂然走进教室，他看到学生们肃静而端正地坐着，课桌上放着笔记本，正在等待郑教授的来临。他感到今天的学生特别亲切，特别体贴老师，黑板也显得特别光亮，粉笔也变得分外洁白而便于书写。郑教授讲课比平时更认真、更清晰，他慷慨激昂，像司令员对出发的战士讲话一样，一字一句，充满着战斗的气息。学生们也比平时更加全神贯注地静听着，并快速地记录着郑老师这一天的讲课。他滔滔不绝地讲着，恨不能把所有应该讲的内容全部讲完。他正在热情奔放地讲课，远处传来了沉重的车轮滚动声。几辆日寇的卡车驰过暨大的校门，一面敌旗在阴凄凄的寒风中乱舞着。时针正指着7时30分。

郑教授昂然而立，沉重地合上讲义本，带着激愤而又豪迈的口气宣布说："现在下课。"全体同学肃然起立，大家心里充满着无限的仇恨，没有说一句话，只有几个女同学不禁流下悲愤的泪水。郑教授在祖国最艰难困苦的时刻，上完了他终身难忘的"最后一课"！

《郑振铎在暨大的最后一课》

❖ 陈于德：提倡白话诗的刘大白

五四运动前后，大白先生已积极提倡白话诗，为我国新诗的倡导者之一。五四以后，他大写新诗，少写旧诗，在中国新诗发展史上有重要的地位与影响。

他在北洋军阀统治时期，对于封建主义、帝国主义互相勾结，残酷剥削，搞得城乡手工业和农业日趋破产，老百姓贫困痛苦等，目击心伤，就以大量的新诗歌反映出来，为工农群众向社会控诉。1920年所作的《卖布谣》，堪为代表作之一。《卖布谣》及《渴煞苦》等新诗歌，30年代初上海一些书局出版的《初中国文》教科书，大都编入为教材。解放以来，京沪各地出版的新诗选集等，也选入刘先生五四前后的作品。如中国青年出版社的《中国新诗选》，选入刘先生《卖布谣》《田主来》等4首，人民文学出版社还出版了《刘大白诗选》。

1924年，邵力子先生准备离沪赴粤，参加国共合办的黄埔军校政治工作，向复旦大学李登辉校长推荐刘大白继任他的教职。李登辉久闻刘先生才华出众，表示欢迎，就请他为复旦教授，于次年春季莅校，任中国文学史、历代诗选等课。同时他兼课于私立上海大学，受到两校师生的欢迎。他著作丰富，在上海各书局陆续出版了5种新诗集及《旧诗新话》《白屋文话》《白屋说诗》《中国文学史》《文学概论》等等。

《现代诗人刘大白》

❖ 金端苓、刘火子：文化战士金仲华

▷ 金仲华

提起仲华，自然而然会联想到创刊已届半个世纪的蜚声海内外的《世界知识》。这本杂志的创刊，发轫于1933年的一个冬夜。在一次由进步知识分子发起组织的苏联之友社的集会上，提出要出版一本杂志，用以研究、宣传社会主义新世界，批判资本主义旧世界，发起人是胡愈之、张仲实、金仲华、钱俊瑞等十几人。自从在苏联之友社集会上提出之后，大约经过几个月的筹备，1934年9月16日，《世界知识》终于同读者见面。它首先在上海、汉口、广州、香港等地出版，前后担任主编的有胡愈之、张仲实、钱俊瑞、钱亦石、金仲华、张明养等10余人。而金仲华任主编的时间最长，他除了用仲华本名外，还有"孟如"的笔名发

表一大批很有见地的文章。每期《世界知识》都在最前面位置设有"瞭望台"栏目，专门论述最新发生的大事，短小精悍，读者甚为欢迎。为"瞭望台"专栏写文章最多的是仲华，大部分文章都是出自他的手笔。由于他的文章看问题准确，运用材料新鲜，对读者了解世界知识很有帮助。

仲华主编的《世界知识》，十分注意编排，做到图文并茂，形成了自己的风格。国内许多著名漫画家、摄影家都经常为杂志提供作品。仲华善于替他们出点子，向他们提供素材，使他们的作品具有战斗力。尤其值得提起的是，仲华善于运用地图方式说明形势，经过他培养的形势地图专家，前后有沈振黄、金端苓和朱育莲，他们在仲华的指点下，绘制了不少配合形势发展的时事地图，使读者对世界形势一目了然。仲华曾对金端苓说，研究国际问题离不开地图，读者了解国际形势也离不开地图。如果一面读报道，一面看图，就会帮助读者对时事形势发展的空间范围有一个横的认识，在头脑里形成一个立体概念。形势地图的运用，成为《世界知识》的一个特色，并形成了《世界知识》的可贵传统。

《文化战士金仲华》

❖ 陆治：大义凛然的史量才

国民党当局曾多方拉拢史量才，也曾给史担任各种荣誉职衔，如国难会议委员、红十字会名誉会长和上海市临时参议会议长等职务，总希望他能转变《申报》的政治态度，但他不仅不为所动，而且坚持正义斗争，绝不屈服于权势。他虽然没有参加同盟，但积极支持同盟的活动，尽了最大的努力。他是一个言行一致的人，他说反对国民党的新闻检查，在实际行动上也就这么干。每天晚上他经常到三楼编辑部，亲自审阅报纸言论和要闻版的大样，遇到有被上海市新闻检查所扣发的稿件，他必认真追究，再上五楼上海市日报公会办公室，打电话把新闻检查所的负责人找来当面交涉。当时国民党上海新闻检查所设于南京路大陆商场（慈淑大楼），主任陈克成是国民党上海市党部委员，是CC系干将。

记得1933年春的一个深夜，我为了交涉《新闻报》被扣发稿件也要去新闻检查所，经先与《申报》电话联系，约我到该报五楼日报公会一起谈判。《申报》和《新闻报》遥遥相对，只有几步路。我先到，史氏对我亲切接待，很热心地问我被扣发了什么消息，我说是一条有关东北义勇军的消息。隔了5分钟，陈克成匆匆而来，对史量才恭敬行礼，但史却对他怒目而视，也不招呼他坐下，就把我手上拿的稿子接过来往桌上一放，大声责问他："时至今日，你们竟然还扣发东北义勇军抗日的消息，你们究竟还像中国人吗？"接着，他又借题发挥，拍桌大骂国民党政府的不抵抗政策。陈克成慑于史氏雷霆之怒，表面上微笑忍受，连称史先生息怒，让他打电话向南京请示，暗中却把情况密报国民党中央党部转告蒋介石。此事是我亲眼目睹，史量才当时所表现的大义凛然气概，至今记忆犹新。

《史量才与〈申报〉》

❖ 曹聚仁：陈冷血的时评

旧上海的望平街上有一张《时报》，那是1904年4月29日由维新派志士狄平子（名葆贤，字楚青，江苏溧阳人）创办的。狄平子留学日本，归国后曾与唐才常等策划武装起义，狄变卖所藏书画作为秘密活动经费，事败，唐才常被捕就义，狄平子乃致力办报，作文字上鼓吹。辛亥革命前后曾起积极作用，如今却被人淡忘了。

《时报》创刊之初，狄平子延陈冷（字景韩，号冷血，松江人，狄与陈在日本时相缔交）为总主笔，辟时评一栏，摆脱过去做古文长篇论说的老腔调，每篇200字左右，短小精悍，敢于大胆说话，笔锋犀利，切中时弊，能引起许多人的注意，产生过有力的影响。这在当时是一种创体。有人认为，"冷血文笔以峻简见长，议论波谲翻腾，盖脱胎于《东莱博议》"。其实，评论的质量还关系到洞察世事和有分析判断的胆识。

陈冷血是前清秀才，留学东瀛，在办报方面每别出心裁，不随旧习，除撰论外，提倡评介外国文艺，提倡教育，保存国粹，注重图画；后来复与名记者戈公振一起革新报纸，增加教育、实业、妇女、儿童、英文、图画、文艺等周刊，开报界的新风气。这符合狄平子创刊之始所主张的报界革命的宗旨。

上海日报上介绍新小说、短篇小说和译作小说，冷血可算提倡最力的一人。当时《时报》上刊载署名"冷"或"笑"的译著小说，乃出诸陈冷血和包天笑的手笔。近代我国报纸上有像样的副刊，大概也是从《时报》开始的。当年胡适还是一位14岁的少年，他是阅读《时报》以后引起了对文学的兴趣。

《陈冷血的时评》

❖ 陆治：历史最悠久的报纸——《申报》

《申报》从1872年4月30日创刊，到1949年5月26日停刊，历时77年，是我国历史最悠久的一张报纸。

《申报》原为英国人美查（E.Major）所办，美查回国以后，由席子眉、席子佩兄弟接办，但仍沿用外商名义发行。史量才进上海新闻界后，初任《时报》主笔。1912年他和张謇、应德闳、赵凤昌、陈冷等合资，从席子佩手中购进《申报》，从此该报才真正成为中国人自己经营的报纸。后来，张、应、赵三人政治上都郁郁不得志，无意办报，要求退股，《申报》遂成为史量才独力经营的报纸。

史量才等接办《申报》之初，该报虽已有40年的历史，但每天销数只有7000多份，连年亏损，前景暗淡。史量才得到江、浙资产阶级的支持，特别在经济困难时，争取了纱厂资本家徐静仁的支持，大胆使用张竹平、王尧钦等干练的管理人才，利用欧战爆发，大量购进并储存日本的廉价纸张。他坚决走报纸商业化道路，一面靠广告增加收入，一面极力开展发行业务，经过10多年的苦心经营，为报纸奠定了雄厚的经济基础。到1931年"九一八"前夕，报纸日销15万份左右，与《新闻报》并列为全国销数最大的报纸，经济上不仅不再亏本，而且每年获利几十万元。

《史量才与〈申报〉》

❖ 张志康：行销全球的《良友》画报

1925年，上海北四川路余庆坊口，一家名叫良友的小印刷所于7月15日开张。店为石库门式，仅一楼一底之地，只有三台小型印刷机而已。创办人是广东人伍联德。他深感中国文化事业的落后，想为普及文化教育事业尽一点力，办印刷厂就是这种努力的开端。

次年2月15日，一份在中国近代出版史上首创的大型综合性画刊《良友》画报问世了。它以良友图书公司的名义编辑出版，应运而生，轰动一时，不胫而走，行销全球。

▷ 《良友》画报第一期封面

1928年冬，良友图书公司迁至北四川路851号（今四川北路861至865号，红光鞋帽商店）新址。底层左右为落地玻璃橱窗，中间为落地玻璃门，进门为营业大厅，楼上为编辑室。店堂后面三层楼房为排字印刷场所。

良友公司融编辑、印刷、出版、发行为一体，业务蒸蒸日上。伍联德更是煞费苦心，精益求精。自第五期起聘请著名文化人周瘦鹃负责画报的文字工作，销路增至2万份。1929年聘请马国亮和赵家壁任主编，锐意革新。第三十七期起，全部改用铜版纸印刷，内容丰富，图像精美，深受读者欢迎，销路又增至3万份。第四十五期起，又改用影写版印刷，质量又有提高，销路更一跃而为4.2万份，成为当时中国画刊销行数之冠，为其他刊物所望尘莫及。销行的半数以上为遍布世界各地的华侨所订阅，有"良友遍天下"之美誉。

《〈良友画报〉与良友图书公司》

❖ 丁君匋：销量最多的《新闻报》

当时上海销路最大的报纸是《新闻报》，号称日销15万份，实销数为12万份。它日出五到六大张，每份定价三分六厘，全靠广告收入才取得盈利。由于当时要在该报上刊登广告的客户甚多，上海所有的广告公司都要向《新闻报》开户交纳一定的保证金，然后报社给广告公司以广告佣金（即报馆实收广告费的八到九折，余作佣金）。该报广告定价，每一行为1元8角，每版分上下两栏，每栏以128行计（《申报》与《大公报》以120行计）。《新闻报》每天的广告量约占版面六成半地位，故其广告收入每月约有15万元。那时《申报》日出三大张，广告地位约占其半，对广告公司不收取保证金，广告按六到七折收费。其销数只有《新闻报》的一半，约七八万份。

当时《新闻报》上几乎什么广告都有，戏院、电影、跳舞厅等，相当齐全，特别是分类小广告有一整版，内容很适合一般小市民的胃口和各行各业经营者的需要，所以，凡是商店、工厂企业都有《新闻报》。

《〈大公报〉在上海的崛起》

❖ 沈峻坡：秘密出版《文萃丛刊》

1947年春，国民党反动派疯狂进攻延安，气焰十分嚣张。在上海，人民群众心中的明灯——周公馆的工作人员被迫撤走，《新华日报》《群众》杂志在上海不能出版发行，几乎所有的进步书刊都相继被勒令停刊。就在这黑云滚滚、恶浪滔滔的日子里，在上海地下党领导下的《文萃丛刊》秘密出版了。它传达了党的声音，刊载了声讨反动派的檄文，给在黑暗中苦斗的上海人民带来了光明和希望。

《文萃丛刊》的前身就是公开出版的《文萃》杂志。《文萃》初为以政论为主的大型文摘性杂志，后改为以政论为主的综合性杂志，创刊于1945年冬季，由名记者孟秋江同志主办，1946年起由黎澍同志接办。《文萃》杂志立场坚定，旗帜鲜明，文风泼辣，深得上海读者的喜爱。它同《周报》《民主》一起被誉为蒋管区的三大民主刊物。孟、黎两位主编都是周公馆直接领导下的共产党员，《文萃》杂志是周恩来同志亲自浇灌的上海革命文化园地上的一枝鲜花。反动当局发动内战，容不得半点民主，到1947年初，《文萃》杂志终于被扼杀。

但是火种不灭，没有跟随周公馆撤离的部分文萃社的工作人员，在上海地下党的领导下，冲破反动派的重重禁令，冒着杀头、坐牢的危险，于1947年3月20日开始，又秘密出版了半月刊《文萃丛刊》，周恩来同志在上海亲手点燃的革命火种继续发光、发热。

为了迷惑敌人，躲过敌人的追捕，《文萃丛刊》采取了种种巧妙的手法。《文萃》原为16开大小，《文萃丛刊》改为32开，从外表看，完全像一本书，加上每期以其中一篇文章作为该期的刊名，使人粗粗一看，不像是一本杂志。第一期刊名为《论喝倒彩》，这篇文章是夏康农写的，揭露、批判国民党召开三中全会，公布伪宪法。以后陆续出版《台湾真相》《孙太子传》等，都活像一本书。《文萃丛刊》初期还保留了原来的《文萃》字样，但从拳头那么大小的字体缩到花生米那么大小，一般不易发现。以后，索性把《文萃》二字也取消了，但是每期都刊有一个图案：一个战士肩上扛着一支钢笔。这原是漫画家米谷为《文萃》画的一个图案，刊于《文萃》杂志，早已深入人心。当时，《文萃》两字尽管不见，细心的读者一看到这个图案，就会联想到这本小书就是《文萃》的继续。就这样，《文萃丛刊》一次次避开了敌人的搜查，秘密出版了10期，搅得敌人心慌意乱，心神不安。

《活跃在敌人眼皮下的〈文萃丛刊〉》

❖ 张祥麟：孙中山创办的《民国西报》

　　辛亥革命胜利后，孙中山先生因民国新创，为团结南北起见，让位于袁世凯，选举袁为大总统。本人退居铁路督办之职，从事发展全国铁道计划。但第一任的唐绍仪内阁迅即被袁阴谋破坏。中山先生当即看出了袁的野心，想从唤起舆论、鼓励民意来制止袁的破坏民主制度阴谋。

　　当时，老同盟会已准备改组为国民党。在全国各大城市中，多数大城市已有华文报纸可资宣传之用，如上海的《民立报》，尤其有声有色。但宣传网中，独缺对外宣传的洋文报纸。而当时的所谓列强，对于中国政治，不但影响巨大，而且常有干涉我内政的举动，必须有一洋文报纸对外宣扬我民主力量向封建余孽作斗争的伟大意义。乃于1912年，在上海创办英文《民国西报》。

《民国西报》是英文夜报，每天下午出版，星期日休刊。主笔（即总编辑）是马素先生，也是发行人，负报社全职。聘用英籍副主笔两人，和译员、访员及业务人等，共不到10人。有自备排印机器，设备完全。1913年，《民国西报》每天加法文社论一篇，添聘韦玉为副主笔专写法文社论，作用在向当时的法租界当局宣传。

1913年夏初，林虎在江西省九江的湖口炮台发动了讨袁战役，李烈钧在南昌起而响应。时同盟会改组为国民党为时不久，一般人称这次讨袁战役为"二次革命"。中山先生领导了这场革命运动，通电声讨袁世凯，并号召全国各省响应，共同讨袁。

中山先生创办英文报的重点作用，本在对外宣传袁的不轨行动，故湖口战役一起，《民国西报》即全力从事于讨袁宣传，大声疾呼，再接再厉，在国际上起了一定影响。且因事先派董显光为驻北京访员（董是美国密苏里大学新闻系毕业生，由美国驻沪总领事淮尔德介绍而来），通过北京美国使馆刺探关于袁的消息，故在讨袁战役期间，《民国西报》关于袁的阴谋活动消息亦异常丰富。

二次革命失败，中山先生不得不离沪赴日暂避，而《民国西报》亦于1913年冬自行停刊结束。

《孙中山创办的一份英文夜报》

❖ **商一仁：刘海粟与《美术》杂志**

辛亥革命第二年（1912年），还不满十七岁的刘海粟，在乍浦路创办起中国第一所美术学校"上海图画美术院"（后改名为上海图画美术专科学校），积极介绍西洋美术，推进美术教育。学校设有中国画、西洋画、雕塑、工艺图案、音乐、图画音乐、图画手工等七科系，逐年培养和造就了一大批美术人才，学生遍及海内外。

1918年10月，刘氏创办的《美术》杂志问世，立即引起鲁迅先生的重视。是年12月29日，《每周评论》上发表了署名庚言的鲁迅文章：《美术杂志第一期》。文中说："这一年两期的《美术》第一期，系当这寂寞糊涂时光，在上海图画美术学校中产出……其中虽偶有令人吃惊的话……但开创之初，自然不能便望其纯一。就大体着眼，总是有益的事居多，其余记述，也可看出主持者如何热心经营及推广的劳苦的痕迹"。文中又说："这么大的中国，这么多的人民，又在这个时候，却只看见这一点美术的萌芽，真可谓寂寥之至了。但开美花的，不必定是块根。我希望从此能够引出许多创造的天才，结得极好的果实。"可见当时鲁迅先生对《美术》这一新生事物的支持与期望。

《刘海粟与人体模特儿写生》

❖ **钱普齐**：出版家的摇篮——商务印书馆

"商务"在其创立发展的过程中，出现了我国最早的一批近现代出版家。夏瑞芳、张元济、印有模、毛云五等。在商务工作的职工中，又有陆费逵、吕子泉、沈知芳、章锡琛等，先后创办中华书局、大东书局、世界书局、开明书店等，成为在"商务"之后出现的一批著名出版家。胡愈之、叶圣陶、周建人、祝志澄等商务国人，成为新中国出版总署的领导人，"商务"不愧是我国近现代出版家成长的摇篮。

其次，一批现代文学家、名人，曾为"商务"做出贡献。他们是：鲁迅，于1913年在《小说月报》上发表处女作《怀旧》。老舍于1926年在

《小说月报》上发表处女作《老张的哲学》。丁玲于1927年在《小说月报》上发表初作《梦阿》。巴金于1928年在《小说月报》上发表初作《灭亡》。叶圣陶初作《稻草人》于1992年列入《文学研究丛书》，《倪焕之》最先在《教育杂志》上连载。费孝通读中学时的处女作《秀才先生恶作剧》在《少年杂志》上发表。冰心第一部小说《超人》，第一本诗集《繁星》均在商务出版。

新文化运动出现了一批革命文学家、先进知识分子和工人。以"商务"为例，陈云、沈雁冰、董亦湘、杨贤江、王景云、黄玉衡、糜文溶、柳普庆等许多早期党、团员，先后走上革命道路、成为职业革命家和党的重要干部。有的为革命献出宝贵的生命。

《上海新文化运动的基地——商务印书馆》

❖ 钱普齐: 供不应求的《天演论》

自称"天演哲学家"的严复，针对甲午战争失败后国内现状，于1819年，将英国博物学家赫胥黎的名著《进化论与伦理学》译成中文，书名改为《天演论》。1905年商务出版严复翻译的西方学术名著中，《天演论》铅印本首次发行，畅销一时，供不应求。至1921年先后再版20次，影响巨大。从严复到鲁迅，再到鲁迅后更年轻一代人，无不身受其赐。《天演论》是达尔文《物种起源》之后，第一位提出人类起源问题的著作，它向广大读者宣传"物竞天择""与天争胜"的世界观与方法论，使更多人懂得了"只有自强才能自主"，"只有求新才能求生"，最后浓缩为"落后就要挨打"这么一个朴素的观点，催人猛醒。五四运动前，凡有志于"自强保种""救亡图存"的爱国者、救国者，无不接受它的洗礼。

被毛泽东称为五四运动总司令的陈独秀，是位《天演论》的积极拥护者。他认为"物竞天择""一言天之面目"进而认识到"人定代天，代天者，以己之权，行己之志"。开始用由己笔名——陈由己，在他自己主办《新青年》创刊号上发表文章，称赞《天演论》。随后，他为商务编写《小学万国地理新编》第一章总论中，讲述天体间星球运转的物理现象，解释"世界是物质的，物质是运动的"唯物主义宇宙观，启迪青少年一代，抵制封建迷信思想，"无神论"被越来越多的人所接受。可谓"一石激起千层浪"。

《上海新文化运动的基地——商务印书馆》

❖ 董宝莹：张爱玲的小说热

太平洋战争爆发后，张爱玲于1942年夏带着满腹惆怅和未完成的学业由香港回到上海，她与姑姑住在一起。为谋生，她开始了鬻文卖字的生涯。

最初，她卖的是洋文。那时上海虽称为"十里洋场"，但能用英文写作，尤其是用英文写中国的传统文化等方面的文章，乃是凤毛麟角。她给英文版的《泰晤士报》写剧评、影评，给德国人办的英文杂志《二十世纪》写《中国的生活与服装》。这些文章，不仅显示了她的英文水平，也显示了她渊博的中国文化功底。

▷ 张爱玲

1943年，在社会氛围"低气压"，生存"水土不相宜"，谁也不幻想文艺园地有奇花异草探头的日月里，张爱玲却天女散花般地把一篇篇令人瞠目的文学作品推向上海文坛。从当年4月到年底，她发表长篇小说《连环套》1部，中篇小说《金锁记》《倾城之恋》《沉香屑——第一炉香》《沉香屑——第二炉香》《心经》等6部，短篇小说《茉莉香片》《封锁》《花雕》等8篇，散文《到底是上海人》《洋人看京戏及其他》《谈女人》等40余篇，50多万字，且佳作迭出。她的《金锁记》被一些文学大家誉为"中国古代以来最伟大的中篇小说"，"至少也该列为我们文坛最美的收获之一"。她的《倾城之恋》，以其对人性冷漠的描写令人震慑，其艺术之圆熟，语言之精美，被称为"中国现代爱情小说中的经典之作"。这年9月，她的小说集《传奇》出版，上海文坛名流用"横看成岭侧成峰"对收入作品的成就进行比喻和概括；与后来出版的散文集《流言》，都成为上海的最畅销书。《传奇》发行4天便脱销，《流言》也是一版再版，出现了"洛阳纸贵"的难见现象。张爱玲飞快地登上了灿烂的高峰，红遍了上海。

张爱玲的小说，全面细致地展示了生活在黑色世界的一群平凡却又触目惊心的女性的生活遭遇。她的笔端直入女性意识的深层，在冷静而渗浸着对女性深深同情的描摹中，揭示了不曾在文学作品中正面披露的另一阶层的女性。她的作品更多地描写了中层华人家庭中情欲幽灵的猖獗，黄金魔影的肆虐，以及为此而出现的种种疯狂的变态心理。她通过深而不广的视野去揭示一个畸形扭曲，又是习以为常的世界。她在珠光宝气的世界中透彻地看到了无可救药的痛疽与腐败。这就是她对读者、对于中国文学做出的特殊贡献。

张爱玲善于描写殖民地中特有的东方特色，她笔下的沪、港洋场，处处显示出资本主义文化和东方固有文明的融合，这对现在读者来说，有其重要的认识价值。张爱玲在文学技巧方面有极深的功夫，在对古今中外文学技巧的借鉴与切磋中，形成了她作品亦洋亦古，非中非西，新旧文学糅合，新旧意境交错的风格；行文之间多处使用隐喻，令人玩味无穷；任何题材都能风神艳异、趣味盎然地娓娓道来。文学界人士认为她的作品将经得起历史的考验，在文学史上占有令人瞩目的地位。

《现代著名作家张爱玲》

❖ 张廷灏：复旦大学的民主作风

复旦自从五四运动以后就成立学生会，名"复旦大学学生分会"，隶属于上海学生联合会。到次年春季开学，学生会对内改为学生自治会，对外仍用旧名称，下设执行、评议和司法三部。执行部除设正副部长各一人，亦即自治会的正副会长外，下设文书、交际、卫生、财政、庶务、演讲、教育、体育、膳务等科会。评议部设正副部长各一人外，又设评议员若干人。司法部设正副部长各一人外，下设纠察、裁判二科，必要时得组织自治法庭审判重大案件。自从大学部迁入新校舍后，学校当局同意学生自治会的要求，取消学监制度。学生在校一切起居生活概由学生自治会负责，学生膳食由执行部所属膳务委员会自行办理，每月公布账目，每学期总结账一次，将所有积余发还各同学；课堂、宿舍日常清洁工作由学生轮流包干，卫生科负责检查厨房、食堂、课堂、宿舍等处清洁卫生工作，每月公告卫生检查情况；同学间发生争吵由司法部纠察科进行调解，同学有违法乱纪严重事故发生，则由自治法庭公开审理。记得在1924年春季，有两个负责膳务的同学经手买米舞弊，又向厨房采购员索取贿赂，情节恶劣，经司法部调查属实，立即组织学生自治法庭，并邀请教授会推派代表两人参加陪审。审讯后与教授会代表协商，决定开除学籍，报请校长执行。学生在校内外一切活动，一律分别隶属于执行部所属各科直接领导。这种学生自治精神，在国内各大学里可能是少有的。

《私立复旦大学见闻回忆》

▷ 复旦大学老校门

❖ 陈贻芳：上海交大的办学方针

交大自创办以来，主管机关自商部、邮传部、交通部以至铁道部，均属实业部门。在长期办学过程中，形成了一种"建设与教育合作精神"。自归铁道部领导后，除由铁道部提供经费外，学校则按照铁道部要求，确定教育方针，设置学科，制定教学计划，在数量和质量上满足铁道部需要的高级专门人才，同时也解决了毕业生出路问题。那时铁道部与交大双方均很重视调剂人才供求关系，铁道部门无乏才之患，而学生亦无失业之忧。因而校内师生均认真教学，安心学习，刻苦钻研，勤学苦练，蔚然成风。

20世纪30年代，交大形成了一套比较完善的办学特点和良好学风，体现在：一是一贯重视招生质量，30年代更加强调择优录取。交大学生原先从本校预科升入本科。预科三年要修满130个学分，程度高于一般高中毕业生，至30年代预科停办。学校乃常设招生委员会，由校长任主席，面向全国招生。每年录取率平均为报考人数的16％左右。二是加强基础理论和基本技能的训练，强调学生必须具有较全面的知识，因而提出了"三科"（理科、工科、管理学科）并重的方针，增加基础课学时比重。学生在校学习四年，有一半时间要用来打基础。三是加强理论与实际相联系，强调学以致用。在课程中设置了实验、实习、设计、计划、专家讲演、参观实习等科目，组成一个完善的实践性教学环节，目的在使学生受到科学方法和基本技能的训练。四是坚持对学生严格要求、严格考核。学校制定了《学行规则》，在考试、考核、记分等方面均有一套严密制度。交大1928—1936年培养毕业生近千人，成为我国科技战线上的一支骨干力量，在经济建设中发挥了重要作用。如著名科学家钱学森是1934年毕业于交大机械系的；杰出的电真空专家、第一支866型电子管的发明者单宗肃是1935年交大电信工程系毕业的。

《驰名中外的上海交通大学》

❖ 宋桂煌：国共合作创办的上海大学

上海大学起初是一所由私人创办的简陋的专科学校，校名为东南高等师范学校，校址在闸北青云路青云里。校舍是租来的，仅有五六排民房，其实是棚户房子。校长名叫王理堂，办学的目的是为了赚钱。当时南京有国立南京高等师范，正拟升格为东南大学，所以王打出这块好听的牌子大登广告，招揽学生，收费很高。当时（1922年）上海开办的私立大学不多，比较有名的如大夏大学、上海法政学院、上海法学院、文治大学等，都在此之后才创立。

开学不久，学生们发现学校设备异常简陋，又缺少合格的师资，感到十分气愤，便群起质问，校长无言以答。于是学生便团结起来赶走校长，改组学校。王理堂乘机逃离学校。学生们推派代表，要求当时声望很高的于右任出来担任校长。于答应了学生的要求，出任此职。1922年10月23日，于右任到校就职并在大会上讲话，接着他开始为学校筹组董事会，筹措经费，物色教师。

于右任到校后，就想把学校纳入国民党的政治轨道，这时适逢国共两党酝酿合作，于赞同孙中山提出的三大政策，亲自参加了国民党的改组工作。后来，国民党派担任国民党机关报《民国日报》的主笔邵力子参加学校的领导工作，于是国民党左派势力在校内逐渐占主导地位。

1923年4月，共产党派中央委员邓中夏出任上海大学总务长，负责主持学校的行政工作。由于于右任主要从事党务活动，不常到校视事，因而所有校务均由邓负责处理。随后，党又派瞿秋白来校任教，共产党的力量日益加强，形成共产党和国民党左派共同领导学校的局面。

到了1924年初开学时，学校声誉鹊起，入学学生数达390余名。这时简陋的校舍已不敷应用，于是学校便迁至公共租界爱文义路（今北京西路）南阳路口的新校舍上课，新校舍对面的弄堂房子"时应里"，除供附中上课外，还有两个大教室供大学部上大课之用。这时，上海大学已成为一所培养革命干部的教育基地，也是共产党活动的主要阵地之一。

《上海大学琐忆》

◆ **韩忠山：**同济大学的战时服务团

1938年秋，同济大学由江西赣城内迁至广西八步，日本飞机时来空袭，炸毁了八步电厂的透平发电机和锡矿山的设备。同学们面对日寇暴行，人人同仇敌忾。迁校初期就已成立战时服务团在八步继续坚持开展学生抗日宣传活动，用小红旗在壁报上标出我军和敌军的阵线图，分析敌我战争形势，宣传毛泽东论持久战的光辉思想，鼓舞后方群众的抗战士气，并在八步电厂被炸、没有电源的艰苦条件下，演出舞台话剧和街头活报剧，宣传效果很好。

在昆明期间，同济战时服务团恢复了工作。最先，国民党云南省党部企图控制我们出壁报，后来鉴于形势，又提出每期壁报内容先经他们审查批准，才许张贴。我们据理力争，终于争取到不经检查自由出壁报的权利。我们组织每班每周出一份壁报，一下子，各班都在街上张贴出各种内容不同的壁报，编排形式和内容，丰富多彩，各具特色，增添了昆明的抗日气氛。壁报内容主要是宣传抗日民族统一战线和毛主席论持久战的光辉思想，坚持抗战，坚持团结，坚持进步，打倒日本侵略者，救亡图存。

1938年底至1939年底，东南亚许多国家，尤其印度尼西亚，大批爱国侨胞几经辗转回国，自愿献身祖国抗战事业，拟在滇缅公路上义务运输物资。这批到达昆明的侨胞，约300人。可是当时滇缅公路还没有畅通，运输工具和条件尚待完备，汽车及其零配件不足，公路运输局将这批爱国驾驶员和修理技术人员，集中安排在昆明西站附近昆明师范学校（现在昆师路）里住宿，并用许多无理规定来限制他们的行动，如不许私自外出，外出要请假经批准，还向他们灌输国民党一套思想理论。这些做法，使这批自愿回国参加抗战的侨胞，深感"爱国有心，报国无门"。同济战时服务团得知这一消息后深表同情，便到他们驻地举行了一次慰劳演出。演出的节目有街头剧、活报剧等。活报剧《放下你的鞭子》由于剧本写得好，演出得精彩，爱国侨胞们观看后，深受感动，慰劳演出一结束，爱国侨胞马上发起募捐，当时大家慷慨解囊，争相捐献，募集了许多外汇现金，由同济战时服务团转交昆明抗日后援会。同济战时服务团当年在昆明获得了比较高的声誉。

《同济大学内迁期间开展抗日救亡活动的回忆》

❖ **任嘉尧：** 五卅运动与光华大学

▷ 1925年9月，光华大学租借霞飞路（今淮海中路）时的校址

1925年5月30日，上海发生"五卅惨案"，接着全市展开罢课、罢工、罢市运动。上海人民的正义斗争，获得了各地人民的支持，全国规模的反帝爱国运动跟着掀起。

位于沪西梵王渡路的外国教会办的圣约翰大学，爱国师生热烈响应这一革命行动，举行罢课，并上书教授会。6月1日，美籍校长卜舫济召集教授会，教授钱基博恳切陈词，呼吁校长支持学生的爱国行动，孟宪承教授任翻译，声泪俱下，不能卒其辞，卜舫济则坚决不许学生罢课，申言学生如罢课，就必须立即出校。由于双方相持不下，乃用无记名投票表决，以31票对19票通过了"学生罢课，照常住院"的议案。但卜舫济仍顽固地宣称："校长有自由处分校事之权，绝不为教授会的决议案所束缚。"

6月2日晨，卜舫济召集教员、学生代表举行联席会议，议决罢课7天，如届期尚未平息，则提前放暑假，罢课期间，学生须照章严守秩序。学生并要求从下一天开始，于校内下半旗志哀，卜舫济表示同意。

6月3日早晨6时，童子军升旗，将美国国旗升到杆顶，而中国国旗下半旗，然后学生会在礼堂集会。会毕，全体赴旗杆前志哀，可是中国国旗竟被卜舫济偷偷拿去，众皆惊愕，推代表向卜舫济质询，卜舫济推翻前议，强词夺理，坚持不准下半旗。代表见无理可喻，即向童子军团部取得国旗，把国旗放在礼堂讲坛上，大家脱帽行三鞠躬礼。正待唱国歌时，卜舫济闯了进来，登坛宣布解散集会，并下令学生即速出校，不许逗留作政治活动。全体学生极为悲愤，大学暨附中学生550余人宣誓永远和圣约翰脱离关系，嗣后不再进任何外国教会学校，然后整队鱼贯而出。中国籍教员孟宪承、钱基博、伍叔傥、何仲英、蔡观明、洪北平、顾荩丞、林轶西、张振镛、蒋湘青、吴邦伟、薛迪靖、于星海、朱荫璋、金秋涛、周子彦、陶士玮等17人，亦声明辞职，即日脱离约大。这就是"六三"事件，后来办的光华大学，把6月3日定为校庆日。

为了申张中国人的志气，这为数不到600人的爱国师生，组成了学生会，推张祖培同学为会长，决心赤手空拳，另办学校。他们首先获得学生家长们同情和支持，同学张悦联的父亲张寿镛愿负筹划经费及主办责任，另一位同学王华照的父亲王省三（名丰镐，前清及北洋政府时期历办外交，遍游欧洲各国），热心捐助大西路（今延安西路）基地90余亩作为校址（即现在中国纺织大学），随即成立新校筹备委员会，定校名为光华大学，组成董事会，由王省三、朱吟江、朱经农、余日章、吴蕴斋、黄炎培、张寿镛、赵晋卿、虞洽卿、钱新之为校董；聘请王正廷、王宠惠、何茂如、李平书、范静生、马相伯、袁观澜、孙慕韩、熊秉三、顾维钧为名誉董事。

《光华大学史略》

❖ 孙百禄：我国最早的体育师资学校

清代末年，从洋务运动、废科举、兴学校、1901年实行新政到辛亥革命前后，进行了一系列教育制度的改革。在体育方面，1902年清政府颁布《钦定学堂章程》，规定各级学堂课程中均设体操一科；1903年颁布《奏定学堂章程》，对各级学堂体操课作了具体规定。由于全国各类学校急剧增多，而体操课列为各级学堂的必修课，造成体育教师（体操教习）奇缺。为了解决缺少体育师资的问题，清廷学部于1906年通令全国各省，要求在师范学堂附设5个月毕业的体操专修科，授以体操、游戏、教育、生理、教授法等，以培养小学体操教习。在此期间，赴日学习的留学生陆续回国，纷纷创办起体育学校，当时主要有大通师范学堂体操专修科、江苏师范学堂体操专修科、浙江两级师范学堂体操专修科、奉天师范学堂体操科、中国体操学校、中国女子体操学校等。这些学校和体操科大多以培养体操教员为宗旨，少数学校则以培养师资为名，实则为革命武装训练骨干。实际上，在上述这些体育学校建立之前，留日学生中的仁人志士就已经创办了体育师资学校，何亚雄先生在1905年创办的松江府娄县劝学会体操传习所便是一例。该传习所成立于1905年，到1908年结束，历时4年，据现有史料考证，应是我国最早的体育师资学校。

体操传习所设于祭江亭（松江县的一所大庙，现已改办小学），内设大讲堂、练武场、第一课堂、第二课堂、学生休息室、学生作业室、教职员办公室、职员卧室、教师宿舍、学生宿舍等。学制半年，期末考试合格者颁发证书并推荐工作。学员来自松江、青浦、金山、南汇、奉贤、嘉兴等县，每期数十人。教学内容有理论课（体育教程、生理卫生、测绘、救护）、武备训练（基本训练、队形变换、枪操、实弹射击、野外操练）、体操课（柔软徒手操、器械操、游戏、表情操、行进、舞蹈、模仿操、棍棒操）、运动课（单杠、双杠、吊环、秋千、浪木、木马、天桥、田径等）和课外活动（远足、雪中行军、各项竞赛等），兵操由紫冈军事学堂聘请的日本教练担任。

这所学校由于课程设置比较齐全，师资充实，教育有方，在当时有一定的声望和影响，在我国体育史上有一席地位。遗憾的是，创办人何亚雄先生去世之后，传习所难以为继，只得停办。

《我国最早的体育师资学校》

❖ 钱普齐：蔡元培与张元济

蔡元培，于1902年应聘任商务印书馆第一任编译所所长。商务初创时的编译所在闸北唐家弄。蔡支持该馆"扶助教育为己任"的经营宗旨，密切配合主持人张元济，邀请热心教育事业的蒋维乔、高梦旦、庄伯俞等任编辑，并请日本教育界知名人士长尾桢太郎、小谷重为顾问，按照清廷上年颁布的《学堂章程》，共同研究集体审稿，按学制创编小学《最新教科书》——我国最早的启蒙教育课本——在闸北印制出版，向全国发行。

当年，蔡元培因故避居青岛。张元济兼任编译所长。蔡虽不在商务，但心向商务，始终支持商务。他经常为商务撰稿，并指导商务书刊出版、印刷、发行工作。

蔡元培与商务长期保持联系，这与同张元济私交密切有关。蔡元培1868年出生，比张元济小一岁，他们之间有"八同"：一、是同乡，均系浙江人；二、乡试同年，1889年同中举人；三、殿试同年，1892年同中进士；四、同入翰林院授庶吉士（选新进士优于文学、书法者入院学习）；五、戊戌变法前，同学外文新知；六、变法失败后，同事于南洋公学（今交通大学）；七、同创办《外交报》；八、同为发展商务印书馆扶助教育做贡献。

蔡元培与张元济，在思想、文化、性格上也有相同之处，具体表现是：开放开明，在文化态度上前进而不激进，稳健而不守旧，对中西文化均有较深的学养与领悟，又不以此废彼，作简单的肯定或否定。他们在从事各自的文化教育事业中，采取的共同方针是——"兼容并包"。蔡元培以此方针指导实践，使他成为我国教育改革的先驱。张元济以此方针指导商务的出版选题，使他成为我国现代出版事业开辟草莱的人。他们以提倡教育救国为己任，以出版辅助教育之普及，以教育推进出版事业的发展，相互支持，相互促进，均成为我国现代著名的爱国主义的教育家、出版家而永垂青史。

《蔡元培与张元济》

❖ 邬大浩：爱国漫画家丁聪

丁聪，笔名小丁，1916年出生，是我国当代最负盛名的漫画家之一。丁聪出生在一个漫画世家，父亲丁悚，字慕琴，1891年9月出生于枫泾南镇，是解放前上海有名的漫画家，以讽刺社会现象的政治性漫画著名。刘海粟在创办上海美专时，丁悚是该校第一任教务长。之后，丁悚与其他漫画家在法租界恒庆里31号共同创办了中国第一个漫画协会——漫画会。丁悚的代表作有《六月里的上海人民》《双十节》及《虫伤鼠咬》等。

古人云："非人磨墨墨磨人。"丁聪自幼受其父熏陶，生就一副傲骨，学得一手好画。他在继承父亲的漫画风格的基础上，广收博取，着意创新，拓宽艺术的河流，张扬艺术的魅力，创造艺术的个性，以娴熟的技法、精巧的构思、灵动的笔墨，创作出一幅幅画风辛辣、仪态万千的佳品力作。

▷ 丁聪漫画《飘然作家，快落地吧》

丁聪"薄富贵而厚于书，轻死生而重于画"，是个思想进步的爱国主义者。读中学时他就开始发表漫画作品。抗日战争前，创作有关电影题材的漫画，并任大型画报《良友》编辑。抗战开始后，为《救亡漫画》杂志作画；在香港编辑《良友》《大地》《今日中国》等画报；参加在重庆展出的香港漫画联展，在成都举办个人画展，在昆明画抗日传单画，积极进行抗日宣传。抗战胜利后，丁聪回上海，为《周报》《文萃》《群众》《民主》等进步报刊画讽刺漫画。"所贵于画者，为其似也"，丁聪以神出鬼没之笔，变幻无穷之墨，生动、形象而又无情地讽刺、鞭挞了国民党的黑暗统治和腐朽没落，处处折射出他的正义和良知。

《枫泾的"三画一棋"》

❖ **金陪元、杨格："江南猫王"陈莲涛**

画虎，这是以"江南猫王"著称的陈莲涛最早的起步。虎是百兽之王，威武、机警、色泽斑斓，要画出虎的气质给人以美感是很不容易的。如同后来对猫的挚爱一样，陈莲涛在画虎的那一阵子也整日沉浸在那虎的或踞、或啸、或卧、或跃的生态环境里，没少往动物园里跑，一去就痴了般地观虎，等虎的各种形态牢牢地刻在脑子里后，便回到自己的画室挥毫泼墨，把一只只活脱脱的虎呈现在画纸上，让人赞叹不已。功夫不负有心人，他的虎画不久就流向全国，1940年至1942年，他先后在宁波、上海、汉口、北平、沈阳、长沙等地举办了个人画展，"虎道人"之称从此雀起。

陈莲涛并没有沉浸在这种成功的喜悦之中，凭着一个画家对自己更深刻的剖析，他觉得自己还没有找到属于自己的独特风格，他陷入了更深的思考之中。有一次到朋友家作客，被一只从窗口窜到他大腿上的猫抓破了皮时，他才猛然醒悟，画猫。画猫，这一念头带着某种启示，使他产生一种强烈的冲动，要去拓开一个新的领域。

他分析自己：自己本性爱猫，猫与虎又是同科，且猫还比虎多一样爬树的本领。同是走兽，画虎是在别人后头亦步亦趋，而画猫，将可能在画坛上独辟蹊径。

于是，陈莲涛开始了画猫生涯，且一画就画到现在。陈莲涛可以画虎，但只能在动物园关虎的栅栏外远远地观虎，而画猫则不同了，他把各种各样的猫收集到家中，任它们满屋子的跳跃，自己则置身其中，实实在在地成了"猫中之王"。他始终记得苏东坡《文与可画竹论》中的一语，即"画竹必先得我竹子胸中"，因此，他画猫也"必先得我猫于胸中"，终日与猫为侣，仔细观察群猫追逐嬉戏、起卧亲昵的状态。因此金丝猫、梅花踏雪猫、雪地拖枪猫、金顶挂印猫、金床银被猫、波斯鸳鸯眼白猫、英国狮子猫等等，都成了陈莲涛家的"主人"。

有一次将饭时，陈莲涛被一只"鸳鸯眼"玩耍的趣态所吸引，竟然"迷而忘餐"，全神贯注地作起即景图来，两只狡黠的"梅花豹"见有机可乘，便悄悄地跃上饭桌，毫不客气地充当起主人的佳宾，把佳肴吃的吃、扒的扒，弄得个狼藉满地。陈莲涛的一位好友忍俊不禁，遂送了他一个雅号"猫痴"。

一般人不会注意到猫的前脚有六掌五爪，后脚有四掌四爪，猫的眼睛有圆形，有三角形，有凤眼形，而陈莲涛对这些却了如指掌。他大脑中跳动的每一个细胞都与猫的千姿百态相连，他爱猫、养猫、观猫、逗猫、画猫。一句话，他似乎已经不只是用笔在画猫，而是把自己整个的生命都投入到猫的生活神态中。这种境界使他几十年来画的猫超越了一种简单的描绘而表现出一种灵性、一种生命再现的高超画艺。

于是，久而久之，陈莲涛从"虎道人"变成了"江南猫王"。尽管陈莲涛一再声称"多作猫，不称王"，但他的"猫王"名声还是越传越远，直到在画坛上与"虎王"张泽、"猴王"朱文候并驾齐名，他的"猫王"美名被公认下来。

《"江南猫王"陈莲涛》

❖ 傅敏：傅雷邂逅《贝多芬传》

▷ 傅雷（左）与次子傅敏（右）

父亲傅雷在留法期间，一度患有"青春期的浪漫底克忧郁症"，悲观、厌世、彷徨、烦闷。由于偶然的机缘，读到了罗曼·罗兰的《贝多芬传》，读罢号啕大哭，奇迹般地突然振奋起来，感到"唯有真实的苦难，才能驱除浪漫底克的幻想的苦难；唯有看到克服苦难的壮烈悲剧，才能帮助我们担受残酷的命运；唯有抱着我不入地狱谁入地狱的精神，才能挽救一个萎靡而自私的民族"。于是他把此事视为感性生活中的一件大事。1931年春，移译了《贝多芬传》。后应上海《国际译报》编者之约，节录精要，改称《贝多芬评传》，发表于该报1934年第1期。

《追忆先父傅雷》

第十辑

戏曲演艺，那些惊艳了
时光的名媛影星

❖ **沈光霈:** 梅兰芳蓄须明志

梅兰芳对于日军侵占东北,非常气愤。他知道日本的野心很大,还企图进一步侵吞华北,因此决定离开北平,于1933年将家迁至上海,住进了马斯南路这幢房子。

七七事变后,梅剧团借古代人民抗击侵略者的历史故事,编成京剧《抗金兵》演出,以唤起人民起来抗击日本侵略者。

▷ 梅兰芳

1938年梅剧团去香港演出,梅兰芳就单独留在香港,没有同剧团一起回上海来,所以我跟妈第一次去梅家时就未能见到梅伯伯。梅兰芳留在香港的原因,是当时上海租界周围已被日军占领,日军势力还在向租界渗透,好多上海的流氓头子倒向日军,为日军效劳。他们要梅兰芳为他们演戏,收买人心,梅兰芳多次拒绝,但这样总非长久之计,所以后来就采取一去不返的办法。

1941年冬天,日军进而占领了香港。梅兰芳知道日军是不会放过他的,他就留起胡须,为拒演做准备。后来日军果然派人来叫他演出,他就回绝说:"我已老了,唱旦角要年轻人。再说我的嗓子也已经坏了,没法再演出了。"日军采用武力威胁,也没有得到丝毫结果,也就罢了。

梅兰芳见香港和上海一样,都已被日军占领,乃于1942年夏天就到广州再坐飞机回到上海,我这时才第一次见到梅伯伯。梅兰芳回来后,一家又得团聚,当然是高兴的,但是由于长期没有登台演出,缺乏经济收入来源，而各方面的开支很大，梅兰芳又待人宽厚，从不肯苛刻他人，于是经济发生了困难。中国大戏院的孙经理得知情况后就来约请梅兰芳出来登台演出，梅兰芳想如果他剃须演出，此例一开，则日军、汪伪一定会来要求演戏，那时要再加拒绝就难了。因此宁愿卖掉北平的房子、心爱的字画，乃至梅家姆妈的首饰，另外还自己作画出卖，来渡过难关，坚持在日伪势力下决不演出的初衷。

1945年8月15日，梅兰芳从广播里听到日军无条件投降的消息后，他非常高兴，决心重新登台演出，就把胡须剃了，请王幼卿（当时住在梅家教葆玖学戏）来操琴吊嗓。可是由于长期没有吊嗓，一时唱起来，真的不行了。大家认为不能性急，得慢慢练，使嗓音逐步得以恢复。梅兰芳下定决心，开始苦练，每天吊嗓、练功，坚持不懈。消息传出，上海观众热烈要求早日实现。梅兰芳为满足广大观众的要求，等不及梅剧团的大部分演员从北平南下，就请了夏声剧团和上海戏校的演员协助，在上海美琪大戏院演出，天天客满，要想买当天戏票根本不可能，几天后的戏票也难买到。

《我所知道的梅兰芳及其一家》

❖ 周云龙：程砚秋的上海首演

1919年，程（当时尚以艳秋为艺名）到上海初次演出，三天炮戏之后，大红大紫，轰动了上海的戏迷，满市争学用鼻音唱出的程派新腔，当地许多报纸连篇累幅地用"艳讯"或"秋声"的专题记载他和罗瘿公的历史，有的渲染他的孝行，有的则是关于戏本身的评论，一片赞誉叫好声。

▷ 程砚秋《锁麟囊》剧照

　　最有趣的是当时《申报》附刊《小申报》编辑江红蕉先生提出了一个问题，说："程先生唱、做、念、扮相、身段，无一不好，我要提出的问题，就是怎样使程艳秋矮一些，请大家想想。"诚然，程的身体比一般少年高，到了晚年，更发福了，胜利后重上红氍毹时，显然成了个大阿福，使观众甚感美中不足，这是后话。他初露演时，仅仅是一个身高的问题。江氏提出这个问题后，不几天就收到了一千多件来信，其中有合理的，有胡搅的，有滑稽的，也有偏于理想的。经江整理后，约有下列几个建议：一是把腿锯了，安上假腿；二是将台前钉上一截，用木板遮住观众视线；三是特制无台板的舞台，使人看不见足部；四是把舞台做得特别高，如庙中戏台一样，观众由下向上瞧，视线所及高不可攀，便无所谓长不长了；五是请程先生只唱武戏，因为武旦必须踩跷，程可不踩跷，便不觉其高了。这些建议，除第一类外，虽然不能说毫无理由，但都是无法实行。最后，江红蕉自己也提出一个办法，他说："程砚秋以后组班，不拘何等角色，都挑选比自己身高体大的人，至少须和自己一样高，甚至于那些跑龙套和零碎以及检场的，也得有此准则，那观众就不会再觉得程艳秋长得太高了。"

其实，程砚秋超群的表演艺术，只消几个身段，或者小试水袖功夫，或者开口唱几句之后，大家就觉得心醉神移，而不去注意那些次要的身高或体胖的问题了。

《程砚秋生平轶事》

❖ 龚义江："活武松"盖叫天

提起盖叫天，很多人都知道他在演《狮子楼》时折腿的故事。

那是1934年5月，47岁那年，他与上海大舞台签订演出一期的合约，开头戏码是第一天《恶虎村》，第二天《一箭仇》，第三天《武松》。《武松》中的狮子楼一场，老戏是不用布景的，但剧场老板为了招徕观众，搭了一座酒楼的布景。武松替兄报仇，听说西门庆躲在狮子楼，便执刀来找。西门庆见武松上了楼，吓得从窗口跳了出来，武松紧接着也要越窗翻下，但脚下是一排窗栏，上面是屋檐，中间剩下的窗洞厢几尺高。跳高了头碰屋檐，跳低了脚碰窗栏，当西门庆下去后，他随即用了一个"燕子掠水"的身段蹿出窗口，正当他跳在空中时，猛见地上的西门庆还躺在那里，按规矩，西门庆下地后应立即闪开，让出地位。但那位演员没有这么做，武松如直落下来岂不要砸在西门庆身上，压坏了对方。就在这千钧一发之际，盖叫天将身子略略偏了一偏，以致当他落地时，只听得"喀嚓"一声，他的小腿骨断了，断骨从靴筒直戳到外面来。

盖叫天像被刀捅了一下，痛彻心肺，但立刻想到，我现在演的是武松，不能倒下，不能让武松形象受到破坏。想到这里，他一脚独立，冷汗像黄豆大从额上掉下来。舞台上的人不知出了什么事，只见他伸出三指一捏，这是戏班暗号，表示切断锣鼓的意思。打鼓佬停下锣鼓，后台赶快落下大幕。大幕落下，他方才不支倒地。

当观众得知盖叫天断腿不能演出的消息时，大家肃静地鱼贯退出剧场，没有人要求退票。盖叫天这位表演艺术家为保持武松艺术形象的完整，忍受如此剧烈的痛苦，这种忠于艺术的精神感动了广大观众。

▷　舞台上的盖叫天

伤后又被庸医接歪了腿骨，但他不愿因伤残而中止他所热爱的艺术，他问医生有什么办法，医生说除非断了重接。好一个盖叫天，他竟自己将腿向床栏上：猛力一磕，"喀嚓"一声，腿又断了。医生见状吓得面无人色，乘乱赶快溜走。后来另外延医诊治，方才重新接正断腿。

盖叫天躺在病床上一年多，腿好了人却瘫痪了。他又效法《大劈棺》中纸人"二百五"从不动到动的渐变过程，一点一点从睡到坐，从坐到站，从站到走，以顽强的锻炼，恢复了健康。健康恢复了，但功却丢了，于是又从头开始练功。

事隔二三年，他伤愈后在上海更新舞台再度演出，戏码仍是《武松》中的狮子楼一场，却演得更精彩了，观众对他的再度登台报以热烈的掌声。

《江南"活武松"盖叫天》

❖ 杨公怀：魔术大师张慧冲

1930年7月，德籍犹太人、魔术家聂哥拉来上海首次演出，地点在夏林匹克剧院（今新华电影院）。他在报上登广告作宣传，吹嘘他这次带来了"水遁"和"腰斩活人"两个大节目，如果有中国的魔术家能识到其中奥秘，并照演一次的话，他愿输给他美金1000元。这种狂妄的、目中无人的态度和对中国魔术家的蔑视，激怒了上海人民，也激怒了张慧冲。

张慧冲要为中国魔术界争这一口气，为上海人争回这个面子，他和身边的朋友们商量后决定迎接挑战。他翻阅了很多中外魔术书，研究"水遁"的门子；同时，又把自己的"锯人箱"进行改造，使人在箱中被"锯"为两段后，双足还能活动；同时，参考了同行好友莫悟奇的"玻璃箱出人""魔神聚面"等节目的原理，探微索奇，进行再创作。一面再约好包天笑、任矜萍等人负责宣传。等到聂哥拉在夏林匹克剧院上演，张慧冲严阵以待，约了许多朋友去观看了聂哥拉的"王牌"节目，见聂的"水遁"，三面出水，"腰斩"把柜横刀分成三段，将中段竖着剖开，分向两边，使立柜中部透空，而美女的头部、足部不动。张慧冲在各报登出广告，"声明接受聂哥拉的挑战，并将于聂演出后，也在夏林匹克剧场表演超过聂氏的节目，并开始预售门票"。消息一传开，上海沸腾了，上海人赞赏张慧冲为民族争光的义举，门票争购一空。7月下旬，张慧冲上演了。聂的"水遁"三面出水，张的"水遁"四面出水；聂的"腰斩"，美女的头、足不动，张的"腰斩"，能把上、中、下的门都打开，让观众看到被分割开来的美女的存在，而且头、脚都能动。相比之下，张的魔术技巧、深度更超过聂氏，这是狂妄自大的聂哥拉所始料不及的。聂哥拉看了张慧冲的表演后，便悄悄地离开了上海。张慧冲魔术团的声誉一下子远播中外。

从此，张慧冲魔术团应各地邀请，演出频繁。抗战期间和解放战争期间，他长期在印尼、缅甸、泰国、马来亚、新加坡等华侨众多的地区演出，他挟武侠明星的雄姿，以全堂民族色彩的装备、精彩的魔术节目，赢得了华侨和当地人民的欢迎，久演不衰，欲罢不能。在印尼泗水等地演出时，争购门票者被挤掉的鞋子，竟要用车来装运清除。这位自学成才的魔术大师，使中、外魔术家刮目相看。

《魔术大师张慧冲》

❖ 文震斋：孟小冬出演《搜孤救孤》

杜月笙六十华诞祝寿义演，为什么曾轰动全国，被爱好皮黄者视为平剧演出的里程碑？最主要的原因，还是因为天下独一无二老生泰斗余叔岩的传人孟小冬的破天荒露演。

▷ 孟小冬与杜月笙

1947年9月3日起揭幕的"杜月笙六十华诞南北名伶义演",可谓黄浦滩上仅次于杜祠落成的盛大演出,总提调由金廷荪亲自担任,戏码是金开的,角色也由他派人邀来,唯有万众仰慕,尤为杜月笙不胜渴想的孟小冬,系由姚玉兰亲自写信,邀她到上海来参与盛会,由杜月笙之寿辰,平添异彩!金廷荪的预订计划,自9月3日到7日,作五天义演,但是由于群伶卖力,演出十分精彩,益以孟小冬一出大轴子戏《搜孤救孤》,使黄浦滩为之风靡。于是,临时决定,将逐日演出重来一遍,于是自3日至12日,接连演出十天。从此以后,孟小冬便谢绝献台,以迄逝世为止。

《孟小冬的八次舞台杰作》

❖ 胡蝶: 与阮玲玉合拍《白云塔》

我进入明星公司的第一部片子,就是与阮玲玉合作主演的《白云塔》,我们也由此建立友谊。这是一部令我毕生难忘的片子,倒不是因为这部片子本身,而且每当想起这部片子,就想起阮玲玉其人其事,感慨万千。

1927年,上海《时报》刊登一个长篇连载的小说《白云塔》,也是一部宣传因果报应的小说,作者是陈冷血。这部小说情节紧凑奇特,每天只登八百字,每天都有些扣人心弦的曲折,弄得人人争看,欲罢不能。张石川、郑正秋、周剑云也是读者,并且看出此故事改编成电影,卖座一定不错,等到小说一登完,这三巨头也已打好腹稿,电影怎么拍法,已八九不离十,于是公司马上决定拍成电影。

这是我进入"明星"后主演的第一部片子,也是与阮玲玉合作拍的唯一一部片子。拍完这部片子,阮玲玉便离开"明星",参加联华。

在这部片子里,我是演正派女角,玲玉演反派女角。玲玉进"明星"也有二三年了,但不知为什么在"明星"总不得志。玲玉其实是擅长演正角悲剧的，她对这个反派女角并不喜欢，也不理解，记得张石川在导演时要玲玉"脸上要有虚伪的假笑，心里要十分恶毒"，可是玲玉总演不好，连我在一旁都十分同情她，因为她天性善良，这实在是难为她。而且因为朱飞自恃是名小生，演戏态度很不认真，那时是默片时代，演员的台词固然不必十分拘泥，但也总不能太离谱，可是朱飞常常在摄影棚里和玲玉对话时，胡言乱语，自编一套，弄得玲玉往往不知所对，有时会忍不住笑出来，这样整幕戏就得重来，浪费胶片且不说，也影响拍片进度，气得张石川破口大骂，连带玲玉也落埋怨，玲玉心中自然是十分委屈，又无法申辩，自然是郁郁寡欢。后来正值"联华"登报招演员，她悄悄去报了名，一拍完《白云塔》就离开"明星"了，她的整个辉煌演员生涯也是在那时开始的。

《胡蝶回忆录》

❖ **胡蝶：**和卓别林的会面

人生的际遇有时是很奇特的。我小的时候喜欢看皮影戏，在北平、天津上学时，就缠着父亲带我看戏，更大一点则看电影，当然是默片了，可从来也没有想过自己有一天会成为电影演员。我那时想：演员在荧幕上是什么样，大概在平时生活里也是什么样。到我自己踏进银色王国的大门后，才知道这个想法实在幼稚得可笑。

现在上了点年纪的人都知道闻名世界的谐星卓别林，尤其是默片时代，可算红透了半边天。他的化装、演技都极为高明，他的《摩登时代》也可说家喻户晓，在我想象中他的为人也一定极为风趣幽默和滑稽的。

三十年代，约是我从北平回来以后的第二年，卓别林偕夫人周游世界经过上海，在明星公司的安排下，我和他有了一次见面茶叙的机会。闻名不如见面，见面不仅胜似闻名，而且会发现舞台上的形象与本人性格不说绝对不同，至少是有点距离的。

卓别林本人谈话也是很幽默风趣的，但绝不流于轻浮，更别说油腔滑调了，我曾经多少带点好奇地问过他："卓别林先生，我原来以为您一定是很滑稽有趣的。"他眨了眨眼说："唔，我知道您的意思，不过，请允许我问您一个问题，听说您在摄影棚里和导演合作得很好，您所主演的片子也大都是很严肃的，那么在现实生活里的您又是怎么样的呢？"我不禁脱口而出："卓别林先生，您真会说话。"一个成功的演员就是要努力塑造角色。

那天和卓别林及他的夫人一起过了一个愉快的下午，他谈了他从影的经过。他原是英国人，生在伦敦，起初在一个哑剧团当演员，给他的演技打下了坚实的基础。哑剧团常到各地巡回演出，1913年随团到美国，就此为美国的电影公司所网罗，拍摄了许多喜剧影片。我和他见面时，他已40多岁，已是个艺术造诣很深的演员。他说从影的初期，很多片子是他自己自编自导自演。卓别林成名前，生活道路很曲折，也曾穷愁潦倒，丰富的生活经验与阅历帮助他深刻地塑造角色。

《胡蝶回忆录》

▷ 胡蝶（左二）与卓别林（左一）会面

❖ 蔡楚生：阮玲玉之死

《新女性》这一作品中，写了进步的知识分子和文化工作者，也批判了某些黄色报刊的所谓新闻记者。公映后，作为编导的我等受到了许多黄色报刊的造谣诬蔑和疯狂的攻击。公司在我们完全不知道的情况下，用公司的名义作了公开的道歉，但我们每天看了那些所谓文章，却只付诸一笑——看谁能笑到最后，笑得最好！

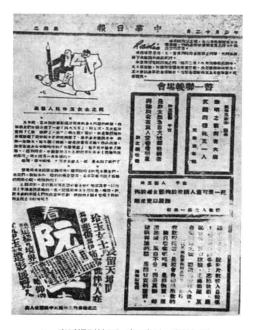

▷　当时报刊关于阮玲玉自杀一事的报道

在这以前，阮同那个幽魂（张达民）的讼事，即已受到那些黄色报刊的嘲谑诬蔑。他们对这事从不考虑到事实的真相，也不问这是否是一个妇女所能够承担的侮辱和迫害，而不择手段、加油加醋和连篇累牍地加以刊载！

在殖民地化了的上海租界上，这种黄色报刊对弱者特别是对妇女们在精神上所进行的公开的侮辱和迫害，是"合法"的，是受到保护的，是无法辩驳也无从辩驳的，因此，受害人纵忆百口而莫能申辩，且有冤抑而永难昭雪！

《新女性》事件之后，那个可耻的幽魂又去法院诬告阮玲玉。于是，那些黄色报刊借此又变本加厉地以更多的篇幅和更大的标题，向无权无勇的、善良而无辜的艺人阮玲玉进行更广泛也更疯狂的诬蔑与攻击，而形成了"一犬吠影，百犬吠声"之势，致使上海满城风雨，到处都在谈论着她的是非，到处都在传播着她的"恶行"！

虽然正直和同情她的人也尚大有人在，如许多热爱她的作品和深知她的为人的人就都不是那样看法；但以上海之大，她又到何处奉告实际，又到何处去鸣冤？这时，她内心不能不直接地痛感到到处都充满着对她的鄙视、讽刺、辱骂与斥责，也到处都充满着"正人君子"的冷笑与魔鬼们凶狠阴毒的眼光……

一向心地善良到懦弱的她，是那样的爱惜羽毛，又是那样的爱强爱好，但是现在她在千万人的面前，却成了莫须有的罪人，她再也抬不起头来了……她是可耻的荡妇？是罪不容诛的祸水？……她不能忍受这样的侮辱，也经不起这种狂风骤雨般的袭击！这种狺狺的"人言"，其"可畏"终于迫使连一只蚂蚁都不愿踩死的她，而于将被所谓法院的传讯前，竟下了可怕的决心，最后结束了自己宝贵的生命！

然而，正如她的遗书所写的："我现在一死，人们一定以为我是畏罪，其实我何罪可畏？！"

是的，有罪的绝不是她，她是无罪的！

有罪的是那可耻的幽魂，是那些在殖民主义者和反动统治者卵翼底下的黄色报刊，是那个万恶渊薮的洋场社会，是那个可咒诅的时代！

《追忆阮玲玉——纪念阮玲玉逝世二十二周年》

❖ 易人："金嗓子"周璇

有次，明月歌舞剧社的钢琴老师章锦文到孙家作客，听到小红清脆甜润的歌声非常兴奋，就和孙老板协商要小红进入明月歌舞剧社。这个剧社是儿童歌舞剧及儿童歌舞表演两种艺术形式的首创者黎锦晖主办的。保留节目《麻雀与小孩》《小小画家》《可怜的秋香》《葡萄仙子》等颇有盛名。小红进入这个剧社，一边刻苦学习唱歌舞蹈，一边跟章锦文学弹钢琴，在音乐舞蹈艺术上显示出一学就会的特有才能。

小红长得眉清目秀，娇小玲珑，颇得大伙的喜爱。1932年新年前的一场演出快

▷ 周璇

要开演了，主演《特别快车》的王人美还没到场，只好让小红临时顶上去。出人意料，她那优美的舞姿，清脆柔和的歌声，使观众耳目一新。从此，小红崭露头角，开始成为广大观众瞩目的演员之一。

1932年1月28日，日本侵略上海，剧社赶排抗日节目，决定由小红演唱爱国歌曲《民族之光》。当她唱到"与敌人周旋于沙场之上"一句时，特别带劲也特别感人。社长黎锦晖建议将"小红"改名为歌词中的"周旋"。后来，又将"旋"改为"璇"，大伙儿都亲切地叫她"小璇子"。1934年春，周璇加入新华歌剧社，她自弹自唱的节目给人们留下了很深的印象。有时几家电台邀请去播唱，周璇唱的《小小茉莉》还灌制成唱片，成为当时的

流行歌曲。有一年上海举行歌星评选活动，15岁的周璇名居第二。为此，她的演唱更加受到广大群众的欢迎。有家报纸评论周璇是："小小歌星，前程似锦，前途无量。"有家电台赞美她的嗓子如"金笛鸣沁入人心"。从那以后，"金嗓子"的名字几乎代替了"周璇"。

《影星"金嗓子"周璇》

❖ 柴草：陆小曼的奢靡生活

陆小曼和徐志摩到上海后，他们的住处先后迁了四次。首先是住在福建路南京路口的通裕旅馆。该旅馆有40多个房间，有电灯电话，他们的电话是3748；不久，他们搬至友人宋春舫家，地点在梅白格路143号，1927年秋天又迁到环龙路花园别墅11号，是一幢很摩登的三层楼洋房，最后才搬到福熙路（今延安中路）四明新村居所。这时候，陆小曼的父母也来到上海与他们同住。

陆小曼到上海后逐渐染上了烟瘾。因为她有心跳头晕之症，每发或至昏厥。人劝她抽几筒鸦片，果然有效。久而久之，竟然上了瘾。陆小曼变得娇慵、懒惰、贪玩，浑没了当初恋爱时的激情，她再不是一个有灵性的女人。她每天近午起床，在洗澡间里摸弄一个小时，然后吃饭。下午作画、写信、会客。晚上大半是跳舞、打牌、听戏。她还常常借马路边书摊上的小人书看，借以消磨时间。

陆小曼到上海后还渐渐过上了夜生活，因为当时的上海是殖民统治下的十里洋场，在上海的外国租界里，漂亮的居室、新潮的商品、豪华的舞厅剧场、高雅的交际界……这一切对能歌善舞，善于交际并压抑已久的陆小曼来说，是如鱼得水。她结交名人、名伶，穿梭般地出入社交界。由于她原是北京社交界的名人，如今成了著名诗人的太太，又因她惊人的美貌，在上海的社交界，她又成为中心人物。

养尊处优的陆小曼，过去在北京是出了名的会花钱的小姐。婚后，她在物质上的欲望有增无减。陆小曼的费用是惊人的，当时她母亲曾向人叹苦经说："每月至少得花银洋五百元，有时高达六百元……"这个数字相当于现在2万元左右，令人咋舌。她常常包订剧院，夜总会等娱乐场的座席，还频频光顾豪华的一百八十号赌场，到丽娃丽达村去划船，去"大西洋""一品香"吃大菜等。

徐志摩为了使妻子心喜，就一味迁就她。虽然在口头上常常婉转地告诫陆小曼，但效果不大。为此，徐志摩不得不同时在光华大学、东吴大学、大夏大学三所学校讲课，课余还赶写诗文，以赚取稿费，但如此仍不够陆小曼的挥霍。

《一生半累烟云中——陆小曼传》

❖ **沈增善：**冼星海在山海工学团

冼星海在"一二·九"运动前就由陶行知先生介绍到山海工学团来任教。此刻，他那蕴藏着无限革命激情的炯炯目光，他那伴随着雄壮的歌声在空中挥舞着的有力的双臂，好像还在我的眼前。我仿佛又回到50多年前的青年时代，坐在山海工学团的教室里，聆听着我们敬爱的音乐老师——冼星海的亲切教诲，我不禁轻轻地咏唱着当年在冼星海老师指挥下我最爱唱的：

▷ 冼星海

我们的心是战鼓，我们的喉是军号。

我们挥舞起刀枪，踏上抗敌的血路。

大约是在1935年冬天的一个早晨，星海老师来到了山海工学团。他，中等身材，黑黝黝的长方面孔，双目炯炯有神，穿着一件半长的黄色短大衣，围了一条深灰的围巾。他一面走着，一面不断地向大家打着招呼："农友们好，农友们好！小朋友们好，小朋友们好！"接着说："你们喜欢唱歌吗？今后我来教你们唱歌。"从我出生以来，听到的只有叹息、哭泣、呻吟和哀号，我和我的伙伴都不懂啥叫唱歌，但听了星海老师的歌声，我们感到了力量和希望。

"一二·九"运动后，山海办起了培养和提高小先生的艺友班，星海老师就经常到艺友班来教我们唱歌。那时，郊区的交通是很不方便的，长途汽车每隔2个小时左右才有一班。星海老师到山海来，有时是长途跋涉，从上海步行来的，后来索性搬来一只帆布床，搁在贫苦农民周荣泉家的柴屋里住下。柴屋没有窗户，只靠屋顶上巴掌大的天窗射进一线光亮。星海老师练习小提琴时，就只好站在屋后竹林旁的小河浜头拉。冬天，手和脸都生起冻疮，可他还是不间断地练功。

星海老师浑身有使不完的劲，他的身体虽然不顶好，教我们唱歌时，精神却是那样抖擞。他唱着，拉着，指挥着，每一个节拍都富有强烈的感情。他那雄壮的歌声感人肺腑，他那真挚的感情打开了我们的心扉，他挥舞着指挥棒，就像指挥着千军万马奔赴抗敌的血路一样。星海老师教唱《拉犁歌》的情景，至今还深深留在我的脑海之中。

《冼星海在山海工学团》

❖ 小菊：筱丹桂的悲剧

　　1947年10月13日下午5时半，邻居魏美英为安慰筱丹桂往其寓所，一踏进门就嗅得浓烈的来沙尔气味，只见筱丹桂伏在写字台上，一封绝命书开了个头，已无力写下去了，死前仅在被单上写了八个字："做人难，难做人，死了！"

　　一颗越剧明星陨落！10月14日一早，通过各报的新闻报道，筱丹桂自杀的消息立刻传遍了全上海和京（南京）、宁（宁波）、杭沿线。年仅27岁的筱丹桂，在上海7年多时间里，为上海观众演出了5000多场越剧，主演的311出剧目中，有文戏，也有武戏，有花艳戏，也有伦理戏，有古装戏，也有时装戏。她在舞台上成功地塑造了各种妇女的艺术形象，她为越剧事业所作的贡献，给后人留下了深刻的印象。筱丹桂度过了苦难的童年，经历了坎坷不平的艺术生涯和荆棘丛生的生活道路，她悲惨的遭遇，引起了人们极大的同情。10月16日，300多名越剧界代表参加了筱丹桂的吊唁仪式。次日，上海各报报道的标题是："戏迷五万挤破乐园，争看名伶最后一面"，"人潮汹涌压倒灵台，鼓乐声中杂以哭叫"。报界感叹说："越剧之吸引大众，力量有如是！"月底起，十多家越剧团都以"筱丹桂之死"为题材，编演了《筱丹桂自杀记》等活报剧，形象地揭露和控诉了张春帆的罪恶，得到了沪剧界、甬剧界、曲艺界的声援，也纷纷演出了《一代名伶服毒记》等活报剧，真有"全上海竞演筱丹桂之势"。在宁波等地，也演出了以"筱丹桂自杀"为题材的越剧，一直持续到1948年初。其声势之大，观众之多，既体现了人们对一个有成就的越剧演员遭此不幸的深切同情，又反映了公众对黑暗社会和对张春帆的愤慨。

《筱丹桂的悲剧》

❖ **姚卓华:** 吕碧城迁居上海

1916年6月6日,在举国上下一片讨袁声中,袁世凯忧郁而死。吕碧城因受过袁世凯的器重,又与其次子袁克文(寒云)是唱和频繁的诗友,不免遭到一些人的白眼冷言。加之军阀纷争,天下大乱,"华严界界现魑魅,城社处处跳牲狸",使她在北方无法生活下去,旋而南下,迁居上海。

▷ 吕碧城

在上海,吕碧城被《时报》聘为特约记者。面对当时那种"乱哄哄你方唱罢我登场"的混乱政局,强烈的爱国之心使她苦闷彷徨,"春痕如梦梦如烟,往返人天何处在? 如此华年!"社稷无宁日,华年如烟云。吕碧城已经意识到自己的某些幼稚和单纯。因此，她一面当记者，一面刻苦攻读外语（她对英语、德语、法语均有较深的造诣），积极准备去美国留学，以冀从海外寻求医治时弊的"仙丹妙药"。"百折千回志不销，由然钢钻逐心苗。夜台更莫愁幽暗，胸有光棱万万条"是她当时的心情写照。

《天际自徘徊——词坛女杰吕碧城》

❖ 曹兴仁：顾正秋与上海戏剧学校

上海戏剧学校诞生于1939年。那时上海四郊为日军侵占，租界沦为"孤岛"，市场百业凋零，只有娱乐事业兴旺发达。在这种社会条件下，许晓初、俞云谷、刘嵩樵等人，经过一个时期筹备，成立了上海戏剧学校。校址在马浪路（今马当路）A字四十一号，陈承荫任校长，关鸿宾任术科主任，刘嵩樵任训育主任，俞云谷任总务主任，老师有梁连柱、陈斌雨、瑞德宝、王益芳、郑传鉴等。戏校大门上方挂着一只引吭高鸣的雄鸡，作为学校的校徽，象征同学们高歌猛进，可能也含有希望一只只凤凰从鸡窝中冲天而出的意思。学校设备非常简陋，学习条件很艰苦。11月开始招生，报名的大多是梨园子弟和清寒学生，结果录取男生50人，女生27人。男生第一名是关德财，入学后改名关正良，现常往返于美台之间。女生榜首就是顾正秋。

有人说顾正秋是一个天生的演员材料，虽然她个子不高，性格内向，但作为一个演员，素质还是第一流的。首先有一个好扮相，一掀门帘出台亮相，就光照四座，而且随着"姑娘十八变"，以后越来越光彩照人。而最可贵的是有一条清脆悦耳的好嗓子，调门高，音色美，唱不败。像演出全本《玉堂春》前后达四个小时，唱来始终精神饱满，一气呵成。其中《起解》一折中，流水板第一句"苏三离了洪洞县……"的"苏三"二字唱来如珠落玉盘，最受观众欢迎，当时有"一句苏三震四座"的美誉。还有

《汉明妃》《金锁记》《雷峰塔》（前"水斗"，后"祭塔"），都是非常吃重的剧目，她演来却游刃有余。在校5年多，嗓音一直处于良好状态，从未失音坏嗓。黄桂秋曾将她的发声比作出高山清泉顺流而下，意思是像泉水一般清澈可鉴，让人听了舒服。

《顾正秋和上海戏剧学校》

❖ 夏镇华："弹词皇后"范雪君

评弹在我国已有悠久历史，明末柳敬亭以说书（实为评弹）混迹市井，遨游公卿，史家黄宗羲敬其人而为之作传，因而流芳百世。近代上海自开埠以来，书场遍布，响档不断涌现。有书目相同而艺人流派纷呈，各擅胜场的；有书本平常而艺人生活丰富，刻画入微，去芜存菁，遂致家喻户晓的。可见形成响档，并非偶然。

最早的评弹女艺人被称为"妖档"，遭受歧视和排斥，但随着时代的进步，社会上对女艺人也逐渐改变了态度。40年代范雪君进入评弹界，由于她书艺清新，立即为沪上听众所欢迎，继而荣登"弹词皇后"宝座。

范雪君是当时评话响档、说《济公》的范玉山的养女。她除了学得《啼笑姻缘》《杨乃武》两部弹词外，又拜琵琶名家夏宝声为师，学大套琵琶。弹唱的《秋海棠》是当年颇有影响的书目，书中官白全向话剧学来，讲得一口流利的北京话。弹唱则有舒徐清静之感，服饰华丽而不妖艳，举止妩媚而不做作。

范离开书坛已有30多年，但她当年留下的《秋海棠》选段"恨不相逢未嫁时"和"自古红颜多薄命"，至今常为上海老听众所乐道，时时有听众去信电台要求播放，可见艺术魅力之深。

《书坛点将录》

❖ 笑嘻嘻：独脚戏的大会串

王无能、江笑笑、刘春山和程笑亭创立了独脚戏以后，这一文艺形式很快就流行开来，同行纷起竞争、各显神通。由于早期的独脚戏演员有一部分是从演文明戏转过来的，所以他们善于表演，致使独脚戏中产生出许多化妆表演的节目。如《滑稽三本铁公鸡》《天女散花》《包公打东洋》《活捉张三郎》《老枪投军别窑》《活财神白相跳舞场》《包公阴审白川》《拉黄包车》《骗大饼》《钉巴》《调查户口》等等。这类节目虽是曲艺但又似滑稽小戏。王无能嫌独脚戏词名含糊，一度改称为"笑嘻戏"，江、鲍则称"踱觉戏"，刘、盛称之为"搭棚戏"，丁、赵称"戏迷戏"，双陆叫它为"说笑戏"，但长期以来比较固定的称呼仍叫独脚戏。

30年代前后独脚戏演员举行了多次大会串。最早的一次是1929年五班独脚戏演员联合举行的大会串，王无能、钱无量，江笑笑、鲍乐乐，刘春山、盛呆呆，陆奇奇、陆希希，丁怪怪、赵希希等十位演员组织了"五福团"，在演出的《十大教歌》段子中各显神通轰动上海。"五福团"属临时组织，时分时合，分时则成五档独脚戏。但演员从大会串中尝到了甜头，以后类似的大会串年年都有。范围和影响较大的一次是在东南大戏院举行的，剧目是《个个怕老婆》，演员有江笑笑、鲍乐乐，刘春山、盛呆呆，程笑亭、管无灵，裴扬华、范哈哈等人。该剧由越剧《双怕妻》加工而成，笑料丰富。另一次大会串是在中央大戏院，节目是《滑稽群芳会》和《活捉张三郎》，演员有程笑亭、管无灵、刘春山、盛呆呆、唐笑飞、吕笑峰等。

1941年，规模最大的滑稽大会串在大舞台举行。这是一次义演活动，为期三天，上演李昌镒编的大型讽刺剧《一碗饭》，当年所有在上海的独脚戏演员几乎全部参加，达100多人。该剧内容是谴责八一三事变后，乘机抬高米价，大发横财的上海米蛀虫。就在该剧演出后的第二年，上海就出现了专演滑稽戏的剧团。但作为独脚戏这一表现形式，并不因为滑稽戏的出现而终止，而是两者同时并存，互助互补。独脚戏演员即使以后演了滑稽戏，仍不时演独脚戏，并且将表演独脚戏的手法运用到演剧之中，丰富了滑稽戏。

《漫谈独脚戏及其发展》

第十一辑

老上海的人，
老上海的事

❖ 张辉: 宋教仁及"宋公园"

1913年3月20日，宋教仁由黄兴、廖仲恺、于右任等陪同，从《民立报》社赴铁路沪宁车站，准备北上组阁。晚10时45分，宋教仁一行来到检票处，突然遭到袁世凯、赵秉钧派来的杀手枪击。宋教仁腰部中弹，伤势严重。于右任等将其急送附近老靶子路（今武进路）铁路沪宁医院进行剖腹手术急救。宋教仁受伤后曾嘱咐于右任三件事："一以书籍捐入南京图书馆；一请同志抚助其家，善视老母；一嘱同志奋力行进。"22日晨

▷ 宋教仁

4时47分，宋教仁终因弹毒剧发而逝世，年仅32岁。

翌年经谭人凤等策划，毛一亭亲自操办，在当时的宝山县象仪巷购置了十余亩土地，营建宋教仁墓园，通称"宋公园"。孙中山称宋教仁"为宪法流血，公真第一人"。6月26日宋教仁遗体入墓安葬，谭人凤、王宠惠、居正、章太炎、沈缦云等参加了葬礼。宋墓建成后引起了社会各界的广泛关注，为此闸北商界还专门设立了宋墓管理委员会，并由相关部门在墓园附近辟泥路一条，取名为"宋公园路"，以示对宋教仁先生的敬仰和怀念之情。

1925年8月，由国民党左派和共产党人领导的国民党江苏省党部在上海成立之际，曾前往宋教仁墓地进行凭吊并摄像留念，他们是杨明暄、糜辉、

柳亚子、宛希俨、董亦湘、王觉新、侯绍裘、王春林、朱季恂、姜长林、戴盆天、黄麟山、李一锷、高尔松、黄竞西等人。

《宋教仁及"宋公园"》

❖ 马文奇："少年文学家"张闻天

在1919年至1925年期间，张闻天主要从事文学活动，五年的时间里发表了不少创作和翻译作品，给后人留下了一份宝贵的精神遗产。现已重新整理出版的有《张闻天早年文学作品选》《张闻天早期译剧集》、长篇小说《旅途》，约计70万字。

在这五年中，张闻天既以新诗、随感录和时评积极投入新文化运动，也翻译了不少外国文学作品和文学论著，给新文学的发展以积极的影响。他是五四时期新文化运动的热情战士。从1924年春到1925年夏，是他早年文学创作光华四射的时期，他同时完成长篇小说《旅途》和三幕话剧《青春的梦》，反映了五四青年冲决罗网、寻求光明的曲折历程，艺术上颇多独创和探索，堪称当年新文学前列之作。此后他又写了多种形式和格调的短篇小说，显示了敏锐的洞察力、深邃的思想和灵活的手法。

1925年6月初，张闻天在上海加入中国共产党。在入党时，他创作了最后一篇动人的小说《飘零的黄叶》，通过主人公长虹曲折的生活经历与复杂的内心变化，形象地总结了包括他自己在内的一代青年的生活道路。在某种意义上，长虹的形象就是张闻天的自我写照。

对张闻天在1919年至1925年期间的文学创作活动，世人早就有所评价，当时他就被公众誉为"少年文学家"。《中国新文学大系》第十卷的编者阿英甘愿冒生命危险，把当时中国共产党的领袖人物张闻天的名字放进了142名作家小传之列，也绝非偶然。1980年5月，茅盾在为《张闻天早年文学作品选》作序时写道："我是早就从事文学活动的，但直到1927年秋，我才开始创作，而且是中篇；但闻天同志则写长篇，并且比我早了三年，我自叹不如。"程中原在他的《张闻天与新文学运动》一书中写道："张闻天1924年的文学创作，可以说是早期共产党人倡导的革命文学主张的最初实践，在从文学革命到革命文学的发展过程中有着不可忽视的地位。"

《我的舅舅张闻天》

❖ 凌维城：谢晋元的遗书

谢晋元等进入孤军营后，日军侵略气焰嚣张，环境非常恶劣，他觉得即使是孤军营的软禁生活也不一定能维持下去。同时，汪精卫等大汉奸在南京粉墨登场，曾想拉晋元下水。1939年"九一八"纪念日，他写信给父母说："上海情况日益险恶，租界地位能否保持长久，现成疑问。敌人劫辱男之企图，据最近消息，势在必得。敌曾向租界当局要求引渡未果，但野心仍未死，声称不惜任何代价，必将谢团长劫到虹口（敌军根据地），只要谢团长答应合作，任何位置均可给予云云。似此劫夺，为欲迫男屈节，为敌作牛马耳。大丈夫光明磊落而生，亦必光明磊落而死。男对生死之义求仁得仁，泰山鸿毛之旨熟虑之矣。今日纵死，而男之英灵必流芳千古。故此日险恶之环境男从未顾及，如敌劫持之日，即男成仁之时。人生必有一死，此时此境而死，实人生之快事也。唯今日对家庭不能无一言：万一不讳，大人切勿悲伤，且应闻此讯以自慰。大人年高，家庭原非富有，可将产业变卖以养余年。男之子女渐长。必使其入学，平时应严格教养，使成良好习惯。幼民子弟均富天资，除教育费应请政府补助外，大人以下应刻苦自励，不轻受人分毫。男尸如觅获，应归葬抗战阵亡将士公墓。此函俟男殉国后即可发表，亦即男预立之遗嘱也。"这是他的最后一次遗书，也是他对自己命运的预计。

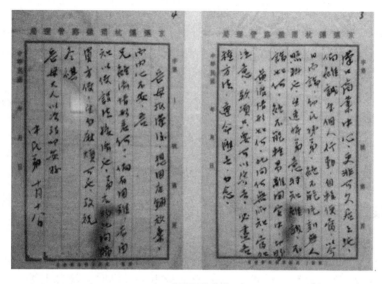

▷ 谢晋元的家书

果然，敌人收买不成，就下毒手了。1941年4月24日晨5时早操，有上等兵郝鼎诚、张文清、龙耀亮等四人迟到，晋元即询问为何迟到，他们却早有异志，突然取出铁镐，蜂拥而上，猛击晋元，同时用其他铁器狠击。这四个叛兵，当场被扭获，晋元除头部被铁棍击伤外，左太阳穴及胸部亦有极深的重伤，当时流血过多，延至6时许，惨然死去，全营官兵失声痛哭。4月25日，晋元遗体举行棺殓仪式，前往吊唁者在26万人以上。中华民族培育出来的这位爱国男儿，在尽忠职守后，离开了人间，时年仅37岁。

《怀念抗日英雄谢晋元》

❖ 胡叔常：胡厥文的"二我图"

"一·二八"淞沪抗日战争爆发后，胡厥文先生当时领导上海市机器业同业公会，汇集机床技术人员和工人，在南市设厂专制手榴弹等军用品，日夜开工，供应十九路军前方抗战的需要。由中华铁工厂王佐才管理生产，胡厥文负责与各方面联系，日以继夜，席不暇暖，胡先生须髯盈

▷ "二我图"

颊，无暇剃除，遂留髯以记国难，慨然曰："待驱逐日寇，再剃不迟。"

1945年8月，日寇投降，举国欢腾。胡厥文当时任迁川工厂联合会理事长，长须盈尺，人皆称之为髯公。迁川工厂联合会召开执行委员会时，大家等着他来主持，时间已到，没有见他到会。有人说："他的手杖已在这里，人到哪里去了？"在座有一年轻人默不作声，闻言而笑，这才被人识破，原来这一位就是已经薙髯后的胡厥文理事长。

他在薙髯前后各拍了一张照片，印在一起，题为"二我图"，并在上面写了四句话："抗战胜利，父子昆季，勿怠勿忘，岂以为戏。"同时，还乘兴写了一首长诗《薙髯乐》，诗中说："悒悒十四载，一旦去长髯，吾髯何时长，敌氛方炎炎，吾髯何时去，敌焰已消潜。……雪耻欢难已，除髯亦快哉，有酒方新醅，愿与诸君狂饮三百杯，共庆和平彼岸同登乐，尤喜老大离乡少小回。"爱国的心情，胜利的喜悦，溢于言表。

《战时民族工业内迁的壮烈史篇》

❖ 钱其琛：十四岁入党

1941年12月8日，太平洋战争爆发了。一夜之间租界的形势大变，日本侵略军开进来，"孤岛"沉没了。我找到比较熟悉的年龄比我大三四岁的高班同学王储传（现名王业康）商量今后的去向。他问我愿不愿意去抗日根据地。我毫不犹豫地答应了，并说这是我一直向往的，我不能留在上海当亡国奴。他说可以打听一下，有没有熟人可以帮忙。几天过去了，答复令我失望，大意是不管什么地方都能抗日，也都能革命，不一定非要到抗日根据地去。他告诉我大同大学附中二院当时开设高中部，要我考进去加强进步力量，这就是革命工作。接着他解释说，也许在上海也能找到共产党的组织，如果愿意入党，需要本人提出申请报告。我一口答应了，以后就用米汤在白纸上写了入党申请书交给他。他很快就离开了上海，分手前他告诉我将由党组织派人来和我接头，并交代了接头的办法。

1942年10月3日，在一间小小的亭子间里，我在一位陌生人的带领下，履行了入党宣誓手续。这位陌生人，就是上级党组织派来领导我的人。当时我很感谢作为我的引路人和入党介绍人的王储传对我的帮助，于是向这位上级领导人打听王的近况。不料他却回答说："我不认识王，你也应断绝和王的联系，即使在马路上遇见王，也不要打招呼。因为现在是最严酷的白色恐怖，地下党的活动只能是单线联系，不允许有横的关系。"

这一切使我受到很大震动。我的思想突然进入了一个全新的境界。我突然感到自己长大了。走在马路上，一眼看出去似乎一切都变了样，一切都重新开始了，世界完全不同了。在昏暗中看到了晴空，黑夜中看到了曙光。我感到自己充满了力量和勇气。我懂得了人生的意义，认识到了肩负的责任。这就是一个14岁少年当时的真实感受。

《回忆我14岁在上海入党》

❖ 胡西园：中国人自制第一只电灯泡

电光源是一种新兴的科学技术，制造电灯泡需要综合多种学科，制造工艺比较复杂，原材料来自国外，价格异常昂贵，而当时电灯泡制造工艺，虽已在国内外杂志上作过零星介绍，但系统的技术资料，还未能为国人所尽睹。由于受到种种条件限制，国人一般不敢轻易问津。1921年从浙江高等工业学校毕业回到上海家里，我放弃了一切谋生和就业的机会，一头钻进各大图书馆，寻觅有关电灯泡的技术资料，又在市场上搜购适用的旧材料和技术设备，腾出家里的一间房间当作实验室，因陋就简地开始进行电灯泡的试制工作。

▷ 胡西园

在开始试制电灯泡的摸索过程中，我最初的根据是书本，但在实验中往往不能得到预期的效果。我想到了古人的一句话："尽信书，则不如无书。"于是我从茫茫书海中跳出来，把精力倾注在实验室里。我就一面试验研究，一面不断总结经验，调整办法，采取多种多样的措施继续试验。氧化为灯丝之大敌，而灯丝是灯泡制造的关键，只有避免氧化，白炽灯泡才能试制成功。为了使玻壳内没有空气，我开始只是试用实验用的抽气机。这种抽气机，真空度低，力量小，不适合制造电灯泡。后来我千方百计搞到了一台小型真空"邦浦"（真空泵），但真空度还是不够，灯丝通电后数秒钟就氧化了。后来我托科学仪器馆的顾鼎梅买到较新的真空机，效率确实提高了很多。为了减少物质、精神及时间的损失，我尽量避免走弯路。因此，我厂后来不但聘用几位中国专家作为顾问，还在技术部门聘用德国人和日本人担任工程师和技术员。

研究试制电灯泡期间，有周志廉（南洋大学机械系毕业、留德工程师）和钟训真（南洋路矿学校毕业留日）两人共同参加（周、钟两人本身另有他职，与我研究制造电灯泡是一种不经常的业余协助性质）。在缺乏专门技术人员指导的情况下，我们一边试验，一边摸索。每次试验，我总是急切地期待试制的电灯泡突然发出成功的光芒，可是接踵而至的却往往是一系列的失败和挫折，或者是灯泡走气、漏电、断丝、断芯，或者是裂壳、烧毁，甚至于有时还会发生爆炸等等。有一次，好容易有一只灯泡能发光了，我正在高兴时，可是这望眼欲穿的灯光又倏忽熄灭了。这样不断失败，不断试制，使我们从痛苦的教训中找到失败的原因，有针对性地修改试制方案，改进工艺，甄选原材料，攻克一个个技术难关，一步一步地向前行进。

1921年4月4日，在我简陋的实验室里自制的电灯泡终于发出了光芒，中国人自己制造的第一只电灯泡（长丝白炽泡）诞生了。有人怂恿我向当时北洋政府农商部注册创制权专利，我认为无此必要，未加考虑。次年，我向日本订购制造电灯泡的机器，日本不肯把这一新机器卖给中国人。后来通过上海文监师路（现塘沽路）隆记洋行日本人黑田，在日本买到了两套制造电灯泡的旧机器。1921年初夏，我变卖了一部分家产，勉强筹集到3万元的微薄资金充作原始资本，在上海北福建路唐家弄242号开始了电灯泡的生产。

《追忆商海往事前尘 中国电光源之父胡西园自述》

❖ 沈晓阳、施海根：陆伯鸿遇刺身亡

陆伯鸿为实现他早年提出"以电力为先导，发展民族工业"的凤愿，自担任华商、闸北两电气公司经理之后，又相继开办和兴钢铁厂，大通、大成航业公司和担任南市内地自来水公司董事、经理等职，对发展上海钢铁、造船工业及公用事业，做出了杰出贡献。他还先后创办了新普育堂、普慈疗养院、圣心医院、中国公立医院、南市时疫医院、杨树浦诊疗所，合办北京中央医院等7所慈善机构。通过社会各方募捐，仅新普育堂、圣心医院、普慈疗养院3处，在6年中共用经费达620万元。另外，经他创办的男女中小学校共5所。比利时、意大利等国，为表彰他对慈善事业所做功绩，授予其荣誉、骑士勋章各1枚。法作家琼·麦森（J.Masson）所撰《为穷人服务的中国百万富翁——陆伯鸿》一书中，曾颂扬"陆氏与其先祖，均能以事业上之长才与宗教上之热诚，融为一炉，反映出其作为企业家、慈善家的才能"。

陆伯鸿创办电业近30年，正处于北洋军阀政府和国民党政府的统治时期，经历了艰难曲折的道路。1937年"八一三"抗战爆发后，日军对南市、闸北狂轰滥炸，华商和闸北水电公司均遭严重破坏，损失惨重。由他所经营的其他企业也相继停产倒闭。同年11月12日，上海全部沦陷。这时，陆伯鸿居住在法租界吕班路上一幢住宅内。12月30日中午，天气阴沉寒冷。陆伯鸿头戴铜盆帽，身穿长袍，围上围巾，带着秘书，走出家门。他跨进停在门口的自备汽车，司机开始发动引擎。突然，两个水果小贩装扮的男子凑上去高喊道："陆先生，买一点橘子吧！"边说边抬起盛满橘子的箩筐，假装失手，整筐橘子倒翻在地，散落在车头前，挡住了车道。陆伯鸿

刚探出车窗想看个究竟，岂料那两人立即拔出手枪，朝他的头部、胸部连发数枪。顿时，陆伯鸿倒在血泊中，司机和秘书卧倒在地，连声高叫："不好了！不好了！"在家的小儿子陆薇读闻声奔出家门，凶手早已逃避无踪。薇读赶忙开车直奔广慈医院（今瑞金医院）。待到医院检查时，陆伯鸿的心脏早已停止了跳动，终年62岁。

《陆伯鸿办电轶闻》

❖ 范绍增：杜月笙的"生财之道"

在杜月笙全盛时期，他是挥金如土。如果靠他所经营的企业银行和兼职等正当的收入，他绝不可能一掷万金无吝色。他那么多的钱是从哪里来的？这里不得不谈一谈他的"生财之道"了。他自己虽不直接做鸦片生意，但他大宗的收入是靠包庇贩运鸦片等毒品而得。当时在上海行销的各种毒品，都要由他"保护"，这笔"保险费"为数相当惊人。每年由各地运到上海行销和加工的毒品有几千担之多，他从中可以收到上百万的"保险费"。他不仅可以

▷ 杜月笙

担保货物不出问题，连搞这项生意的人，也由他保护。顾嘉棠便向我谈过，戴戟在上海当警备司令时，有次他手下的特务把吗啡大王陈坤元扣捕在英租界新新公司楼上，准备不通过英租界巡捕房把陈秘密押回司令部。此事被一个认识陈的妓女看到了，立刻打电话向杜报告，杜马上叫顾嘉棠带了八个携枪的打手，闯进房间，硬从特务手中把陈抢走。他们平日护运毒品，也都佩带手枪，随时敢与检查人员对抗，死人流血在所不惧。

他另一大宗收入是包赌，上海许多大的赌场，都是由他负责包下来。我只去过其中一家最大的，是在同孚路一八一号，那里由顾嘉棠派顾苗根等十几个人，携带手枪，担任保护。这是一座相当大的花园洋房，铁门经常关闭着，只有认识的汽车才能直开进去，对不认识的人他们还要抄一下身，怕带手榴弹等物进去出事。他们对前去捣乱的小流氓，轻则殴打，重则杀害。进赌场以后，便向账房换筹码，从1元到100元不等，主要是轮盘赌，还有单双、大小、回门摊、麻将、扑克……中西赌具一应俱全。我在那里赌过轮盘和大小，总是输的时候多。那种赌面相当大，一次输赢都是几百到万元。赌场除了靠赢钱外，还用见十抽一的办法来"抽头"。1000块钱只要输出赢进10次就等于没有了。

一些从外地来的大赌客，把钱输光以后，赌场还照例代购车船票送回去，好让回去再拿钱来赌，同时也免得在赌场寻短见或耍赖皮。赢得多的人，赌场也派人护送回去，但这种情况极少有。

赌场设备很齐全，可以免费供应上等鸦片烟、中西餐、冷热饮料等，休息时可以大吃大喝，以此来吸引赌客。杜月笙从这个赌场每月可以拿到三四万元，顾嘉棠每月也可得5000元。

《关于杜月笙》

❖ **魏廷荣：** 我被绑架及脱险的经过

三个绑匪一上汽车，就用迷药把我蒙过去了。车子开到南市码头，他们把我当作病人抬上小船，摆渡到南汇六灶地保樊庭玉家中。上车的三个匪徒，其中有一个名叫樊仁根，是樊庭玉的叔父，樊庭玉在小船上打接应。这都是樊庭玉后来告诉我的。其余两个匪徒的姓名，他也告诉了我，但我不记得了。

我被拘囚在樊家50天。到樊家三天后，樊叫我写信告诉家里人，说我安全无恙，叫家里人往杭州与匪徒接头赎票。7月23日是我的生日，樊庭玉送了一碗面给我吃，说为我祝寿。他和我素昧平生，怎么会知道我的生日？这不是说明了绑架我的匪徒中有我自己的人在内吗？

在这期间，赵慰先常到我家里打听消息。有一次他对我家属吕美玉说："你们的力量大，你一个月就有成千元的收入，拿出些钱来了结这件事吧。"又有一次，他很得意地对我家人说："过八月节我可以发笔大财，到那时，我陪你们打大牌。"后来朱二小姐也告诉我们，赵在她面前也说过这样的话，并说："你不要只看见魏家有钱，我也会有钱。"朱二小姐还骂他说："这个人真该死，输成这个样子，有了钱还要赌。"

当案子将要破的时候，匪徒们都恐慌得很，准备将我撕票灭迹。有一天，我趁着匪巢里只有樊庭玉一个人的时候，就跪求他救命。他说："我救了你，我自己就没有命。"我叫他和我一齐逃走，我养他一生。他说："我跟你逃到上海，还是逃不出他们的手掌。"我说："我们不回上海，一同去北方玩几个月再说。"这时他也知道风声很紧，别的匪徒都逃走了，他有家有室逃不了，心里当然也很恐慌。为了使自己脱身，他就答应和我一起逃走。

在中秋节的那一天，天还不很亮，樊庭玉带着我走了很长的一段小路到江边，坐小船到龙华，再换坐轿子于深夜12时到达土山湾天主堂，向朱神父借得500元作往北方去的旅费。这时朱神父要打电话把我出险的消息告诉家里人，我恐怕消息走漏，又发生危险，阻止了他。

我怀着胆战心惊的心情逃出匪巢，在路上差不多走了一整天，精神十分疲倦，原来打算在天主堂休息一下，等天亮坐火车去苏州住两天，然后去北京，但天主堂规定不留外人住宿，我和樊庭玉只得雇辆汽车到真如，不料真如旅馆深夜不肯开门，我们又坐原车回上海，在北站一家小旅馆里待了几个钟头，天一亮就坐上火车到了苏州。

我在樊家的时候，樊庭玉只告诉我说："你是被朱葆三的女婿绑票的。"

但未说出姓名。在苏州的时候，他才明说要绑架我的是赵慰先，并说还有后台老板。还说匪徒绑架我，是有组织的，有充分准备的，参加的匪徒达几十人。但主要人物并不直接露面，而是一个又一个地辗转地接头。因此，他并不认识赵慰先，只认识朱竟成。而朱竟成也只认识吕若望，不认识赵慰先，只有吕若望认识赵慰先，陈仲衡认识赵慰先是吕若望介绍的。

我在苏州住了两天后，上海报纸把我脱险到苏州的消息登出来了。我的母舅王晋康随即到苏州来和我会面，要我先回上海安慰一下家里人，再往北方。他说到上海时，义勇团里的朋友会到北站来保护我，万无一失。这样，我就托我的朋友陆希伯陪着樊庭玉先往天津等候我，我和母舅回到上海，在家里住了三天，又启程往北京。

《我被绑架的实况》

❖ 赵安绩：“神行太保”周余愚

旧上海的租界虽有一些体育场，但不对穷学生开放。没有场地，他以马路为跑道；没有教练，他悄悄地从竹篱笆围墙偷看洋人运动员训练。就这样，周余愚不仅掌握了长跑的技巧，还学会了竞走。

当时租界有个洋人体育团体叫"万国竞走委员会"，每年12月的第一个星期日举办一次万国竞走锦标赛。最初几年，没有中国人参加，到20年代末，才逐渐出现中国竞走运动员。这项竞赛的路程是27公里453米，规定在3小时20分钟以内走完全程。

1930年12月的第一个星期日，又一次万国竞走锦标赛开始，参加比赛的运动员有200余名，其中20名是中国选手。当时被誉为"竞走三剑客"的周余愚、张造寸、石金生也在比赛行列中。

发令枪一响，运动员们从南京路王家库（今南京西路石门一路转角处）

出发，按照规定的路线向西前进，经静安寺、极司非尔路（今万航渡路）、白利南路（今长宁路）、兆丰公园（今中山公司）、周家桥，折入北新泾罗别根路（今哈密路）、虹桥路、海格路（今华山路）、贝当路（今衡山路）、威海卫路（今威海路）进入当时跑马厅（今人民广场西首）的大看台。周余愚等中国运动员在马路两旁观众的鼓励下越走越快，一些洋人运动员在中途还常常处在领先地位，可是将近终点时，中国运动员一个个相继赶了上来，人们的欢呼声响彻天空。周余愚一马当先，紧跟着是石金生等中国健儿。最后周余愚以2小时37分24秒的优异成绩夺得这次竞赛的冠军，中国竞走代表团同时获得了团体冠军。领奖开始，只见周余愚换上长袍马褂，神情自若地穿过西装革履的洋人群，昂首走向领奖台。当他捧着一大堆奖品来到中国观众面前时，人们抑制不住内心的激动，一下子把他抬了起来。这年他只有18岁。

▷　周余愚在练习竞走

　　大部分的外国人，也包括相当一部分中国观众认为周余愚一鸣惊人。其实，周余愚自第一次参加竞走比赛至夺得桂冠已有10年之久。10年中，他持之以恒地锻炼、学习，不但自己练就了一双铁脚板，还与其他中国运动员组织了一支竞走实力较强的风华运动队。这个运动队在万国竞走比赛中屡建奇功，尽管一些外国人采取了许多办法，也未能挫败中国健儿。到后来，外国人干脆宣布不再举办万国竞走比赛。

《三十年代的"神行太保"周余愚》

❖ 蔡扬武："看球要看李惠堂"

解放前，在上海的球迷中，人人都知道球王李惠堂。当时流行一句口头禅："看戏要看梅兰芳，看球要看李惠堂。"李惠堂在上海虽只有5年时间，但他对上海的足球运动产生过重要的影响。

李惠堂在上海5年时间，上海足球水平有了明显提高，乐华队的战绩当然是全队英杰共同努力的结果，但与李惠堂的影响是分不开的，他的技术之高妙，是众所公认的。尤以临门一脚倒地卧射的绝招，到了出神入化的程度，数十年来足坛再也难以看到类似的招法。他在技术上对全队的引导和启示作用是不可低估的。李惠堂后来曾写道："那时上海踢球和看球的味道都与香港有点不同，上海球员好盘弄，施展浑身解数，卖弄花巧以娱观众，或把球踢到半天高。……后来从踢球正轨的晓喻，纠正了上海许多缺憾……他们说我是改造上海足球的功臣，闻之无限惭愧。不过上海足球，从乐华时代起才繁荣进步，确是不可磨灭的事实。"这几句话的总结，是切合历史实际的。周家骐在《上海足球》中曾说："他不但是足球时代的功臣，也是沟通沪港球界的使者，……也是上海甚至全国足球史上的唯一伟人。"评价之高，非其他球星可比。以后他经常代表香港与上海的足球队对垒，上海人民对他仍十分爱戴。

《球王李惠堂》

❖ 陶福臻："东方大力士"查瑞龙

查瑞龙是一位博学多才的武术名家。30年代前后，他在国内外，尤其在东南亚是卓有声誉的"东方大力士"。又因其饰演《关东大侠》中的主角而一举成名，为我国早期的著名电影演员，颇有影响。

查瑞龙祖籍浙东舟山，1904年出生于上海闸北陆家宅。其父系木器雕刻名手，兼有"薛兰状元"之称。查氏膝下五子，瑞龙居长，唯幼子瑞根后随兄尚武，余者均不幸早夭。查先生少年时就读于闸北尚公小学，毕业后考入英商上海自来水公司为练习生，攻习机械绘图。其时辛亥首义，推翻清王朝，创立民国。民风为之一振。血气方刚的查瑞龙每见公司内洋人歧视、欺压同胞职工，愤愤不平，因此弃职习武，以求振兴中华民族传统武术，强身自立，洗刷"东亚病夫"之辱称而奋斗终身。

1929年夏秋期间，为抵制洋货，振兴中华实业，由浙江省政府在杭州举行辛亥革命以来规模最大的一次国货展览——西湖博览会。为筹集会款，在风景如画的湖滨修建一富丽之大礼堂，遍邀沪杭名伶名票，登台义演。

其时，查瑞龙正在杭州，自告奋勇报名参加义演。并请好友陶福臻在沪邀集商务印书馆工会所属的工人业余武术队，连夜赶赴杭州，与查同时演出。瑞龙在杭连演三天，首次献艺，演出足蹬千斤、钉板铁桥和汽车过身等精彩的惊险节目，场内掌声四起，盛况空前，轰动了整个杭城。

所谓"足蹬千斤"，是将举石担与叠罗汉等民间传统武术融于一体的表演形式。舞台上，查仰卧于地，双手挺举200斤重的石担一副，足蹬500斤重的石担一副，继而，由五位壮汉在前后两副石担上叠罗汉。故查氏身上负重至少在1300斤以上。"钉板铁桥"更加惊险：瑞龙赤背仰天覆盖于钉板上，又在胸腹上置放一重500斤的大石条，再由两力士轮番以大铁锤奋力打击石条，致石条断裂为止。演毕查氏纵身跃起，以背示观众，完好无损。另一惊险节目"汽车过身"则由八名体魄魁伟之壮汉乘坐的敞篷轿车从压在查氏胸腹的跳板上缓缓驰过，车过人起，处之泰然。每演至此，观者赞叹不已，喝彩声不绝于耳。瑞龙为观众热情所感，有时乘兴加演杰作：单手抓起120余斤重的石担耍弄舞动，轻若撩竹，如车轮旋转，真是艺惊四座。查声名很快传扬海外。不久，瑞龙赴东南亚一带演出，又屡屡以其负荷重量及惊险程度超过西洋力士而获"东方大力士"之殊荣。

30年代的查瑞龙，风华正茂，也有不少为世人瞩目的竞技轶事。他在为商务印书馆庆祝演出时，与年近半百的恩师佟老同台献艺，一场高水平的摔跤赛徒儿以二比一取胜，真可谓名师出高徒，传为佳话。

《"东方大力士"查瑞龙》

❖ 王金宝：民盟前辈沈天灵

沈天灵于1918年考入清华大学。在求学期间，就积极投身五四爱国运动，与广大青年一起，以满腔热情，参加了北京反帝示威游行。

1925年，沈天灵在上海商务印书馆担任厂长的英文秘书。不久，由共产党人周介石介绍参加国民党，参加了反对孙传芳五省联军，迎接北伐军的地下活动。当时他直接受杨杏佛先生领导。在上海工人第三次武装起义时，商务印书馆的工人纠察队攻打盘踞在东方书局里的军阀残部，并缴了警察局的全部枪械。沈天灵也做了许多有益的工作。不久，蒋介石发动"四一二"事变，屠杀大批革命者，并在国民党内实行"清党"。不少共产党员被驱逐、逮捕、杀害。沈天灵也因介绍人周介石是被通缉的共产党人而受牵连，被开除出国民党。从此，沈天灵对国民党反动派的反革命本质开始有了认识，转而成了一个民主改进派，热衷于实业救国和教育救国。

其间，发生过一件事，表现了沈天灵对中国共产党的深厚感情。那是1927年初，当时沈天灵在基督教慕尔堂（即今西藏路汉口路的沐恩堂）担任理事，兼任夜校教师。一天傍晚，突然有一个青年妇女拎着一只手皮箱急急匆匆走进慕尔堂院子，看见沈天灵忙问："这里是教堂吗？"沈天灵说："是的。"这位妇女轻声说："我刚从北京到上海，准备去广州。我发觉有个孙传芳的暗探一路上一直跟踪我，是否能帮助我避避。"沈天灵仔细打量这位妇女，发现在她着急的表情中露出一种机敏与沉着，确信是事实。急忙与慕尔堂的美国牧师安迪生商量，安迪生夫妇一口答应，留了这位妇女住在牧师夫妇家中——后来才知道这位妇女姓周，是共产党员张麟符的妻子。当时因国共合作，张麟符在广州担任国民党候补中央委员，是黄埔军校教官。周女士从北京赴广州与丈夫会面一同参加革命。两天后，周夫人装扮成外国妇女，由安迪生牧师与沈天灵的二姐夫护送，坐汽车至太古码头登船去广州。沈天灵的二姐夫同船随周女士一起去广州加入黄埔军校参加革命。

抗日战争期间，沈天灵担任迁往四川的工厂联合会总干事。他为保护民族资产不受日寇的侵占破坏，组织民族资本家为抗战事业募捐钱财而做出了贡献。

《民盟前辈沈天灵》

❖ **裴锡荣：梅花桩擂台赛骗局**

1928年秋，四川军阀刘湘、刘文辉写信给上海市长张定瑶以及黄金荣、杜月笙等人，介绍张学斌来上海表演武技，在他们的支持下，张学斌在上海大沪花园附近摆下了"梅花桩擂台"。所谓"梅花桩擂台"，即把5根木桩埋于地下，状若梅花；桩高丈余，桩间用铁丝加固；共5组，计25根桩。

台赛海报声称：在梅花桩上除表演"梅花拳""梅花剑""梅花刀""梅花枪"外，还要在梅花擂台上进行打擂等。凡参擂者预交擂金30元，胜者给以3000元奖金，门票5元。海报一出，上海中外人士蜂拥而至，一时2000多张票子被抢购一空。

8月中旬，擂台赛正式揭开序幕。上海黑社会头子黄金荣特地派了一批打手前来助威。擂台上彩旗招展，锣鼓声喧。上海市万人空巷，大沪花园附近车水马龙，人山人海。

在此之前，孙禄堂曾会集上海武术界形意、八卦同道，决定一试梅花桩擂台赛。适逢张作霖镖师傅剑秋因皇姑屯事件而南下逗留于上海，开赛之日，孙禄堂率领郑怀贤、陈微明、傅剑秋等20余人乘马车来到梅花桩擂台前，交过擂金，孙禄堂即对傅剑秋说："傅师弟，你上擂一试如何？"傅剑秋慨然允诺，只见他脱去长衫，一个鹞子钻天，飞身跃上擂台。张学斌正在台上手持宝剑，耀武扬威，见来人虽已50开外，但身轻如燕，双目炯炯，料想此人绝非等闲之辈，忙上前躬身施礼，待听说是张作霖麾下保镖傅剑秋时，更是惊得魂不附体，忙解释道："鄙人今天摆此擂台赛，只对外国人士，却无同胞间互相残杀之意……"下面观众哗然，纷纷要求退票。张不得已，只好退票撤擂。

事后人们才知道，原来张学斌是个鸦片鬼，根本无真功夫。他摆此擂台只是想骗取门票肥己而已，料想无人敢上台打擂，孰料一开始就被戳穿了画皮。

《上海梅花桩擂台赛》

❖ 达文：钟表元老亨达利

亨达利钟表商店是名闻全国的钟表商店的元老，至今已有130余年历史，现址在南京东路262号。

19世纪末，德商礼和洋行收买了亨达利，由拨都主持业务，旋即迁商店到现在南京大楼（原哈同大楼）旧址。20世纪初又改迁到现在的亨达利地址，不过当时整幢四层楼房屋全归亨达利使用，另外在店后还租了一幢四层楼的货栈，面积近1000平方米，营业范围一仍其旧。1914年爆发第一次世界大战，拨都决定回国，乃将亨达利转让给当时的礼和买办虞芗山、跑街孙梅堂。从此，亨达利才归中国人经营，但仍与礼和保持松散的从属关系，每年要付给礼和白银800两的商誉费。虞芗山本是颜料巨商，孙梅堂当时已是中国最大钟表企业美华利的负责人，亨达利的经营大权实际是由孙梅堂操持，经营方向也渐偏重钟表。第一次世界大战结束后，欧洲诸国元气大伤，法郎、马克、卢布等大幅度贬值，给我国的进口商带来了巨额利润。虞芗山因专心经营颜料，故将自己名下的亨达利股数以30%折价让予孙梅堂。1917年亨达利就成为美华利集团内的一个最主要的钟表专业商店，并更名为亨达利钟表总公司，名义上还与礼和保持关系。当时钟表进口价格十分低廉，亨达利因与洋商的特殊关系，货源充沛，加上美华利的众多群体批零兼营，左右逢源，一时声势之盛为同业所望尘莫及，孙梅堂本人当时也有"钟表大王"之称。

孙梅堂经营时期曾提出过"货真价实树信誉，精工修理促营业"的方针，修理着眼为门市，不一定追求利润。另外与浪琴厂挂钩，特约经销并定制以亨达利为牌名的表供应市场，还在沪宁、沪杭两条铁路沿线做了不少广告牌，号称远东第一，商品则以中高档为主，以适应当时中上层顾客的心理。售出商品凭保单负责保用，给顾客以良好的印象。在修配业务上自设材料部进口材料，除自用外还对同业开放；修理费一次估算，倘有疏漏事后也不再追收；修理人员要求较为严格，接表、派工和检验均由有权威的师傅担任。所以尽管修理收费高于同业，仍能得到顾客信赖。

《钟表元老亨达利》

❖ 水窗：“亨达利”和“亨得利”的招牌之争

亨达利和亨得利是上海钟表行业中规模最大、声誉卓著而又旗鼓相当的两家百年老店。上海工商事业，厂店何止千万，而招牌以“亨”字打头的，恐怕没有第三家了。

以“亨”字打头命名招牌，有个来历：上海方言里原有“亨头”一词，乃是对行业中具有最大实力和声誉的店铺的一种褒称。后来，有人把它引申开去，把有权势的人也称之为“大亨”了。亨达利和亨得利两块招牌，均以“亨”字打头，无非各称自己是业内的大亨、权威、执牛耳者。

因为两家招牌不仅都以“亨”字打头，而且末字相同，连中间“达”“得”两字读音也极相似，终于引起了一场不小的纠纷。

亨达利在1865年由德籍商人创设，外文名称是HOPE BROTHER'S，向国内、国外都注了册。除经销各国钟表外，还直接向国外表厂定制本牌钟表。后来亨达利归属于礼和洋行，而礼和着重于大宗进出口贸易，无意经营门市，就出盘给孙梅堂、胡春泉二人。孙、胡接盘以后，就把亨达利从新开河迁到闹市中心南京路抛球场，扩大店面，增加名牌钟表品类，经一番精心擘划，营业迅速发展。当时上海钟表店虽多，但大都以修理为主要业务，销售钟表都由棋盘街兴昌祥、裕昌等洋货号兼营，像亨达利这样大规模经销钟表的专业商店可算得是独此一家。

亨得利于1873年始创于宁波市，起初规模不大，修理钟表。到1910年，于杭州开设分店时，才向上海洋行购进钟表，增加门售。翌年，适逢辛亥革命，浙军攻打南京雨花台获胜凯旋，军中以手表为犒赏品，杭店存表被购一空，获利甚丰，亨得利遂向全国大多数省会、省辖市开设分店。

在不到30年里，外埠分号竟设立了64家之多，一跃成为全国分店最多的一家钟表店。上海分店开设于1921年，地点在五马路，店面不大，地段又不热闹，所以没有引起亨达利的注意。越六年，亨得利在南京路设立总行，规模和亨达利相埒，这才引起亨达利的注意，感到卧榻之侧岂容他人鼾睡，便立即雇佣人员，穿了"注意达字"四个大字的马夹，站立在亨得利门口；并派出许多人用同样广告到处游行。亨得利方面也马上挂出"始创同治十一年老牌亨得利，分行遍全国"的标语应战。亨达利见此情，就向法院控告亨得利影戏冒牌。但终究亨达利和亨得利尚有一字之差，法院判决下来亨达利败诉。于是亨达利又把官司打到外国，判决亨得利不许用同样外文名称，也不许向外国定制亨得利牌号钟表。亨达利总算赢回了一些面子。

▷ 亨达利钟表行

这一番剧烈的行号诉讼引起上海人的普遍注意，作为茶余酒后的谈话资料，这无异为亨达利和亨得利做了绝妙的义务广告，两家"亨头"钟表店的业务因此更为发达了。

《"亨达利"和"亨得利"的招牌之争》

❖ 谢侠逊：参加象棋比赛

1919年，上海青年会举行个人象棋大比赛，这是当时社会团体举办象棋比赛的嚆矢，参加者有60多人，大都是机关、工厂的职工，我与林奕仙都参加了。不久韦干英亦于交通大学内组织象棋会，发起校际象棋比赛，开全国学校棋赛风气之先。其时《时事新报》逐日刊载《适情雅趣》，加速展开宣传运动，一时各方嗜此者风起潮涌，大单位如商务印书馆、中华书局、邮政局、烟草公司等，纷纷成立了象棋队，我也乐意担任义务指导。以后棋赛更多，由个人比赛发展到队与队之间的团体赛，随后又发展到县与县间的比赛、省与省间的比赛、大区与大区间的比赛（如华东对华南，华东对华北）。

▷ 谢侠逊

我参加了上海第一次象棋比赛之后，与马海洲等发起筹备全国象棋比赛大会，强烈感觉到比赛时棋盘小、棋子小，不能满足众多观众欣赏揣摩的需要，对提高棋艺、推广群众性象棋运动极为不利。这个矛盾如何解决？我反复琢磨，试制大棋枰、大棋子。初拟棋子磁制、内附电灯，但移挂不便，后改铅皮，棋架纯用铁制，高高悬挂，效果较好。大棋枰于1925年试制成功，一时海内外纷纷仿制，一直沿用至今。

这时期，我经常去各团体各单位辅导象棋活动，棋手要求与我对弈的很多，于是我想出了车轮战的办法，在同一时间内与20多人对弈。在这种战法中，要求我能做到下子迅速，不能冷局，又要求丝毫不苟，着出水平。由于经常举行车轮战，促使我向"快"和"好"这两方面发展，进一步提高了我自己的棋艺。

《棋坛忆旧》

❖ 金阳：小奥林匹克之风

上海万国运动会从1926年起至1937年中华全国体育协进会停止活动止，共举办了6届。这种运动会以提倡上海本埠各国人士之体育为宗旨，只许寓居上海而不背业余规则者参加。各国驻沪领事和中国社会名流王正廷等轮流担任历届会长，每届大会由各国驻军和中国童子军维持秩序。

第一届上海万国运动会于1926年10月9日至10日举行，美国驻沪总领事克银汉任会长，中国的唐绍仪及其他国家驻沪总领事为副会长，王正廷任总裁判，上海青年会美籍体育干事葛蕾任径赛裁判长，德格任田赛裁判长，郝更生、沈嗣良等数十人任裁判员，以国家为单位组队参加，分团体优胜和个人优胜。参加的国家有中、美、英、法、日、俄、荷兰、葡萄牙等8国，运动员共135人，中国选手约占三分之一。比赛项目、规则及计分办法均比照远东运动会处理。

比赛在上海中华运动场进行，四周设有看台，东、南、北三面为学生座，西面为外国人专座，其前为记者席。场中搭司令台，并按奥林匹克规例，在台前竖一十字形旗杆，一端挂运动项目，一端悬该项目优胜者所属之国旗。第一名之国旗悬于最高点，第二、三、四名依次递降。司令台两旁旗杆悬挂所有参加国国旗，运动场两个入场门口也悬挂各参加国国旗。场内有西乐队，每次比赛结束，举行授奖仪式，奏乐升旗，气氛庄严，颇有奥林匹克的风度。

开幕式由军乐队开路，大会职员、裁判员随后，接着荷兰、美国、英国、中国、法国、日本、俄国、葡萄牙等运动队相继入场。中、日两国均按远东运动会规例，以国旗为前导，庄严活泼，步伐整齐。

比赛时，上海各界及各国侨民均组织啦啦队，摇旗呐喊，为本国运动员助威。每次运动会观众近万，多为中国人，每遇中华运动员有精彩表演，总是掌声雷动，欢声震耳，颇为热烈。

《旧上海的万国运动会》

❖ **鲁迅：**上海的儿童

上海越界筑路的北四川路一带，因为打仗，去年冷落了大半年，今年依然热闹了，店铺从法租界搬回，电影院早经开始，公园左近也常见携手同行的爱侣，这是去年夏天所没有的。

倘若走进住家的弄堂里去，就看见便溺器，吃食担，苍蝇成群的在飞，孩子成队的在闹，有剧烈的捣乱，有发达的骂詈，真是一个乱哄哄的小世界。但一到大路上，映进眼帘来的却只是轩昂活泼地玩着走着的外国孩子，中国的儿童几乎看不见了。但也并非没有，只因为衣裤郎当，精神萎靡，被别人压得像影子一样，不能醒目了。

中国中流的家庭，教孩子大抵只有两种法。其一，是任其跋扈，一点也不管，骂人固可，打人亦无不可，在门内或门前是暴主，是霸王，但到外面，便如失了网的蜘蛛一般，立刻毫无能力。其二，是终日给以冷遇或呵斥，甚而至于打扑，使他畏葸退缩，仿佛一个奴才，一个傀儡，然而父母却美其名曰"听话"，自以为是教育的成功，待到放他到外面来，则如暂出樊笼的小禽，他决不会飞鸣，也不会跳跃。

▷　弄堂里看小人书的儿童

▷　上海街头卖报的儿童

现在总算中国也有印给儿童看的画本了，其中的主角自然是儿童，然而画中人物，大抵倘不是带着横暴冥顽的气味，甚而至于流氓模样的，过度的恶作剧的顽童，就是勾头耸背，低眉顺眼，一副死板板的脸相的所谓"好孩子"。这虽然由于画家本领的欠缺，但也是取儿童为范本的，而从此又以作供给儿童仿效的范本。我们试一看别国的儿童画罢，英国沉着，德国粗豪，俄国雄厚，法国漂亮，日本聪明，都没有一点中国似的衰惫的气象。观民风是不但可以由诗文，也可以由图画，而且可以由不为人们所重的儿童画的。

顽劣，钝滞，都足以使人没落，灭亡。童年的情形，便是将来的命运。我们的新人物，讲恋爱，讲小家庭，讲自立，讲享乐了，但很少有人为儿女提出家庭教育的问题，学校教育的问题，社会改革的问题。先前的人，只知道"为儿孙作马牛"，固然是错误的，但只顾现在，不想将来，"任儿孙作马牛"，却不能不说是一个更大的错误。

《上海的儿童》

❖ **鲁迅：** 上海路上的两种人

我们在上海路上走，时常会遇见两种横冲直撞，对于对面或前面的行人，决不稍让的人物。一种是不用两手，却只将直直的长脚，如入无人之境似的踏过来，倘不让开，他就会踏在你的肚子或肩膀上。这是洋大人，都是"等"的，没有华人那样上下的区别。一种就是弯上他两条臂膊，手掌向外，像蝎子的两个钳一样，一路推过去，不管被推的人是跌在泥塘或火坑里。这就是我们的同胞，然而"上等"的，他坐电车，要坐二等所改的三等车，他看报，要看专登黑幕的小报，他坐着看得咽唾沫，但一走动，又是推。

上车，进门，买票，寄信，他推；出门，下车，避祸，逃难，他又推。

推得女人孩子都踉踉跄跄，跌倒了，他就从活人上踏过，跌死了，他就从死尸上踏过，走出外面，用舌头舔舔自己的厚嘴唇，什么也不觉得。旧历端午，在一家戏场里，因为一句失火的谣言，就又是推，把十多个力量未足的少年踏死了。死尸摆在空地上，据说去看的又有万余人，人山人海，又是推。

《推》

❖ 苏子："外强中干"的上海人

做一个上海人，洵非容易。第一，生活太难，除了慕尔堂听耶稣、法藏寺听经、马路上吃施茶、听无线电、看壁报、看橱窗广告之外，其余坐要坐钱，立要立钱，到处都是花钱的场所。不要说额外消耗，正常开支也担当不起。目下虽然回跌了一些，米价每石仍要三十元左右，煤球一担三元六角，生油一斤六角多，菜蔬每斤也得八九分，外加电费涨百分之六十，纵节省到极点，仍旧性命交关，常人自顾不暇，遑论赡家？如果没有饭贴，或偷空兼做一行副业，真有入不敷出之苦。但在表面看来，大家衣冠楚楚，打扮得整整齐齐，实则理发业公会通告涨价，剃头整容，再洗一个浴，中庸之道，不加考究，也得花费一大元呢。这情形，有一绝妙形容词，叫做外强中干。这四字可以代表上海的大部分，不但指人、指经济，连整个上海都是外强中干的！

单说"人"：有位先生，在社会上倒也是个体面人物，他有正当职业，不过按月进益只二百元。而人情往来，每次送礼馈赠，动辄三五十元，再加外边应酬，支出额至少三四百元。寅吃卯粮，终非久计，要想一时谢绝应酬，又势所不能，于是他就率性参加社会团体活动，自己设了个贸易公司。说来笑话，那公司就设在他住的那个双亭子间里面，写字间、寝室、餐室、休憩室、盥洗室、男女厕所，实则全在一个亭子间里。居然装有电话，出入野鸡包车代步，席面上摸出卡片来，台衔甚为富丽，人家对他就恭而敬之；说穿了一些不值价，他在打肿脸充胖子罢了。往往今天举债送人家一笔贺礼，坐包车去道喜，让包车夫赚四角赏封；到明天他自己买点心的钱都没有，叫车夫垫钱去买，只好改日再加利奉还他了。上海人之所谓上海人，此是一例。

《上海"人"》

❖ 六三：大上海的美人

上海地方美人多，我第一次踏进上海地界就有这个印象。的确，上海地方的美人真不少。翻开报纸，就会看见很美丽的少女照相，尤其不时在各报的本埠副刊上。街头报摊上出卖各种刊物的封面，差不多全是美貌女子的画像。马路上，前面走着的女子背影是多么美，从肩旁擦过去的又是明眸皓齿、丰姿绰约的。

什么道理，丽姬艳姝这么多？于是从她们美丽的外表，引起观察审详她们之所以然。

美术家说："美的躯干常和头部成为一与六之比。"这话倒很有意思，根据上海女人的爱穿高跟鞋子，足证斯言不虚。因为鞋跟加高，躯干似乎也因之加长，益觉身材苗条了。曾经在一位女士的家里看到一抽屉的高跟鞋，形形色色，不能命名，甚至于拖鞋也是高跟的。

其次，上海的裁缝也给予她们不少的帮助。他们用皮尺去量一个女子的身体，制成细窄的袖子，紧贴的身腰，高领、长摆，把女子身体的曲线轮廓显露得淋漓尽致。所以十个女子倒有九个是美观，假使从后面看去的话。

▷ 阮玲玉（摄于 1934 年）

再次，化妆香品的功效也着实不小，从脂粉唇膏起，直到头上喷的香水、指甲上涂的颜色为止，不下十数种之多。当对着镜子，仔细敷搽涂抹以后，开始走出大门，香风过处，姗姗而行，修眉入鬓，肌白似雪，灯前光下，自更见其美丽多姿了。

三分姿色七分妆，只要五官生得齐整，准可用种种方法叫她立时变成一个美人。不过上海是五方杂处的地方，繁华纷靡达于尖端，妇女们的装饰入时，断非内地人所能比拟，这确是造成上海多美人的重大原因。

《大上海的美人》

❖ **叶建生：**犹太难民流亡在上海

德国纳粹粉墨登场后就声嘶力竭地污蔑犹太民族是"劣等民族"，并要实施将犹太民族灭种的罪恶计划：把犹太人关在集中营服苦役，灭绝人性地在犹太人身上进行化学武器的试验，数以千万计的无辜难民，被关进毒气室，活活地窒息而死。

在这种绝无仅有骇人听闻的杀戮下，犹太人的尸体可以堆起一座阿尔卑斯山。幸存下来的部分犹太人背井离乡，四处逃亡。

据统计，从1937年至1941年来自德国、奥地利、捷克斯洛伐克、匈牙利、波兰、拉脱维亚、立陶宛、爱沙尼亚的大批犹太难民先后从西伯利亚辗转逃到日本神户作短期逗留。他们只能作短期逗留，因为日本早在珍珠港事件前，已秘密与德、意等国策划组成军事同盟轴心国。日本政府不允许有一个犹太难民留在日本。于是，有的难民想去美国；而当时尚未正式与日本宣战的美国出于自身的安全与利益，在1941年7月颁布施行了极为严格的美国移民条例。其中规定申请签证的犹太难民在申请签证表格中必须加填"在敌国占领区有无亲戚"一栏。美国认为：如果让在敌占区有亲戚的犹太人移民美国，无疑是冒极大的风险，这些人很容易被当为人质而进行勒索。因此，凡在表格上如实填上"有"的犹太难民，就不可能被允许去美国。有的犹太难民想去加拿大，但也不能从日本直接去。于是出路只有一条：先去上海，然后设法再去加拿大。据统计，仅1937年间就已有6000多犹太难民陆续到了上海。人的命运有时会因碰到某种契机而发生重大转折，这批死里逃生、惊魂未定的犹太人也是这样。在他们到达日本神户去上海之前，有一位好心的日本驻立陶宛科夫诺（今考那斯）领事杉原，事先未得到日本当局的同意，就自作主张先后签发了3000多张过境证件，从而使这批难民在到达神户后既不能留在日本又不能去美国的，都幸运地来到了上海。

《犹太难民在虹口》

❖ 叶建生：栖居"隔都"和收容所

日寇占领上海时期，虹口唐山路818弄是犹太隔离区内比较大的"隔都"之一，"隔都"就是隔离区内犹太人集中居住的地方。

1927年，美商中国营业公司买下唐山路818弄这块地皮，建了99幢二层楼的石库门房屋，加上过街楼是100幢楼。这家公司造好了房子后，给弄堂取名"源福里"，并把房子出租。"八一三"抗战爆发，虹口地区沦于敌手，源福里居民迁入租界避难。此弄几乎已成了空荡荡的弄堂。当年，这空荡荡的弄堂为犹太难民提供了绝好的住处。旨在帮助犹太难民的"犹太国际委员会"出面洽谈，让犹太难民以较低的房租，向美商中国营业公司租下源福里的房子。

源福里的房屋，家家都有天井，被高高的石库门墙围着。由于犹太人很不喜欢这样的高墙，不久就被拆去，代之的是从天井的一角砌至二层楼高的阳台，而天井的一部分则种上了小树和花草。犹太人还在厨房的隔壁装添了卫生设备。这种半西式的房子要比原来的舒适多了。从此，有着鹰钩鼻、黑胡须和罗圈腿的犹太人可以自由自在地在阳台上乘凉、晒日光浴、晒衣裳。遭受严酷迫害的犹太人，终于在"隔都"栖居下来了。

这样的"隔都"，在今长阳路50弄提篮街道兰村、东长治路961弄（近公平路）和海门路171弄（近东长治路）各有一处。其中兰村的弄堂规模较大，南北朝向各有15幢二层楼房，门内是小花园，二层楼朝南有阳台。此弄内居住的大多是俄国犹太人。当时弄内有犹太人开设的美容店、面包房和皮包修理作坊。无力租房的犹太人则住进了收容所，那时在虹口河滨大厦、长阳路、唐山路、安国路、霍山路、高阳路、平凉路、荆州路都设置了犹太难民收容所。除去居住"隔都"和收容所两部分犹太难民外，还有一部分住在现舟山路两侧。舟山路南段至81号是一排用红砖砌成的三层楼房，每家门口都有铁门。不少犹太难民在这里和中国百姓混居在一起。

▷ 犹太人在排队领取救济食物

住在舟山路北段平房里的犹太难民生活很苦。他们多数没有工作。他们几个人以很便宜的价格租借一间小屋挤在一起，轮流睡觉，其他人则在外面蹓跶、闲聊。这里犹太人开设的咖啡店和小吃铺很多，犹太人都喜欢去喝杯咖啡、聊聊天以消磨时光。据说第二次世界大战结束的胜利消息也是最先从这里传开的。

散居在隔离区内的犹太人也不少。当时，我国正处于日寇铁蹄蹂躏之下，居住在隔离区的中国难民也不少，日子虽然苦彼此却能和睦相处，结下了患难之情。

在这段日子里，联合国难民救济所、红十字会救济组织、东方犹太人社区及居住在公共租界和法租界内经济条件好的犹太人每天向难民提供食物。由于收容所的难民很多，救济所不得不在马路边搭起临时厨房。每天清晨，犹太难民拎着各式各样的搪瓷餐具，排着长队依次去领取食物。

《犹太难民在虹口》

❖ 叶建生：逆境之中求生存

稍事安定下来的犹太难民（以德国、奥地利籍为多）为了生存下去，先是出售自己的旧衣服和什物，再四处寻找工作，到饭店和工厂食堂去打工，他们学习理发和推着小车给人磨剪刀、修理自行车、卖肥皂，做各种各样的小生意，以维持最低的生活。

1943年2月是上海百年未曾遇到过的寒冬。犹太难民躲在沿街破旧的小屋里，身上裹着用麻袋布缝制的上衣。御寒的冬衣早已被换取维持生计的食物。老人、妇女和小孩相互挤在小屋的一角瑟瑟发抖。他们用煤灰、煤屑、泥巴和稻草捏成的煤饼，也要计划着烧。这种煤饼点着时满屋子是烟，熏呛得让人一把鼻涕一把眼泪往外流。可犹太难民就是靠它来烧水、烙制食品。披着毛毯的乞丐满街都是。刚临产的母亲含着眼泪送掉了婴儿……

犹太难民在死亡线上挣扎，犹太国际委员会、东方犹太人社区、联合国难民救济所、红十字救济会等组织想方设法为难民提供衣物、食品。与犹太难民同住一条街的中国百姓也伸出了温暖之手。

犹太难民也曾派出代表向日本当局交涉，以渡过难关，日方回答无钱可借，要向其他国家借可以，但不能向与日本宣战的国家借。于是，犹太社区向许多国家发出了求援的电文，后来救济款项收到了一些，但也仅能糊口。

严冬终于过去。顽强而智慧的犹太人依靠自己的力量发展了手工业和加工业。于是，在隔离区域内的街道两旁出现了许多装潢精致的小屋，有熟食店、面包房、特色咖啡店、酒吧间、眼镜店以及自行车修理摊等，真是应有尽有。

这里曾被戏称为"小维也纳"或"小柏林"。居住在这一带的多是德籍或奥地利籍犹太人。入夜，在五颜六色的霓虹灯闪烁下，咖啡店里还传出悠扬的四重唱歌声以及小乐队的伴奏，苦难岁月的片刻欢乐，让人们暂时忘记了悲伤。

犹太人节衣缩食省下钱来送自己的子女去读书。他们知道一个民族要生存发展下去，没有知识是不可想象的。犹太人还在聚居区建立了犹太医院、隔离医院和产科医院。现长阳路138号原是二层楼房的犹太医院，现已加层作为公房。

《犹太难民在虹口》

❖ 柯施恩、张德亮：粤剧在上海的发轫

1920年以前，上海尚无一处专演粤剧的戏院。每逢举行神诞庙会、盂兰斋醮时，主人所雇请的广东八音班、歌伶演唱会都只能在集市上搭棚建台，奏粤乐、唱粤曲，观众不顾拥挤，心醉神痴地欣赏乡音。虽然，这两个戏班子规模很小，技艺平平，演出条件简陋，但是给观众留下了深刻的印象，是粤剧在上海发展的先声。

广东人争观粤剧的事，引起了一些权势人士的注意。他们认为，从广东引进粤剧，是一条很好的营利途径。于是，有人多方筹集资金，租借了海宁路、江西北路的一块空地（原外商的爱伦露天电影场），搭起一座竹木戏台。这就是粤剧在上海演出的第一个固定场所。当时这戏台老板从广东雇请了一些"过山班"在此演出，深受欢迎，经常客满。讵料好景不长，

一年之后这块空地的主人就借故收回地皮，高价售予外商，建造新爱伦电影院。

及至1924年，有位专营戏班子者名叫"大只黄"和另一位名叫"武生原"的，共同发起在广东同乡人中招股集资，购地于虬江路、新广东街（今新广路）西面，建造了一所可容纳400多人的专演粤剧的戏院，取名"广舞台"。从此，由广东应聘来沪的粤剧戏班、剧团络绎不绝，广舞台成为粤剧在沪的演出中心。

最初在广舞台献艺的有广东名演员公爷敞、蛇公礼、新沾、新培、李瑞庄、贵妃文等，演出传统剧目有《六国大封相》《卖狗养亲》《岳武穆班师》《石鬼仔出世》《斩子存忠》《山东响马》《时迁偷鸡》等。继之，著名粤剧艺术家李雪芳女士亦受聘在广舞台领衔演出《黛玉葬花》《曹大家》等名剧。李女士嗓音清润甜美，唱得悠扬动听，行腔跌宕起伏，余音袅袅。每场满座，彩声不绝，各大小报纸均撰文赞誉，轰动了沪上戏剧界。此外，广东的两大著名戏班人寿年与胜寿年也相继在广舞台登场大显身手。这两个戏班角色齐全，剧目响当，顿使客居沪上的广东籍人一饱眼福，争睹不休。

1928年，原广舞台负责人再次邀集新股东筹划资金，在北四川路横浜桥南面购地建造了一座可容纳700多观众的广东大戏院（即今群众影剧院），由李耀东、武生原分任正副经理，并邀聘粤剧名戏班由广州来沪演出。首次在广东大戏院演出的戏班为新春秋，著名演员有陈非侬、靓少凤、曾三多、王中玉、少昆仑、冯侠云、冯少云、陈非我、袁士镶等，演出剧目有《危城鹣鲽》《血洒金钱》《玉蟾蜍》《王昭君》《拦江截斗》《西河会妻》等。其时，粤剧在沪已停演两年有余，广东戏迷们如饥似渴，均欲先睹为快，兼以新春秋班的角们演技高超，因而卖座率甚高。继新春秋之后，人寿年和胜寿年两个戏班也在广东大戏院演出《孟丽君》《泣荆花》《关公送嫂》《霸王别姬》等十几出粤剧，另外还上演了连台本戏23本，为时长达半年多，可谓盛极一时。

《粤剧在上海的发轫》

❖ 易人：《天涯歌女》的风靡

　　1937年，受进步思想影响的上海明星影业公司二厂，决定开拍以描写城市下层人民苦难生活为主题的影片《马路天使》。该片由袁牧之担任编导，赵丹担任男主角，周璇饰演女主角小红。此片的作曲是作曲家贺绿汀，戏剧家田汉填词作为片子的插曲，由歌女小红演唱。贺绿汀的曲子抑扬顿挫，优美抒情。周璇很灵，悟性很强，将《四季歌》和《天涯歌女》唱得很有感情，很有味道，在为电影录音时，试录两遍就通过了。周璇自己也说："田汉先生给我配上了动人的词儿，唱的时候自有一种情感在我心房里爬动着。感情的流露帮助我的歌唱有不少益处。我又得到了许多宝贵的经验，知道歌唱和情感，应该让它平衡发展。"周璇通过这两支插曲唱出了对亲人的思念，唱出了东北人民家乡沦丧、流落异地的痛苦与哀思，给观众留下了难以忘怀的印象。《马路天使》的上映，轰动了整个影坛，被誉为"中国影坛上开放的一朵奇葩"。从此，周璇因她那明快、隽永的演技，优美而极富情感的歌喉一举成名。著名音乐家贺绿汀在为《我的妈妈周璇》一书所作的代序《南国怀旧忆故人》一文中，叙述当年与周璇合作的印象："在此以前，本来还不大有人知道她。从这两首插曲随着影片的上映和唱片的发行而推向社会以后，她就很出名了。在这次合作过程中，我发现周璇很单纯，很天真，很聪明，也很忠厚，是个本分人。在学习上，她很有上进心；对待艺术，也很严肃。演戏也好，唱歌也好，她都是认认真真，老老实实，毫不做作，朴素得很。她和当时那些扭扭捏捏，妖里妖气，装腔作势，卖弄风情，专唱黄色歌曲之类的所谓'歌星'完全不同。"贺绿汀的这段话，对周璇的品格作了恰如其分、高度的概括。

《影星"金嗓子"周璇》

❖ **孟波：** 新音乐运动

新音乐运动，也称"抗日救亡歌咏运动"，它是中国共产党领导的抗日民主斗争的一个组成部分。1931年九一八事变发生后开始萌发，1935年"一二·九"运动前后形成全国性的热潮，抗战爆发后达到最高潮。

党领导的进步音乐组织苏联之友社和左翼剧联音乐小组，主要成员有田汉、聂耳、任光、吕骥、张曙、安娥等。开始他们把工作重点放在电影、戏剧的作曲上，通过电影、戏剧的歌曲传播爱国进步思想，继而采取各种方式来开展抗日救亡群众歌咏运动。

1933年初聂耳21岁时，在严重的白色恐怖中，由田汉介绍、夏衍监誓，光荣地参加了中国共产党。入党后他在日记中提出："在帝国主义占据东北、屠杀大众的现在，音乐和其他艺术，诗、小说、戏剧一样，它是代替着大众在呐喊。大众必然会要求音乐的新的内容和演奏，并要求作曲家的新的态度。"

1933年春，他为进步影片《母性之光》创作了他的第一首电影歌曲《开矿歌》（田汉词）。以后又为田汉的歌剧《扬子江暴风雨》作了《码头工人歌》《苦力歌》《打砖歌》《打桩歌》。

1934年夏，聂耳为影片《大路》创作《开路先锋》（孙师毅词）和《大路歌》时，聂耳曾去江湾筑路工地与筑路工人一起拉铁碌。他认为在表现筑路工人沉重步伐的同时，更应该强调青年们肩负重任，为争取自由解放而团结战斗的那种朝气蓬勃的精神。

《新音乐运动》

❖ 马赓伯：轰动一时的"舞潮案"

20世纪40年代的中国灾难深重，内战不息，经济凋敝，物价飞涨，失业人数猛增，民不聊生，怨声载道。在风雨如晦的旧上海，各阶层人民掀起的罢工、罢市、罢课的斗争如火如荼、风起云涌。

▷ 1948年，舞女大闹上海社会局

1948年1月31日，来自上海26家舞厅的舞女、侍应生、工友和舞厅从业人员等计2000多人，与警察英勇搏斗，将上海社会局全部捣毁，从而爆发了轰动旧上海的"舞潮案"。爆发此案的缘由须从1947年说起。

1947年处在内战前线的国民党军队士气低落，纷纷溃退。国民党政府行政院为了"整饬军纪"、"鼓舞士气"，竟挖空心思地在舞女身上"开刀"，他们颁发布告和通令，限期国内的舞厅全部停业。

旧上海的这些舞女大部分是由于生活逼迫，不得不以伴舞为生。她们苦度着寄人篱下、仰人鼻息、任人摆布、遭受凌辱的生涯，满腹的苦水无处诉。一旦禁舞，那么上海的800多名舞女及其家属，还有以舞厅为生的从业人员等的生活就成问题了。为了要吃饭、求生存，要求国民党政府取消禁舞令，她们在1948年1月31日下午，召集了全市各舞厅的舞女和舞厅的职工计2000多人，在新仙林舞厅集会，商量对策。

集会上，舞女们纷纷慷慨陈词。有个舞女满腔悲愤地作了控诉，她最后说道："如果舞场关了门，那么我就只能被迫去做妓女了，这叫我以后怎么办呀！"她声泪俱下，痛斥了国民党政府逼良为娼的罪恶行径。集会上的舞女们听了她的控诉也都泣不成声，悲痛欲绝。会后，2000多人结队请愿。她们举着数以千计的横幅标语等，浩浩荡荡地直奔社会局。

到了社会局，2000多人齐集在广场上。在凛冽的寒风中，她们等了半个多小时，还不见局长吴开先出来接见，请愿的群众胸中燃起了怒火，蜂拥而上，准备冲上楼去，但被守卫的数十名警察拦阻，双方发生了争执，接着，就展开了搏斗。请愿的群众以竹旗杆为武器，与手持警棍的警察互相乱打。警察有被打得头破血流的，舞女也有被打得嗷啕大哭的。一部分赤手空拳怒不可遏的舞女，冲上楼去，先砸坏桌椅，利用桌腿、凳脚为武器，进行"扫荡"，把局长室、秘书室等办公室里的办公桌、书柜、电话、电灯和门窗全部捣毁；有的舞女还把办公用具掷出窗外，摔得粉碎，文件、纸片漫天飞舞。

舞女们在楼上楼下足足战斗了半个小时，后来由于国民党当局的"飞行堡垒"和大批警察赶到，把社会局团团围住，才告休战。2000多人也全被围在广场上。当天晚上，警察在人群中进行巡查，发现有衣服被撕破，或者身上有血迹者，都被押上囚车。被捕的舞女、舞厅从业人员等共有300多人。

《轰动旧上海的"舞潮案"》

❖ 董天涯：拍摄《啼笑因缘》的风波

30年代初，张恨水的长篇小说《啼笑因缘》在《新闻报》连载，受到广大读者欢迎。不久，三益书社将该书印成单行本发行，畅销一时。此后，一些说唱艺人和剧团先后改编上演，最先与观众见面的是朱耀祥、赵稼秋的双档评弹，由陆澹安改编，不久戚饭牛有改编本，也由沈俭安、薛筱卿双档上场，此外还有粤剧和新戏等，均拥有不少观众。

当时明星影片公司刚从美国购进拍摄有声彩色电影的机器，想用有声彩色电影来刷新国产电影的面目。由于《啼笑因缘》正风行一时，改编的评弹和其他剧种生意都不错，加之故事情节生动曲折，很适于拍成电影，于是在1931年，买下《啼笑因缘》的版权，并决定让当时最受社会欢迎的演员扮演剧中的重要角色。如胡蝶一人兼饰女主角沈凤喜和何丽娜，郑小秋饰樊家树，夏佩珍饰关秀姑，肖英饰关寿峰，谭志远饰刘将军，王献斋饰沈三玄，均极一时之选。同年8月初，明星公司出动大队人马，浩浩荡荡开往北平拍摄外景。

在影片开拍的同时，明星公司在报纸上刊出广告，说《啼笑因缘》的著作权已属明星所有，正在拍摄电影，禁止他人把此书改编为戏剧或影片，并对正在演出《啼笑因缘》的粤剧、新剧、评弹等团体多方进行干涉，因而引起各方面的反感。

当时顾无为领导的新剧团正在南京上演《啼笑因缘》，明星命驻京代表进行干涉，顾招架不住，不得不停演。但顾无为也非等闲之辈，是黄金荣的徒弟，加之原来就与明星公司张石川有芥蒂，更不愿就此罢休。他与友人夏赤凤商议后，托人向内政部打听，获悉明星公司并未向内政部办过制片登记（当时《著作权法》颁布未久，一般电影公司尚未履行申请摄制执照手续），顾见有机可乘，赶紧写了剧本，以他的大中国影片公司名义，直接送内政部主管科，很快取得了《啼笑因缘》的电影拍摄权。明星公司起初对此情况一无所知，继续在北平拍摄外景，九一八事变后转回上海拍内景方知此事，立即备了一份剧本，托内政部次长甘乃光径直送审。不料这位糊涂次长竟将剧本锁在办公桌抽屉里，忘记交出。等到顾的执照下来，甘乃光才通过关系，给明星公司也弄到一张拍摄执照，造成一场双包案。

《拍摄〈啼笑因缘〉的风波》

图书在版编目（CIP）数据

老上海 / 韩淑芳主编 . — 北京：中国文史出版社，
2017.9

ISBN 978-7-5034-9419-2

Ⅰ.①老… Ⅱ.①韩… Ⅲ.①上海—地方史—史料
Ⅳ.①K295.1

中国版本图书馆CIP数据核字（2017）第180598号

责任编辑：张春霞　　高　贝

出版发行：**中国文史出版社**

社　　　址：北京市海淀区西八里庄路69号院　　邮编：100142

电　　　话：010-81136606　81136602　81136603（发行部）

传　　　真：010-81136655

印　　　装：北京新华印刷有限公司

经　　　销：全国新华书店

开　　　本：710mm×1010mm　1/16

印　　　张：22　　字数：311千字

版　　　次：2018年1月北京第1版

印　　　次：2020年9月第2次印刷

定　　　价：49.80元
